"MOIN MOIN"

DUMONT

IMPRESSUM

Alle Rezepte kreiert und gestylt
von Jörg Müller

"Meinen besonderen Dank an:

Thomas Balensiefer, Küchenchef
Edwin Schachner, Chef Tournant
Theo Deelsma, Chef Poissonier
Gerd Thiele, Chef Gardemanger
Günther Schwarz, Chef Pâtissier

meine Frau Barbara, die am Computer alle handgeschriebenen Rezepte vom "Küchendeutsch" ins "Nachkochbare" schrieb,

sowie an alle Mitarbeiter des Hauses.
Jörg Müller"

Text:
Jörg Müller,
Thomas Ruhl
falls nicht anders vermerkt

Creative Direction:
Thomas Ruhl

Fotos:
Thomas Ruhl,
Hot Shots Fotos

Produktion:
Ruhl-Agentur GmbH, Köln
Die Agentur bedankt sich bei ihren Mitarbeitern, die an diesem Projekt mitgewirkt haben:

Art Direction:
Petra Gril, Dorothee Seber

Produktionsleitung:
Carola Gerfer

Textassistenz:
Raquel Plum

Layout:
Alexandra Bliesener, Petra Gril,
Dorothee Seber

Satz, Litho
Ruhl-Agentur GmbH, Köln
Scantext, Köln

Druck:
Neue Stalling, Oldenburg
Printed in Germany

Verlag:
Originalausgabe
© 2001 DuMont Buchverlag, Köln
Alle Rechte vorbehalten

Die Deutsche Bibliothek –
CIP-Einheitsaufnahme
Müller, Jörg: Meine Sylter Küche
Deutschlands kulinarischer Nordstern / Jörg Müller. – Orig.-Ausg. –
Köln: DuMont, 2001
ISBN 3-7701-5868-7

Anschriften:
Hotel & Restaurant Jörg Müller
Süderstraße 8
25980 Westerland / Sylt
Tel. 04651 / 836440
Internet: www.hotel-joerg-mueller.de
E-Mail:
Hotel-Joerg-Mueller@t-online.de

Ruhl-Agentur GmbH
Werderstraße 21
50672 Köln
Tel. 0221 / 9529120
Internet: www.ruhl-agentur.de
E-Mail: ruhl-agentur@netcologne.de

Thomas Ruhl
Hot Shots Fotos
Waldweg 6
51519 Odenthal
Tel. 02202 / 70 90 46
E-Mail: hotshots@ruhl-agentur.de

Dieses Werk einschließlich aller seiner Teile ist urheberrechtlich geschützt. Jede Verwertung außerhalb der Eigennutzung ist ohne Zustimmung der Autoren Jörg Müller und Thomas Ruhl nicht erlaubt. Das gilt insbesondere für die Vervielfältigung, Übersetzung, Mikroverfilmung oder die Einspeisung ins Internet oder die Erstellung von elektronischen Medien wie CD ROM und Video.

Alle in diesem Buch enthaltenen Angaben, Rezepte etc. wurden von den Autoren nach bestem Wissen erstellt und von ihnen und dem Verlag mit größtmöglicher Sorgfalt überprüft. Gleichwohl sind – wie wir im Sinne des Produkthaftungsrechts betonen müssen – inhaltliche Fehler nicht vollständig auszuschließen. Daher erfolgen die Angaben etc. ohne jegliche Verpflichtung oder Garantie des Verlages oder der Autoren. Beide Seiten übernehmen deshalb keinerlei Verantwortung und Haftung für etwaige inhaltliche Unstimmigkeiten.

INHALT

Prolog

2	Impressum, Inhaltsverzeichnis
4	Vorwort

Einleitung

6	Vita Jörg Müller
8	Der Arbeitsplatz
10	Hotel & Restaurant Jörg Müller

Sylt

12	Die Insel Sylt

Jörg Müllers Sylter Küche

16	Variation von Sylter Austern
	Die Sylter Auster
22	Taschenkrebs im Wurzelsud
24	Junger Matjes auf fünf Arten
28	*Sylter Blaumuscheln*
32	Lister Muscheln in Kräuter-Sahnesauce
34	Rauchaal-Torte
36	Avocado-Salat mit Nordsee-Krabben
38	Schollenfilets mit Nordsee-Krabben in Weißweinsauce
40	Bouillabaisse von Nordseefischen
42	Paella mit Nordseefischen
46	Meeräsche auf gelbem Tomatenfond
50	See-Saibling auf Schmorgurken
52	Meerforelle mit Imperial-Kaviar und Algengemüse
54	*Das Sylter Deichlamm*
56	Variation vom Sylter Deichlamm auf geschmortem Gemüse
60	Königsberger Klopse vom Lamm mit Krabben
62	Gekochte Lammschulter auf Wurzelgemüse-Safran-Vinaigrette
64	Deichlammrücken im Strudelblatt mit Auberginen-Zucchini-Gemüse
68	Variation vom Keitumer Ziegenkäse auf Kürbis-Feigen-Confit
70	Jörg Müllers eingelegter Sylter Schafskäse

Amuse Bouche

72	Cinq Amuse Bouche

Vorspeisen

- 76 Salat vom Hummer auf Kräuter-Sahne-Vinaigrette
- 78 Meeresfrüchte auf Salat von Wurzelgemüse
- 80 Lachscarpaccio mit Pesto und Limonenvinaigrette
- 82 Mediterraner Gemüsesalat mit Bärenkrebs
- 84 Carpaccio von Langustinen mit Fenchelsalat
- 86 Gemüsecarpaccio mit marinierter Meeräsche
- 90 Bacalao-Mousse auf Octopuscarpaccio
- 94 Überbackene Auberginen im Safran-Gemüse-Sud
- 96 Savarin von Flusskrebsen mit kleinen Gemüsen
- 98 Mosaik von Jakobsmuscheln, Lachs und Kaviar
- 100 Gebratene Gänseleber auf glacierten Kirschen mit Banyuls-Sauce
- 102 Törtchen von der Gänseleber im Baumkuchenmantel
- 104 Wachtelterrine mit Gänseleber und Apfelsalat
- 108 Kalbskopfsalat mit Hahnenkämmen

Zwischengerichte

- 110 Gratin von Flusskrebsen auf Kohlrabinudeln
- 114 Spaghetti mit Langustinen
- 116 Risotto mit Périgord-Trüffel und gebratener Wachtel
- 118 Mascarpone-Ravioli mit gebratenen Kräutern
- 120 Vitello Tonnato
- 122 Ravioli mit weißem Trüffel
- 124 Tagliatelle mit weißem Trüffel
- 126 Pappardelle mit Fasanenragout
- 128 Spinat mit weißem Trüffel
- 130 Lammcurry mit Basmatireis
- 132 Lammkutteln mit Calamaretti

Suppen, Kaltschalen

- 134 Melonenkaltschale mit Flusskrebsen
- 136 Perlhuhnessenz mit Perlhuhnnocken und Bonbons

Fische, Krustentiere

- 140 Steinbuttkotelett auf Fenchel mit Rosmarinjus
- 142 Überbackene Seezungenfilets mit Spargel auf Morchelrahmsauce
- 144 Pochierter Steinbuttrücken auf Nage-Gemüse mit Meerrettich-Champagner-Sauce
- 146 Seeteufelrücken und gebackene Garnelen auf Zitronengrassauce
- 150 Rotbarbe auf Kopfsalat-Kresse-Schaum
- 152 Weißer Heilbutt mit Calamaretti in Estragon-Sud
- 156 Seeteufel-Kotelett in Balsamico-Butter
- 160 Jakobsmuscheln in Noilly Prat
- 164 Lachs-Zander-Roulade auf Kartoffel-Lauch-Ragout
- 166 Steinbutt und Hummer in zwei Saucen
- 170 Steinbutt und gebratene Austern in Kalbsjus mit Pariser Kartoffeln
- 174 Gebratener Steinbeißer provençale
- 176 Loup de mer in Salzteig-Kräuterkruste

Fleisch, Geflügel, Wild

- 180 Bauernhahn in Rotwein mit kleinem Gemüse und Rosmarinkartoffeln
- 182 Geschmortes Kalbsbäckchen mit Gänseleber und gestowtem Wirsing
- 184 Entenbrust auf Chicorée und Orangensauce
- 188 Gefüllter Ochsenschwanz in Burgundersauce
- 192 Crepinettes von der Taube auf Trüffellauch
- 194 Zickleinleber auf Blattspinat mit Gemüserösti
- 196 Rücken und Keule vom Kaninchen auf Polenta mit Peperonata
- 200 Geschmorte Zickleinschulter auf Gartengemüse
- 204 Ossobuco vom Lamm auf Gemüserisotto
- 206 Kalbsfilet mit Flusskrebsen und Leipziger Allerlei
- 210 Rehrücken mit Pfifferlingen und Spätzle
- 212 Wirsingroulade vom Maibock
- 214 Gefüllte Perlhuhnbrust auf Pak-Choi
- 216 Tournedos Rossini in Périgord-Trüffelsauce
- 218 Fasan auf zwei Arten mit Champagnerkraut
- 222 Royale vom Wildhasen
- 224 Sauté vom Lammfilet auf grüner Sauce
- 226 Gefülltes Paillard vom Bison-Rind mit Pfifferlingen
- 228 Gefülltes Stubenküken auf Steinpilzen

Käse

- 230 Vacherin mit Périgord-Trüffel

Desserts

- 232 Eine Dessertvariation
- 234 Geeister Pralinenschaum auf marinierten Bananen und Physalis
- 236 Variation von Rhabarber und Topfen
- 240 Gratiniertes Macadamia-Krokantparfait auf Mango-Erdbeer-Ragout
- 242 Gebackene Kirschen auf Portweinschaum
- 244 Rosa Champagner-Süppchen mit Beeren und Sorbet vom weißen Pfirsich
- 246 Grießflammeri mit glaciertem Pfirsich
- 248 Marillenknödel mit Brombeergrütze

Grundrezepte

- 250 Saucen, Fonds, Teige, Beilagen, Desserts etc.

Stichwortverzeichnis

- 256 Liste aller Rezepte in alphabetischer Reihenfolge

"GROSSMEISTER DER KOMBINATIONEN"

Jörg Müller – ist er Badener, Mainfranke oder sogar schon Sylter Insulaner? Das ist eine Frage, die nicht einmal ich beantworten kann, obwohl mich eine tiefe Freundschaft mit Jörg Müller, den ich vor fast 30 Jahren kennen lernte, verbindet.

Als begeisterter und engagierter Hobbykoch, der es sogar selbst schon zu "höheren Weihen" gebracht hat, war ich bereits nach meiner ersten Kostprobe aus Jörgs Küche – damals noch in den bekannten Schweizer Stuben in Wertheim – von seiner Art zu Kochen begeistert, und diese Begeisterung hält bis heute an.

Ich habe Jörg Müller einmal als den "Großmeister der Kombinationen" bezeichnet, denn seine Fähigkeit, verschiedene Koch- und Küchenstile, wie z.B. die Badens und Sylts zu "Sylter Maultaschen" – also mit Fisch oder Muschelfüllung – zu verbinden, oder aber die deutsche und italienische Küche zu vereinen, zeichnet ihn im Besonderen aus. Was für mich, und sicher auch für die Leser dieses Buches, das Entscheidende ist, ist die Tatsache, dass Jörg Müllers Rezepte wirklich nachzukochen sind und die Gerichte bei Befolgung der Anleitung auch stets gelingen werden, so dass Gastgebern und Köchen ein großes Lob seitens ihrer Gäste gewiss ist.

Ich freue mich auf dieses neue Buch: auf die Rezepte, die Tipps und vor allem auf mein nächstes "Müller-Essen"!

Jörg Müller und Adalbert Schmitt, Patron der Schweizer Stuben. Hier begann Jörg Müller seine Sterne-Karriere.

Bert Schreiber,
freier Journalist (Südwest-Rundfunk und Fernsehen, SWR) und Kolumnist des Gourmet Journals "Savoir Vivre", General-Sekretär und Repräsentant der internationalen Vereinigung nationaler Clubs kochender Männer "Confédération Culinaire Internationale de la Marmite"

"KOCHEN IST MEINE LEIDENSCHAFT!"

Schon als kleiner Junge wollte ich Koch werden. Das war eigentlich nicht ungewöhnlich, denn mein Vater betrieb nach dem Krieg neben einer Schreinerwerkstatt eine kleine Dorfwirtschaft im Schwarzwald und so lernte ich schon früh die Vorzüge einer guten Küche kennen.
Übrigens sind von uns sieben Kindern bis auf einen meiner Brüder alle in die Gastronomie gegangen. Und ich als ältester immer voran.
Ich bin Koch geworden, weil mir das Essen Freude bereitet, ja einfach alles, was damit zusammenhängt.
Ich wähle gerne gute Produkte aus, ich kaufe gern ein, ich koche gern, probiere leidenschaftlich gern etwas Neues aus und es macht mich glücklich, wenn es meinen Gästen schmeckt.

Ergänzt wird diese Liebe zum Essen durch meine Vorliebe zum Wein.
Ich denke, dass meine Gäste das an meiner Weinkarte erkennen.
Meine Küche ist keine Schlankheitsküche, Essen muss in erster Linie schmecken, dann muss es gut aussehen und es sollte so viel auf dem Teller sein, das man richtig zufrieden ist.
Voraussetzung für wirklich exzellente Küche ist das Produkt. Es muss von bester Qualität sein. Dies gilt besonders für die Leitprodukte eines Gerichts wie Fisch oder Fleisch.
Deshalb muss man nach den besten Lieferanten suchen, Menschen, denen man vertrauen kann. Ich selbst probiere vorher alles, was ich kaufen will. Ich möchte, dass Sie die Gerichte, die ich für Sie in diesem Buch aufgeschrieben habe,

nachkochen. Aber ich wünsche mir auch, dass Sie die Zutaten sorgsam auswählen. Anonymer Fisch aus der Supermarkt-Tiefkühltruhe kommt nicht in die Pfanne! Mittelmäßige Produkte würden den Geschmack der Kompositionen nicht richtig zur Geltung kommen lassen. Selbstverständlich sind meine Rezepte nur eine Anleitung. Sie können die Zutaten und Beilagen variieren oder reduzieren. Auf jeden Fall bin ich sicher, dass es Ihnen, Ihrer Familie und Ihren Gästen schmecken wird.
Ich wünsche Ihnen viel Spaß mit diesem Buch

Ihr

Jörg Müller

JÖRG MÜLLER

Berufswunsch: Koch.
Das stand für Jörg Müller, Jahrgang 1947, bereits als kleines Kind fest. Schon in der Dorfwirtschaft seines Vaters, die dieser in den Nachkriegsjahren nebenberuflich betrieb, half der kleine Jörg gerne mit. Nicht zuletzt auch, weil es dort immer etwas Gutes zu essen gab.
So trat er dann 1961 im Hotel Bauer in Mülheim/Baden seine dreijährige Kochlehre an – wie übrigens auch zwei Jahre später sein jüngerer Bruder Dieter. Nach Stationen in Garmisch Partenkirchen im Hotel Leiner, im elterlichen Betrieb (Hotel Post in Reichenbach) und nach der Bundeswehrzeit, zog es Jörg Müller 1968 ins Ausland.

In namhaften Häusern wie dem Bellerive au Lac in Zürich, dem Carlton in St. Moritz, dem Hotel Mira Mare Beach auf Korfu und dem Hotel Dorchester in London lernte er die große klassische französische sowie mediterrane Küche kennen.
Mit diesem erlernten Können ging er schließlich 1972 als Küchenchef in das Restaurant Schweizer Stuben in Wertheim-Bettingen. Jörg Müller machte die Schweizer Stuben weltberühmt. Denn zwei Michelinsterne für ein in Deutschland gelegenes Restaurant waren seinerzeit eine große Sensation.
Nach zehn Jahren erfolgreicher Tätigkeit in Wertheim zog es Jörg Müller in die Selbstständigkeit. Sein jüngerer Bruder Dieter, den er zuvor nach Wertheim geholt hatte, übernahm nun allein die Führung der Küche und der Brigade.
1983 übernahm Jörg Müller als Pächter das Restaurant Nösse in Morsum auf Sylt. Dort lernte er im selben Jahr seine Frau Barbara kennen, die eigentlich nur eine Saison auf Sylt bleiben wollte.
1985 wurde geheiratet, 1986 kam Tochter Jane zur Welt. Zusammen führten sie das Restaurant Nösse zu höchsten kulinarischen Erfolgen.
1988 hat Jörg Müller sein selbst gestecktes Ziel, ein eigenes Restaurant mit drei Gästezimmern, erreicht. 1991 wurde Sohn Jan-Sören geboren.
Doch schon nach kurzer Zeit träumten die Müllers von der Erweiterung ihres Restaurants zum Hotel. Dieser Traum ging 1999 in Erfüllung. Ein Parallelgrundstück konnte erworben werden. Darauf entstanden im Jahr 2000 zwei Gästehäuser im Seebäderstil mit zusammen 12 Juniorsuiten, einem 250 qm großen Wellnessbereich und einem Tagungsraum.

AUSZEICHNUNGEN

1975	Meisterprüfung in Heidelberg mit Auszeichnung	

Schweizer Stuben, Wertheim
1974   1. Michelinstern
1977   2. Michelinstern
1982   19 Punkte Gault Millau

Restaurant Nösse in Morsum/Sylt
1984   1. Michelinstern
       18 Punkte Gault Millau
1985   2. Michelinstern
1986   2 Hauben Varta Führer
1987   19 Punkte Gault Millau

Hotel-Restaurant Jörg Müller in Westerland
1988   1. Michelinstern
       18 Punkte Gault Millau
       4 F Feinschmecker
       3 Sonnen Restaurantführer
       Savoir Vivre
1993   Grand Award der Weinzeitschrift Wine Spectator für eine der besten Weinkarten der Welt
2001   Aufnahme in die Vereinigung L'Art de Vivre Residenzen und Restaurants
       Offizielle 4-Sterne Klassifizierung des Hotels durch den deutschen Hotel- und Gaststättenverband

Als Gastkoch Repräsentant der Deutschen Küche in den USA, Hong Kong, Schweden, Thailand, Italien und Österreich

Fotos:
1. Jörg Müllers Vater spielt für seine Kinder auf der aus frischer Weidenrinde selbstgemachten Schalmei
2. "Der kleine Jörg"
3. mit den Eltern vor dem Hauseingang
4. "In seinem Garten"
5. / 6. Jan-Sören, Jörg, Barbara und Jane Müller
7. Jörg und Barbara Müller wie man sie kennt

DER ARBEITSPLATZ

Die Küche ist das Herzstück eines jeden Restaurants. Und hier spielt der Hausherr Jörg Müller mit seiner Crew seine Kreativität voll aus.

Von morgens bis abends wird in optimaler Zuarbeit und mit Teamgeist Meisterliches vollbracht, um jeden Gast zufrieden stellen zu können.

Damit der Restaurantbetrieb reibungslos verlaufen kann, ist in der Küche Disziplin und Tatkraft gefragt, Eigenschaften, die Jörg Müller und seine Brigade bestens erfüllen.

Insgesamt 45 Mitarbeiter sind für Jörg Müller tätig, von denen 16 mit ihm in der Küche arbeiten. Die Restaurants bieten insgesamt Platz für rund 110 Gäste. Das bedeutet, dass in der Hochsaison 500 – 600 Teller pro Abend serviert werden. Dies erfordert von Jörg Müller, seinem Küchenchef, den 8 Demichefs und allen anderen in der Küche absolute Höchstleistung.

Eigentlich nach klassischen Prinzipien geführt, werden natürlich auch ständig Neuerungen eingeführt, diese aber nie um der Neuheit wegen, sondern weil sie überzeugen.

Als Mitglied der Eurotoques, der Europäischen Union der Spitzenköche, die die unterschiedlichen Traditionen in Europa vereint, arbeitet Jörg Müller nach den Grundsätzen, nur frische, unverfälschte und beste Zutaten in seiner Küche zu verwenden und immer als kreativer Koch zu arbeiten.

Da der Besuch eines Restaurants in den letzten Jahren immer mehr zu einer Vertrauenssache geworden ist, halten

Köche wie Jörg Müller dieser Tatsache Verantwortungsbewusstsein, Berufsehre und die im Ehrenkodex festgehaltenen Prinzipien entgegen.

Diese beinhalten unter anderem auch, dass ein Gast niemals mit falschen Herkunftsbezeichnungen oder unzutreffenden Beschreibungen von Lebensmitteln getäuscht werden darf. Der Koch ist immer verpflichtet, das beste Produkt zu verwenden, das er erhalten kann.
Er hat das Recht, eher sogar die Pflicht, sich zu weigern, mit minderwertigen und für die menschliche Ernährung nicht geeigneten Materialien zu arbeiten.
Dies betrifft ebenso die Zubereitungsarten. Außerdem verpflichtet sich jeder Eurotoque, seine Kollegen mit Qualitätserzeugnissen seiner Region bekannt zu machen, die seine Zustimmung gefunden haben und der er selbst in seiner Küche benutzt.
Dies führt dazu, dass sich die qualitativ beste Ware verbreiten kann, die Gäste in möglichst vielen Restaurants kulinarische Höchstgenüsse erleben lässt.

Dies alles erfüllt die Küche von Jörg Müller. Köche wie er haben aus ihrem Beruf eine Kunst gemacht, die sich täglich um Perfektion bemüht. Zum Wohle ihrer Gäste.
Große Unterstützung leistet vor allem auch Barbara Müller, die als perfekte Gastgeberin das passende Ambiente dazu schafft, auf die Wünsche der Gäste eingeht und der es damit gelingt, dass jeder sich rundherum wohlfühlt.

DAS HOTEL & RESTAURANT JÖRG MÜLLER

Im Hauptgebäude des insgesamt vier Häuser umfassenden Müller-Anwesens befinden sich zwei exquisite Restaurants, die alle aus Jörg Müllers Küche versorgt werden. Das bedeutet – für welchen Ort, welches Ambiente und Preisgefüge ein Gast sich entscheidet – , sie oder er trifft immer auf den gleichen Qualitätsanspruch. Jedes Restaurant hat ein eigenes Konzept. Was alle verbindet, ist das Bekennen zum typischen, klassisch friesischen Stil – wenn auch in zeitgemäßer Interpretation.

Das Gourmet-Restaurant Jörg Müller

Barbara Müller ist die souveräne Herrscherin über dieses Reich. Geradlinig, sicher und fair führt sie ihre Mannschaft und schult diese in den Tugenden des klassisch perfekten Restaurant-Service. Jedoch empfindet man als Gast keine nüchterne Distanz, sondern eine sympathische, freundliche Atmosphäre, die von der legeren Eleganz der Einrichtung unterstützt wird.
Ganz klar – man befindet sich in einem der bestgeführten Restaurants Deutschlands, in dem sich kreative Kochkunst, eine kaum zu übertreffende Weinkarte und das Gefühl des Wohlbehagens vereinen. Das Restaurant verfügt über zwei Räume, von denen sich einer im Haupthaus und der andere im angeschlossenen Wintergarten befindet. Insgesamt finden hier 50 Gäste Platz.

Der Pesel

Die gute Stube in einem Sylter Friesenhaus, der Pesel, wurde nur benutzt, wenn es etwas Besonderes zu feiern gab. Bei einem Festmahl standen dann die typischen Gerichte der Insel im Mittelpunkt.
Jörg Müllers Pesel ist fast täglich voller Leben und immer gibt es ein Festmahl, denn auch hier ist man der traditionellen Esskultur der Insel verpflichtet. Es werden vorwiegend regionale Produkte angeboten und Gerichte zubereitet, die auf typisch norddeutschen Rezepten basieren. Doch man wäre nicht bei Jörg Müller, wenn diese nicht von der begnadeten Hand des Meisters überarbeitet und modernisiert worden wären. Eines der bekanntesten friesischen Rezepte wird man jedoch nicht finden: Labskaus. Den mag Jörg Müller einfach nicht.

Die Bistrobar

Ganz in der Tradition einer klassischen Hotelbar auf internationalem Niveau kann man hier entspannt einen Drink

genießen oder auch aus den Karten des Pesel und des Gourmet-Restaurants sein Essen wählen – und genießen.
Besonders zu später Stunde ist die Bar ein beliebter Promi-Treffpunkt.
Ein Promi ist auf jeden Fall da: Jörg Müller. Aber natürlich erst, wenn die Küche geschlossen ist.

Das Hotel

Die Anlage umfasst vier Gebäude, in denen sich die insgesamt 22 Zimmer des Hotels befinden. Das Hauptgebäude und die beiden großen Gästehäuser sind unterirdisch miteinander verbunden.
So kann man auch bei schlechtem Wetter von seinem Zimmer oder den Tagungsräumen aus die Restaurants und die Bar erreichen. Der Weg führt an liebevoll gestaltete Vitrinen und dem Weinkeller vorbei, dessen Glasfassade einen neidvollen Blick erlaubt.
Im Knotenpunkt der Wege trifft man auf einen exzellent ausgestalteten Wellnessbereich mit Finnischer Sauna, Dampfbad, Kleopatrabad, Unterwassermassage, Tauchbecken ... eben allem, was man sich für einen Wellnessaufenthalt wünscht. Betreut wird diese Anlage von einem Physiotherapeuten, der neben Massagen auch die Entwicklung individueller Wellness-Ernährungs-Konzepte gemeinsam mit der Küche anbietet.

Ziel der Gesamtarchitektur war es, den typischen Stil der Region und seiner Dörfer aufzugreifen.
So entschied sich Jörg Müller, der die Gebäude vorwiegend selbst geplant hat, auch nicht für einen großen Komplex, sondern für ein Arrangement kleiner Einheiten. Die neueren Gästehäuser, in der Tradition des historischen Seebäder-Stils errichtet, stehen in Harmonie zum Stammhaus mit typischem Reetdach im ländlichen Stil.

Auf keinen Fall sollte man das Gourmet-Frühstück verpassen.
Etwas besonderes an Fisch wird immer zusätzlich gereicht: hausgebeizte Meerforelle, Nordsee-Krabben oder eine Terrine aus Lachs und Jakobsmuscheln. Und auch die selbstgemachte Wurst von Jörg Müllers Schwiegervater – vom eigenen Schwein – ist ein Hochgenuss. "Da kann ich sicher sein, dass nur das Beste drin ist" kommentiert J.M.

DIE INSEL SYLT

Die Geburt aus dem Meer

Als das Schiff der Riesen, genannt "Manigfuald", nahe Esbjerg strandete, beschloss der Kapitän, von Bord zu gehen und durch das Watt zu waten. Dabei verlor er eine Schuhsohle. Diese "Sööl" bildet heute den sohlenförmigen Mittelteil von Söl, wie Sylt auf Friesisch heißt.
Es gibt jedoch immer noch Leute, die behaupten, der Landsockel, eine Ablagerung aus schwarz-grauem Glimmerton, sei vor 8 – 10 Millionen Jahren der Urnordsee entsprungen. Darüber haben sich weitere Erdschichten wie Limonitsandstein und Kaolinsand abgelagert.
Die geologische Geschichte der Insel ist sehr wechselhaft und eng mit der Eiszeit verbunden.
Zunächst entriss sie dem Meer das Land. In der Altsteinzeit vor etwa 10000 Jahren konnten die Jäger zu Fuß bis zum heutigen England wandern. Mit dem Rückgang des Eispanzers durch Abschmelzen stieg der Meeresspiegel wieder an, und so entstand vor etwa 7000 Jahren eine Insel.
Nicht so, wie wir Sylt heute kennen, nicht in der schlanken Tänzerinnenform, sondern grob und knollig, sich durch das Meer stetig wandelnd.
Vor der großen Sturmflut von 1362, der "Manndränke", ist die Insel nur durch kleine Kanäle vom Festland und den Nachbarinseln getrennt. Alte Karten zeigen viele Dörfer und Landstriche, die das Meer verschlungen hat.
Noch immer leben wir am Ende der Eiszeit, und der Meeresspiegel steigt stetig an.

So nagt die Nordsee unablässig mit gewaltiger Kraft an der Insel und trägt Meter für Meter ab – und der Mensch mit all seiner Technik hat dieser Naturgewalt nichts entgegenzusetzen.

Die Menschen

Die ältesten Beweise für die Anwesenheit von Menschen sind 500.000 Jahre alt. Am Morsumer Kliff entdeckte man Werkzeuge des Homo Erectus, einer Frühmenschenrasse, die als Vorfahr des Neandertalers gilt. Die feste Besiedelung begann etwa 2500 v. Chr. Aus dieser Zeit datiert ist auch die älteste Grabstätte, der Denghoog bei Wenningstedt.
Hügelgräber aus späterer Zeit findet man recht häufig, das weist auf eine dichte Besiedelung hin.
In der Bronzezeit, 1600 – 500 v. Chr., blüht die Kultur auf der Insel. Hier gibt es viele seefahrende Kaufleute, die mit den Waren der ansässigen Kunsthandwerker und Bronzegießer einen blühenden Handel treiben.

Um 850 n. Chr. wandern die Friesen auf Sylt ein. Wenig später verdrängen die ersten christlichen Missionare den heidnischen Glauben. Damit ist der Grundstein für die typische Kultur dieser Gegend gelegt. Schon frühzeitig zeichnen sich die Insulaner als Seefahrer und Fischer aus. Im Jahre 1425 beginnen die Sylter, sich am Herings- und Schellfischfang vor Helgoland zu beteiligen. Den großen Reichtum aus dem Meer bringen aber erst die Wale. Zwischen 1612 und 1775 ist die große Zeit der Walfänger.

"LAND DER HORIZONTE –

DER KLARHEIT –

UND GERADLINIGKEIT"

Teilweise sind ein Drittel der Schiffsbesatzungen Sylter. Noch heute zeugen wunderschöne Kapitänshäuser von dem Geld, das sie von ihren Grönlandfahrten heimbrachten. Das eigentliche Fanggebiet lag vor Spitzbergen. Damals glaubte man allerdings noch, es sei ein Teil von Grönland. Ein wenig dieses Lebensgefühls vermittelt das Dorf Keitum mit seinem historischen Dorfkern und dem Museum, dessen Tor zwei Walfischrippen bilden.

Der Tourismus entsteht

Lange Zeit gehörte Sylt zu Dänemark. Auf Grund des wachsenden Widerstandes in der Bevölkerung durch den immer stärker werdenden Wunsch der Schleswiger und Holsteiner, deutsch zu "bleiben", wurden diese Herzogtümer von den Mitgliedern des Deutschen Bundes und Österreich besetzt. Auf Sylt marschierten 1864 unter dem Jubel der Bevölkerung steierische Jäger ein.
Ab 1866 schließlich gehörte die Insel zu Preußen.

Nach dem Ersten Weltkrieg entschied sich der äußerste Norden von Schleswig-Holstein für Dänemark.
Für Sylt wurde das zu einem Problem, denn zu dieser Zeit gab es in Westerland und Wenningsted schon einen regen Badebetrieb. Und diese Gäste kamen per Fährschiff über den bis dato deutschen Seehafen Hayerschleuse, der nun in der Hand der Dänen lag.
Der für Sylt lebenswichtige Fremdenverkehr wurde dadurch gelähmt und die Existenz vieler Einheimischer ernsthaft bedroht. Die Pläne für den Hinden-

burgdamm lagen zu dieser Zeit schon vor, aber nun wurde er mit Hochdruck verwirklicht und am 1. Juni 1927 festlich eingeweiht.

Die Hoffnungen der Sylter auf eine Zunahme der Badegäste erfüllte sich nicht, und große Luxusbauten an der Westerländer Strandpromenade kosteten mehr Geld als sie einbrachten.
Die Renaissance des Badebetriebs kam nach dem Zweiten Weltkrieg. Mit dem wachsenden Wohlstand stieg die Zahl der Badegäste enorm an.

Etwa 500.000 Touristen besuchen alljährlich die Insel. Beliebt ist Sylt besonders als Ort für Kurzurlaube und geschätzt wegen der klaren Luft und dem gesunden Reizklima. Sehr groß ist die Zahl derer, die auf der Insel einen zweiten Wohnsitz haben. Das sind etwa ein Drittel der gemeldeten Einwohner. Im "Promi-Dorf" Kampen ist das Verhältnis sogar umgekehrt.

Sylt ist heute "die Insel". Das Saint Tropez des Nordens, das Hoch der deutschen Ferienziele. Der bekannte Sylt-Autoaufkleber – zumeist auf Luxuslimousinen zu finden – symbolisiert "Ich gehöre dazu", zu den Schönen und Reichen, zu den Chicen und Anspruchsvollen, zu den Nackten und Tatsachen Liebenden, zu den Freunden einer wundervollen Landschaft und einer klaren gesunden Luft, und ich gehöre zu denen, die zu leben und genießen verstehen. Denn auch kulinarisch hat Sylt sehr viel auf hohem Niveau zu bieten. Unter allen Köchen der Insel gibt es einen König. Das ist Jörg Müller. Das sagt zumindest die Zeitschrift "Der Feinschmecker".

Die Sylter Auster

1986 gründete die "Dittmeyer's Austern-Compagnie GmbH" den einzigen Austernkulturbetrieb Deutschlands. Ein Blick in die Geschichte der Sylter Auster zeigt, wie grundverschieden dieser Zuchtbetrieb doch vom früheren Austernfang ist. Knut der Große, der der Sage nach die edlen Schalentiere aus England an die Westküste gebracht haben soll, hat im 11. Jahrhundert angeblich die ersten Austernbänke in Nordfriesland angelegt. Da die Austern auch weit über die Küstengebiete hinaus sehr begehrt waren, wurde der Austernfang zu einem zwar gefährlichen, aber auch sehr einträglichen Unternehmen. Neben Hamburger und Bremer Kaufleuten orderte sogar der dänische König diese Austern, die damals in mit Seewasser gefüllten Holzfässern transportierten wurden. Gefangen wurden sie mit Schleppnetzen, die aus kleinen Eisenringen bestanden, welche die Austernschiffe hinter sich herzogen. So konnten pro Fang etwa 150 Austern an Bord gebracht werden.

Der zum Teil lebensgefährliche Fang der Austern setzte bei den Fischern vor allem genaue Lagekenntnisse der Austernbänke voraus.

VARIATION VON
Sylter Austern

Um 1870 gab es etwa 47 Austernbänke zwischen Röm, Sylt, Amrum und Föhr, die eine Gesamtfläche von 1800 Hektar bedeckten und vier bis fünf Millionen Austern im Jahr lieferten. Die Austernart, die auf diesen natürlichen Austernbänken lebte, war eine andere als die heute kultivierte, nämlich die Ostrea Edulis, die flache Auster, die sehr empfindlich war und für ihr Überleben und die Fortpflanzung sehr spezielle Ortsbedingungen benötigte. (... Seite 20)

Salzteig für den Austernsockel

100 g Salz
150 g Mehl
4 Eiweiß
etwas Wasser

Alle Zutaten zu einem sehr festen Teig verarbeiten und daraus kirschgroße Kugeln formen.

Gratinierte Sylter Austern auf Blattspinat
Rezept für 4 Personen

Die Zutaten
pro Person

1 – 2 Austern
5 cl Weißwein oder Sekt
80 g Butter
2 Eigelb
5 cl Austern-Pochierfond
Pfeffer aus der Mühle
150 g Blattspinat
30 g Butter
Salz, Pfeffer aus der Mühle

Spinat putzen, waschen, in reichlich Salzwasser blanchieren, danach in eiskaltem Wasser abschrecken und auf ein Sieb geben. Austern aufbrechen, das Austernwasser auffangen. Das Fleisch vorsichtig (ohne Kalkreste) auslösen und in eine Sauteuse legen. Das Austernwasser durch ein Haarsieb dazugeben, mit Weißwein angießen und am Herdrand erhitzen. Die Austern wenden, dann herausnehmen und abgedeckt warm stellen. Die Austernschalen auswaschen.
Den Pochierfond auf ca. 8 cl reduzieren. Die Butter in eine Sauteuse geben und auf ca. 40 Grad erwärmen. Eigelb und Austernfond in eine Schüssel geben und im Wasserbad bei ca. 80 Grad mit einem Schneebesen gut schaumig schlagen. Zum Schluss die zerlassene Butter unterrühren und mit etwas Pfeffer abschmecken.
Den Spinat in etwas Butter erhitzen, mit Salz und Pfeffer abschmecken.
Die gesäuberten Austernschalen auf die vorbereiteten Salzteigkugeln setzen, im Backofen kurz heiß stellen. Den Spinat in die vorgewärmten Austernschalen füllen. Die pochierten Austern auf den Blattspinat legen, mit der Sauce überziehen und im Backofen auf Grillstufe gratinieren.

VARIATION VON SYLTER AUSTERN

Gebackene Austern
Rezept für 4 Personen

Die Zutaten

4 – 8   Austern
1   Eiweiß
etwas Mehl
Semmelbrösel

Austern aufbrechen, aus der Schale lösen und auf Küchenkrepp etwas trocknen. Zuerst durch Mehl und danach durch das geschlagene Eiweiß ziehen. Mit Semmelbröseln panieren und dann in schwimmendem Fett goldbraun ausbacken. Nach Belieben mit Pesto-Kartoffelsalat servieren.

Austerntatar in der Schale mit Kaviar
Rezept für 4 Personen

Die Zutaten

8   große Austern
1   Spritzer Zitronensaft
etwas Olivenöl
etwas Schnittlauch
Pfeffer aus der Mühle
Kaviar zum Garnieren

Austern aufbrechen, aus der Schale lösen und eventuelle Kalkreste entfernen. Das Austernfleisch in kleine Stücke schneiden. Mit Zitronensaft, Pfeffer, Olivenöl und kleingeschnittenem Schnittlauch abschmecken. In die Austernschalen füllen, auf den Salzteigsockel setzen und mit Kaviar garnieren.

Eine Sylter Royal und eine Wildauster. Durch stetiges Wenden erhält die Royal eine gleichmäßige Form.

Die stetig wachsende Nachfrage und die rücksichtlose Plünderung der Austernbänke machten eine Reglementierung immer notwendiger. Obwohl es schon seit 1587 Erlasse und Vorschriften gab, die den Austernfang beschränken sollten, zwang die Abhängigkeit ganzer Dörfer von diesem Erwerbszweig zur weiteren Überfischung.

Die Auster verfügt wie fast alle Muschelarten über ein großes Fortpflanzungsvermögen. Pro Saison kann das weibliche Tier bis zu einer Million Larven hervorbringen. Nach der Befruchtung in der Mantelhöhle des Weibchens, verbringt die Larve weitere zehn Tage freischwimmend im Meerwasser. Schon jetzt beginnt sich die zweiklappig angelegte Schale zu bilden. Nach diesen zehn Tagen sucht die Auster eine geeignete Unterstützungsfläche, wo sie sich mit Hilfe ihres Fußes und eines Drüsensekrets festheftet. Sie verliert daraufhin ihre Bewegungsfähigkeit und ist von nun an auf die Lebensbedingungen ihres Standortes angewiesen.

Damit die Auster sich erfolgreich reproduzieren kann, müssen der Salzgehalt und die Wassertemperatur des Meeres optimal auf sie abgestimmt sein, was besonders im Wachstumsstadium der Auster von größter Bedeutung ist.

Die Überfischung schuf noch zusätzliche Probleme, da das ständige Graben der Schleppnetze über die Austernbänke das Substrat, das die Basis für die Wiederbesiedlung darstellte, zerstörte.

1882 musste die Austernfischerei vollständig eingestellt werden. Aus der geplanten neunjährigen Schonzeit wurden 15 Jahre, und trotzdem konnten 1897 nur noch 300.000 Austern gefischt werden.

1912 wurde in List aus der eigentlichen Austernfischerei eine Austernzucht, als man versuchte, Brutaustern künstlich anzusiedeln.

Der Winter 1939 mit Temperaturen von – 27° C brachte das Ende.

Zu diesem Zeitpunkt waren die natürlichen Austernbänke mit der einheimischen Ostrea Edulis längst endgültig zerstört.

Die Bundesforschungsanstalt für Fischerei erzielte seit 1980 mit Unterstützung von Muschelfischern in verschiedenen Kleinversuchen mit der robusteren Crassostrea Gigas, der pazifischen Felsenauster, gute Zuchterfolge.

1986 schließlich nutzte die "Dittmeyer's Austern-Compagnie GmbH" diese Versuche kommerziell und eröffnete ihre Austernfarm. In der Blidselbucht liegen fast zwei Millionen gezüchtete Sylter Royal-Austern, von denen die Hälfte innerhalb eines Jahres verkauft werden. Die täglich geernteten Austern werden von Hand sortiert, so dass nur beste Ware in den Verkauf kommt. Die Sylter Royal ist bekannt für ihren hohen Fleischanteil und ihren herrlich frischen Geschmack, der nicht zuletzt auch von der guten Wasserqualität der Nordsee herrührt.

Rezept für 4 Personen

Die Zutaten

4	Taschenkrebse à 500 – 600 g
	Gemüseabschnitte von Lauch, Karotten, Fenchel, Staudensellerie
	Petersilienstiele
	Wasser zum Abkochen
1/2 l	Weißwein
1	Thymianzweig
1	Rosmarinzweig
2	Lorbeerblätter
	Salz, Pfeffer aus der Mühle

Gemüse waschen, zerkleinern, in einen großen Topf geben und mit Wasser und Weißwein aufgießen. Lorbeer, Thymian, Rosmarin zugeben, mit Salz und Pfeffer würzen und zum Kochen bringen. Taschenkrebse in den Fond geben und darin ca. 10 – 12 Minuten kochen. In kaltem Salzwasser abschrecken und je nach Zubereitung die Scheren und Körper aufbrechen, das Fleisch herauslösen und mit Salat oder einer Sauce nach Wahl servieren (z.B. Mayonnaise, siehe Seite 253 oder Cocktailsauce, siehe Seite 250).

Taschenkrebs
IM WURZELSUD

JUNGER
Matjes
AUF FÜNF ARTEN

Die Matjesfilets mit Küchenkrepp abtrocknen, 2 Filets würfeln (3 – 4 mm Kantenlänge), 3 Filets in 2 cm breite Streifen, 3 Filets in 3 – 4 cm breite Stücke schneiden, 2 Filets für die Terrine.

Matjes in Speckstippe:
Den Speck klein würfeln und in Öl kross braten. Die Bohnen blanchieren. Aus dem Essig und Öl eine Marinade rühren und mit Salz und Pfeffer abschmecken. Die Bohnen darin lauwarm anmachen.
Die Bohnen auf dem Teller anrichten, die Matjesstreifen darüber legen, mit den Speckwürfeln bestreuen.

Matjestatar auf Friesenbrot:
Den Apfel schälen und das Kernhaus entfernen. Radieschen und Schnittlauch waschen. Apfel, Gurke und Radieschen in Würfelchen (3 – 4 mm Kantenlänge) schneiden und mit dem feingeschnittenen Schnittlauch und den Matjeswürfeln in einer Glasschüssel vermischen. Das Vollkornbrot mit einem Ausstecher in der gewünschten Form ausstechen, mit Butter und mit dem Matjestatar dick bestreichen. Die Schalotte schälen, in dünne Ringe schneiden und über das Brot geben.

Rezept für 4 Personen

Die Zutaten

10   Matjesfilets

für die Speckstippe:
100 g   Bauchspeck
150 g   Keniaböhnchen
1 EL   Sherryessig
2 EL   Sonnenblumenöl
        oder Olivenöl
Salz, Pfeffer

für das Friesenbrot:
1/2   Apfel (Delicious)
4   Radieschen
1 kl. Bd.   Schnittlauch
1/2   Essiggurke
Vollkornbrot
etwas Butter
1 kl.   Schalotte

JUNGER MATJES AUF FÜNF ARTEN

Die Heringe wurden vor dem "Wal" von den Syltern gefangen. Im Mittelalter zierte der Hering das Siegel der Insel. Manche behaupten, Sylt habe vom Hering seinen Namen, denn auf Dänisch heißt Hering "Silt".

für die Curry-Sahne:
50 g   Walnüsse
1 EL   Mango Chutney
2 EL   geschlagene Sahne
6 EL   Mayonnaise
1 TL   Currypulver

für die Hausfrauenart:
250 g   Schmand oder Sauerrahm
1 TL   Senf
1 Prise Zucker
2 – 3 EL Gurkenfond (von der Essiggurke)
1   Apfel (Delicious)
1 kl.   Essiggurke
1 kl.   Zwiebel
Salz, Pfeffer

für die Matjesterrine:
1   kleiner Apfel
1   mittlere gekochte Pellkartoffel (am besten am Vortag gekocht)
1   kleine Essiggurke
0,2 l   Fischgrundsauce (siehe Seite 251)
100 g   Crème fraîche
etwas Zitronensaft
3,5   Blatt Gelatine
Salz, Pfeffer aus der Mühle

Matjes mit Curry-Sahne:
Die Walnüsse hacken, mit Mango-Chutney, geschlagener Sahne und Mayonnaise vermengen und mit Currypulver abschmecken. Über die Matjesstücke geben.

Matjes Hausfrauenart:
Den Schmand in eine Schüssel geben, mit Senf, Salz, Pfeffer, dem Gurkenfond und 1 Prise Zucker glatt rühren. Den Apfel vierteln, in dünne Blättchen und die Gurke je nach Größe längs halbieren und ebenfalls in Blättchen schneiden. Die Zwiebel vierteln, in Streifen schneiden, kurz blanchieren, kalt abschrecken und alles mit dem angerührten Schmand vermischen. 1 – 2 Stunden ziehen lassen und auf Matjesstreifen anrichten.

Matjesterrine:
Den Apfel schälen und das Kernhaus entfernen, die Kartoffel pellen und sämtliche Zutaten in kleine Würfel schneiden.
Die Fischgrundsauce mit der Crème fraîche kurz erhitzen und mit Salz, Pfeffer und etwas Zitronensaft abschmecken. Gelatine in kaltem Wasser einweichen, ausdrücken und unter die noch warme Fischsauce geben. Diese abkühlen lassen und die in Würfel geschnittenen Zutaten unterrühren. In eine Terrinenform füllen und vor dem Anschneiden 6 – 8 Stunden kalt stellen. Die Form kann nach Wunsch vor dem Einfüllen der Masse mit leicht plattiertem Matjes ausgelegt werden.

SYLTER BLAUMUSCHELN

Es ist 7.30 Uhr. Moin Moin. Wir begrüßen Detlef Dethlefs im Lister Hafen. Seit einigen Jahren fängt er für Dittmeyer's Austern-Compagnie Sylter Blaumuscheln (Miesmuscheln). Dethlefs ist ein Bilderbuch-Kapitän, genau wie man sich einen Muschelfänger vorstellt. Ruhig, ausgeglichen und mit dem typisch trockenen verschmitzten Humor eines Friesen. Müller und Dethlefs kennen sich gut. Als Beifang gehen immer wieder Wildaustern, die sich zwischen den Muscheln ansiedeln, ins Netz. Die Wildaustern liefert unser Kapitän fast ausnahmslos bei Jörg Müller ab. Ihr Geschmack ist sauber und klar wie der Norden selbst. Für Dittmeyer kommen Wildaustern nicht in Frage, denn ihre Form ist wild und unregelmäßig, nicht tauglich für das Markenprodukt Sylter Royal.

Die Fahrt geht zunächst zu einem Pontonbecken vor dem Hafen. Hier wurde der Fang vom Vortag gelagert. Die Muscheln haben sich hier selbst vom Sand in ihren Schalen gereinigt, nun werden sie in Körbe gehievt und bei Dittmeyer von ihren Untermietern, den Seepocken auf der Muschelschale, befreit. Dann sind sie küchenfertig.

Die Fahrt zu den Muschelbänken ist nicht weit. Sie liegen im Königshafen, im Innern des Ellenbogens. Wir passieren eine Sandbank, auf der Hunderte Kormorane und über Hundert Seehunde lagern. "Die fressen uns ja alles weg! Das sind ja viel zu viele, weil die nicht bejagt werden dürfen. Besonders die großen Meeräschen, die werden fast alle von den Hunden geschnappt!"

Die Seehunde kümmern sich nicht um die kritische Einstellung der Besatzung und schwimmen munter um das Boot. Der erste "Hohl". Das Boot fährt langsam. Das kleine, extrem starke Netz löst mit dem Fangeisen die Miesmuscheln in ca. 6 m Wassertiefe.

Die See ist klar und man kann das prall gefüllte Netz schon weit unter der Wasseroberfläche erkennen, eine Fahne von Schlick und Sand hinter sich herziehend.

Das Netz kommt an Bord und wird geleert. Jörg Müller ist einer der ersten am Netz und untersucht den Fang nach kulinarischen Spezialitäten. Ein riesiger Taschenkrebs kann gerade noch rechtzeitig ins Wasser flüchten ...
Wir frühstücken, was das Meer uns bietet. Wir brechen Wildaustern auf und

Dethlefs zeigt uns Pantoffelschnecken, Einwanderer aus Kanada, deren Muskelfleisch ein feines nussiges Aroma hat. Sogar für Jörg Müller war das eine kulinarische Entdeckung.

Rezept für 4 Personen

Die Zutaten

für die Muscheln:

2 kg	Miesmuscheln
2	Schalotten
1	Knoblauchzehe
2	Möhren
1 kl.	Sellerieknolle
1 kl.	Stange Lauch
1/2	Stange Staudensellerie
2 EL	Olivenöl
80 g	Butter
2	Lorbeerblätter
0,3 l	trockener Weißwein
5 cl	Noilly Prat

für die Kräuter-Sahnesauce:

	Muschelkochsud
100 g	Crème fraîche
200 g	Sahne
etwas	Cayennepfeffer
1 EL	Pernod
1 EL	Schnittlauch, geschnitten
1 EL	gehackte Petersilie
1 EL	gehackter Dill
etwas	gehackter Estragon und Thymian
1 EL	Mehlbutter (1 EL weiche Butter, vermischt mit 1 TL Mehl)

Muscheln gut waschen, Bartfäden entfernen und die Muscheln auf ein Sieb geben.

Schalotten und Knoblauch fein würfeln, Möhren und Sellerieknolle schälen, in ca. 1 cm große Würfel schneiden. Lauch waschen, in Ringe schneiden, Staudensellerie in dünne Scheiben schneiden. Butter und Olivenöl erhitzen. Schalotten, Knoblauch, Lorbeerblätter und das Gemüse darin anschwitzen. Die Muscheln dazugeben, mit Weißwein und Noilly Prat ablöschen und abgedeckt 6 – 8 Minuten garen, öfter umrühren. Muscheln aus dem Sud nehmen, abgedeckt warm stellen.

Den Muschelfond durch ein Passiertuch oder Haarsieb geben und mit Crème fraîche und Sahne verkochen; etwas reduzieren und danach mit Cayennepfeffer und Pernod abschmecken. Die gehackten Kräuter unterrühren und mit der Mehlbutter leicht binden.

Muscheln in tiefe Teller geben und mit der Sauce übergießen. Dazu gebuttertes Vollkornbrot servieren.

LISTER
Muscheln
IN KRÄUTER-SAHNESAUCE

Den Aal häuten, filieren und kühl stellen.
Abschnitte wie Haut, Gräten und Kopf in einem Topf mit Sahne, Weißwein und Noilly Prat zum Kochen bringen und 6 – 8 Minuten ziehen lassen, passieren und auf ca. 0,2 l reduzieren.
Die Gemüsewürfel blanchieren.
Eine Tortenform mit Folie auslegen.
Die beiden Aalfilets der Länge nach als Tortenrand drapieren. Die entstehenden Aalreste in kleine Würfel schneiden.
Die Gelatine in kaltem Wasser einweichen, ausdrücken und in den noch heißen Aalfond geben, mit Meerrettich, Zitronensaft, etwas Tabasco, Salz und der Prise Zucker kräftig abschmecken.
Die Aal- und Gemüsewürfel mischen, ca. 1 Esslöffel für die Garnitur beiseite stellen, den Rest unter die Masse geben.
Die Masse kurz auf Eis oder in den Kühlschrank stellen. Sobald die Masse zu gelieren beginnt, die geschlagene Sahne unterheben und in die vorbereitete Tortenform füllen und kalt stellen.

Die Gelatine für das Fischgelee in kaltem Wasser einweichen, ausdrücken und in den Fischfond geben.
Den Fond auf ca. 40 Grad erhitzen und direkt wieder abkühlen. Mit Safran, Salz, Cayenne, Balsamico und Pernod abschmecken. Sobald das Gelee dickflüssig wird, auf die Aaltorte geben, die Gemüse- und Aalwürfel darüber streuen und mit dem Dillzweig garnieren.
Vor dem Anschneiden die Torte ca. 6 Stunden kalt stellen.
Mit Meerrettichpreiselbeerparfait (siehe Seite 253) servieren.

Rezept für 6 – 8 Personen

Die Zutaten

1	geräucherter Aal, ca. 350 g
250 g	Sahne
6 cl	Weißwein
4 cl	Noilly Prat
je 20 g	Karotten-, Lauch- und Fenchelwürfelchen
2,5 Blatt	Gelatine
1 TL	Meerrettich
1	Spritzer Zitronensaft
1	Spritzer Tabasco
1 Prise	Zucker
200 g	geschlagene Sahne
1	Tortenring, ca. 20 cm Durchmesser

Salz, Pfeffer

für das Fischgelee:

2 Blatt	Gelatine
0,15 l	klarer Fischfond (siehe Seite 251)
1 Prise	Safran
1 Msp.	Cayenne
etwas weißer Balsamico	
1	Spritzer Pernod
Dillzweig für die Garnitur	
Salz	

Rauchaal-
TORTE

Jörg Müllers Sylter Küche

36

Rezept für 4 Personen

Die Zutaten

300 g	Nordseekrabben
2	weiche Avocados
1/2	Zitrone
20	Kirschtomaten
1 kl. Bd.	Schnittlauch
1 EL	gehackte Petersilie
1 kl.	rote Zwiebel
3 EL	weißer Balsamico
1 EL	Wasser
1 EL	Sherryessig
4 EL	Olivenöl

etwas Zucker
Salz, Pfeffer aus der Mühle
Blattsalate nach Wunsch
Basilikumblätter

Die Avocados halbieren, aus der Schale nehmen, in Würfel schneiden und mit Zitronensaft beträufeln. Kirschtomaten waschen und halbieren, große vierteln. Die Avocadowürfel auf flachen Tellern ausbreiten, darauf die Kirschtomaten legen und mit Salz und Pfeffer würzen. Für die Kräutermarinade Schnittlauch klein schneiden. Petersilie und Zwiebeln fein hacken und mit weißem Balsamico, Wasser, Sherryessig und Olivenöl verrühren. Mit Salz, Pfeffer und 1 Prise Zucker abschmecken.
Die Krabben auf vorbereiteten Tellern verteilen, die Kräutermarinade darüber geben und mit Blattsalaten nach Wunsch und Basilikumblättern servieren.

AVOCADO-SALAT MIT
Nordsee-
KRABBEN

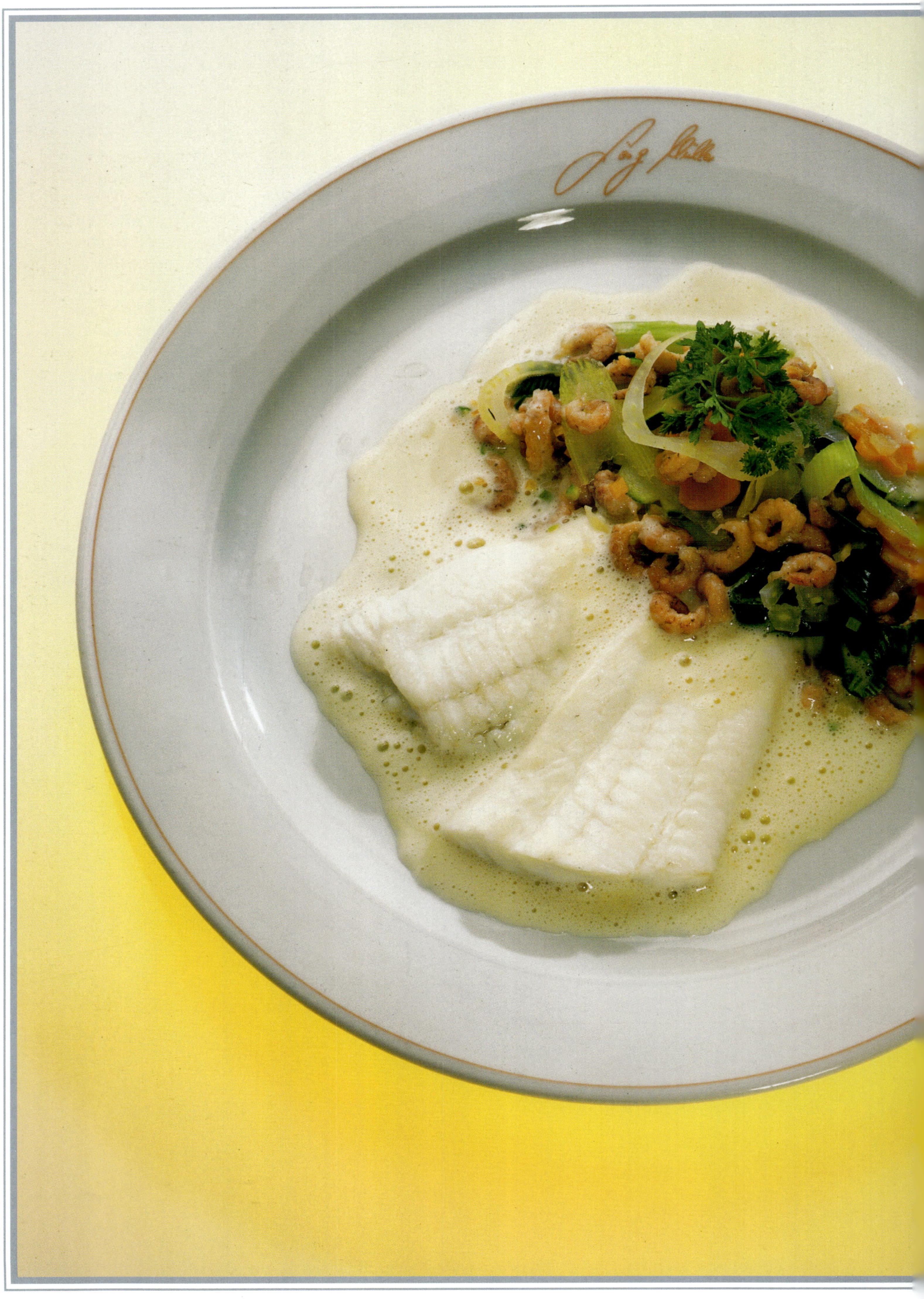

Rezept für 4 Personen

Die Zutaten

600 g	Schollenfilets
0,1 l	Fischfond (siehe Seite 251)
0,1 l	trockener Weißwein
20 g	Butter

Salz, Pfeffer aus der Mühle

für die Sauce:

40 g	Butter
1 TL	Mehl
100 g	Crème fraîche
100 g	Sahne
1	Spritzer Noilly Prat
1	Spritzer Pernod

Salz, Pfeffer

für die Garnitur:

100 g	Nordseekrabben
100 g	Karottenwürfelchen
100 g	Lauchringe oder -würfel
100 g	Staudensellerie, in Blättchen geschnitten

Die Schollenfilets auf eine gebutterte, feuerfeste Platte legen, leicht salzen und mit etwas zerlassener Butter bestreichen. Fischfond und Weißwein angießen und die Filets bei 200 Grad im Ofen ca. 5 – 6 Minuten garen. Aus dem Ofen nehmen, den Sud in einen Topf abgießen, die Filets mit Alufolie abdecken und warm stellen.

Für die Sauce Butter und Mehl in einem kleinen Topf anschwitzen, mit dem Fischsud auffüllen und mit der Sahne glatt rühren. Crème fraîche hinzugeben und ca. 5 Minuten kochen. Mit dem Stabmixer schaumig aufrühren und mit Noilly Prat, Pernod, Salz und Pfeffer abschmecken.

Den Fisch auf warmen Tellern anrichten und mit der Sauce überziehen. Möhren, Lauch und Staudensellerie nicht zu weich kochen und mit den Krabben über den Fisch geben. Reis oder Kartoffeln als Beilage servieren.

SCHOLLENFILETS MIT NORDSEE-*Krabben* **IN WEISSWEINSAUCE**

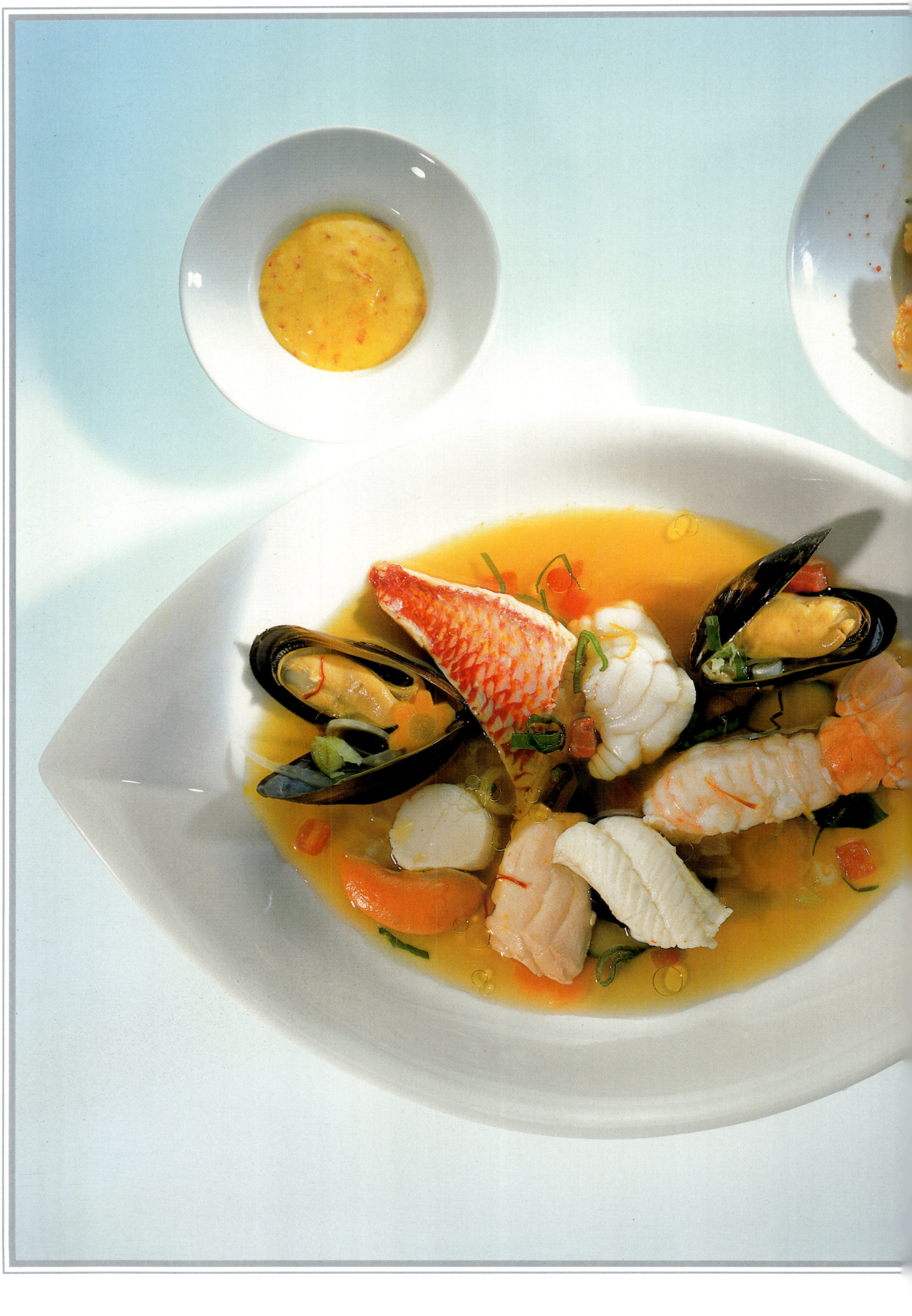

Rezept für 4 Personen

Die Zutaten

500 g	Fischfilet nach Wahl (z.B. Seezunge, Steinbutt, Seeteufel, Rotbarbe)
300 g	Muscheln (z.B. Blaumuscheln oder Herzmuscheln)
200 g	Garnelen, Hummerfleisch oder Scampi
1	Karotte
1 kl.	Stange Lauch
1 kl.	Stange Staudensellerie
1 kl.	Fenchelknolle
1 l	guter Fischfond (siehe Seite 251)
einige	Safranfäden
1	Spritzer Pernod
1	Spritzer Noilly Prat
1	Spritzer Sherry
etwas	Weißwein
1	Rosmarinzweig
1	Thymianzweig
1	Baguette

für die Aïoli:

2	Eier
3	gehackte Knoblauchzehen
1 EL	weißer Balsamico
1 TL	Senf
1 Msp.	gemahlener Safran
2 Msp.	Cayennepulver
ca. 0,1 l	Olivenöl extra Vergine
1	Spritzer Sherry
Salz, Pfeffer	

Für die Aïoli Eier, Knoblauch und alle Zutaten außer des Olivenöls in einen Mixer geben und fein pürieren. Nach und nach das Öl zugeben, bis eine Mayonnaise entsteht.

Für die Bouillabaisse das Gemüse waschen und in kleine Blättchen oder Streifen schneiden.
Die Fische und Krustentiere in kleine mundgerechte Stücke schneiden, mit Salz würzen. Die Muscheln waschen und eventuell den Bart entfernen.
Den Fischfond erhitzen, mit Safran, Pernod, Noilly Prat, Sherry, etwas Weißwein, Salz, Rosmarin und Thymian kräftig abschmecken. Zuerst die Muscheln und die Gemüse, dann den Fisch und zum Schluss das Krustentierfleisch zugeben, einige Minuten ziehen lassen. Mit Baguette und der Aïoli servieren.

Bouillabaisse
VON NORDSEEFISCHEN

PAELLA MIT
Nordsee-
FISCHEN

Jörg Müllers Sylter Küche

Der Knurrhahn

Die große Karkasse des Knurrhahns macht ihn zu einem idealen Suppenfisch, aber besonders sein festes weißes Fleisch ist gebraten, geräuchert, gedämpft oder roh eine Delikatesse. Unter Kennern ist die bevorzugte Jahreszeit zum Verzehr des Roten Knurrhahns der Herbst.

Jörg Müller kauft seine Fische auf der Insel bei Blum's. Hier gibt es tolle Ware und eine faszinierende Auswahl.

PAELLA MIT NORDSEEFISCHEN

Die Poulardenkeulen entbeinen, in Stücke schneiden und würzen.
Tomaten kurz in kochendes Wasser tauchen, kalt abschrecken, häuten, das Kernhaus entfernen und in Stücke schneiden. Paprika waschen, halbieren, Kernhaus entfernen und in Würfel schneiden.
In einem Topf Olivenöl erhitzen, Geflügelfleisch darin gut anbraten.
Nach und nach Paprika, Schalotten, Knoblauch, Reis, Lorbeer, Safran und Curry dazugeben und mit Weißwein und Geflügelfond ablöschen. Mit Salz und Pfeffer würzen. Aufkochen und abgedeckt im Backofen bei ca. 180 Grad 15 Minuten garen.
Miesmuscheln waschen, den Bart entfernen und zusammen mit Erbsen und Tomatenwürfeln unter den Reis heben und weitere 8 Minuten ohne Deckel im Ofen garen.
Die Fischfilets in Stücke schneiden, Garnelen längs halbieren, würzen und in Olivenöl anbraten.
Die Fische auf der fertigen Paella anrichten.

Rezept für 4 Personen

Die Zutaten

2	Poulardenkeulen
8	Garnelen oder 100 g Nordseekrabben
400 g	Miesmuscheln oder Herzmuscheln
400 g	Nordseefische ohne Haut und Gräten (z.B. Steinbeißer, Knurrhahn, Seeteufel oder Lachs)
2	Eiertomaten
1	rote Paprika
1	gelbe Paprika
8 cl	Olivenöl
3 EL	gehackte Schalotten
2	gehackte Knoblauchzehen
250 g	Risottoreis
1 g	Safranfäden
2	Lorbeerblätter
1 TL	Currypulver
0,1 l	Weißwein
0,4 l	heller Geflügelfond (siehe Seite 252)
100 g	feine Erbsen
Salz, Pfeffer aus der Mühle	

Jörg Müllers Sylter Küche

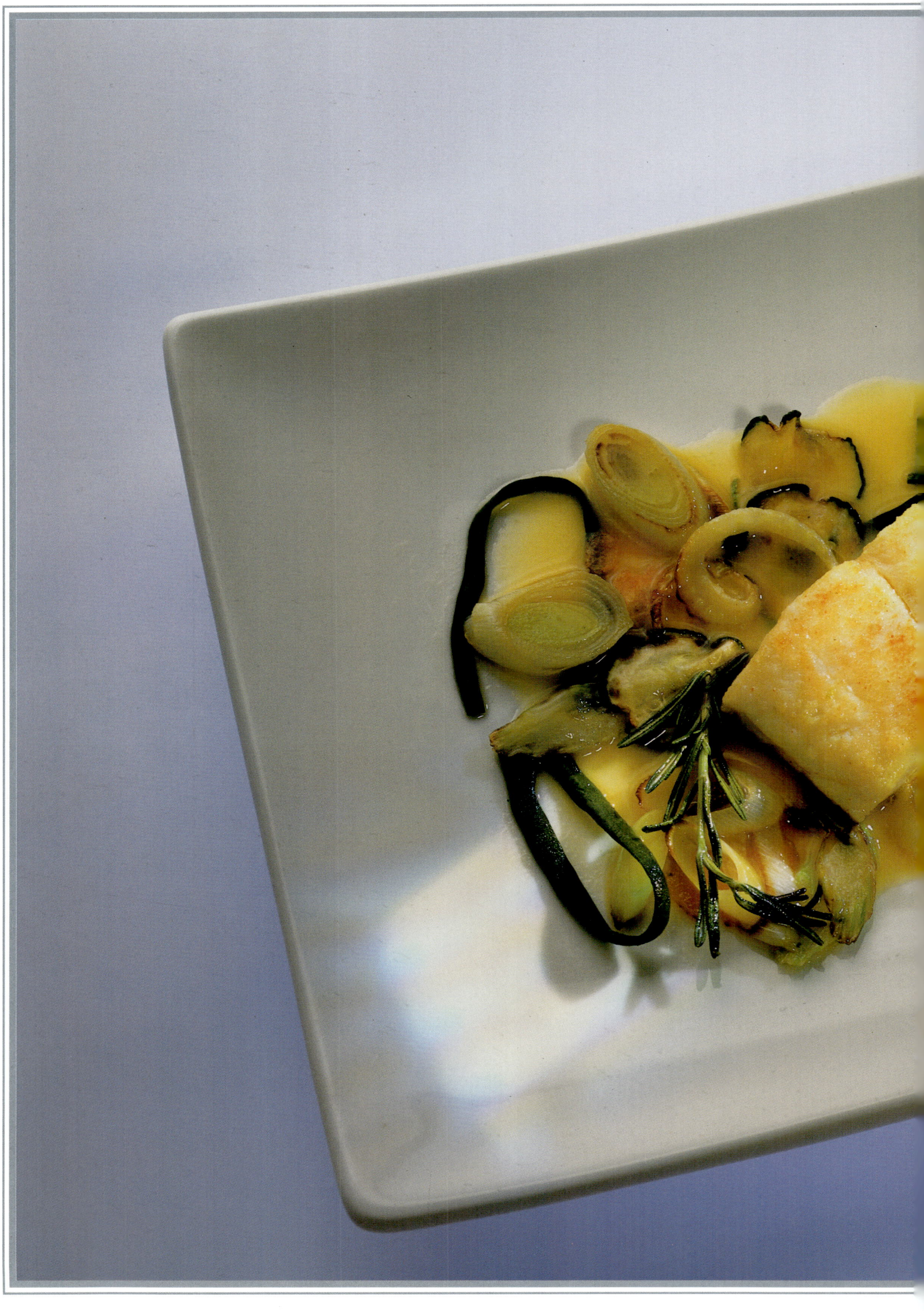

Meeräsche

AUF GELBEM TOMATENFOND

Die Meeräsche

Die dem Barsch sehr ähnliche Meeräsche ist ein kulinarischer Hochgenuss. Im Gegensatz zu ihm ist sie jedoch reiner Vegetarier. Eigentlich ein subtropischer Fisch, findet man ihn im Sommer auch in der Nordsee. Hier ist er meist sehr viel größer als sein Artgenosse aus dem Mittelmeer. Sein delikates Fleisch ist besonders fest, aber auch sehr zart und schmeckt aromatischer. Die Meeräsche wird meist mariniert oder kurz gebraten angeboten.

MEERÄSCHE AUF GELBEM TOMATENFOND

Rezept für 4 Personen

Die Zutaten

ca. 600 g	Meeräschenfilet		2	Knoblauchzehen
1 kg	Fleischtomaten		1 kl.	gekochte Kartoffel
2	Schalotten		0,1 l	Olivenöl extra Vergine
0,1 l	Weißwein			Salz, Pfeffer aus der Mühle
1 kl. Bd.	Thymian			etwas Mehl
1	Lorbeerblatt			
1	Rosmarinzweig			

Die Tomaten waschen und in Stücke schneiden. Knoblauch und Schalotten schälen und beides in Streifen schneiden. Tomaten, Knoblauch und Schalotten zusammen mit dem Weißwein und den Kräutern in einem Topf zum Kochen bringen. Ca. 5 Minuten kochen lassen, alles auf ein Haarsieb oder Passiertuch geben, leicht auspressen und den gewonnenen Tomatensaft beiseite stellen.

Den Tomatenfond zum Kochen bringen, in einen Mixbecher schütten, die gekochte Kartoffel zugeben und alles fein pürieren. Während des Mixens so lange Olivenöl zugeben, bis die Sauce eine leicht cremige Konsistenz erhält. Die Sauce mit Pfeffer und Salz würzen.

Die Fischstücke mit Salz würzen, in Mehl wenden und in einer Pfanne mit etwas Olivenöl von beiden Seiten anbraten. Danach auf der fertigen Sauce anrichten.
Nach Wunsch mit gebratenem oder geschmortem Gemüse servieren.

Gurke schälen, halbieren und das Kernhaus herausschaben. Zwei Drittel der Gurke in etwas größere Stücke schneiden, den Rest in Würfel.
Die Gurkenwürfel zusammen mit den Schalotten in Butter anschwitzen und unter Zugabe von Wein, Fischfond, Sahne und Crème fraîche weich kochen und um etwa die Hälfte reduzieren.
Den Saucenansatz im Mixer fein pürieren und durch ein Sieb passieren.
Danach mit Salz, Zucker, Pfeffer, Noilly Prat und etwas Pernod abschmecken.
Die größeren Gurkenstücke würzen, in Olivenöl anbraten, den gezupften Dill zugeben und abgedeckt warm stellen.

Den Saibling in gleichmäßige Stücke schneiden, mit Salz würzen und in geklärter Butter auf den Punkt braten.
Die Gurken auf die vorgewärmten Teller verteilen und die Sauce nochmals mit einem Stabmixer aufschäumen.
Den gehackten Dill zugeben und die Gurken mit der Sauce nappieren.
Den gebratenen Saibling auf die Gurken setzen und mit Strohkartoffeln (siehe Seite 255) oder Reis servieren.

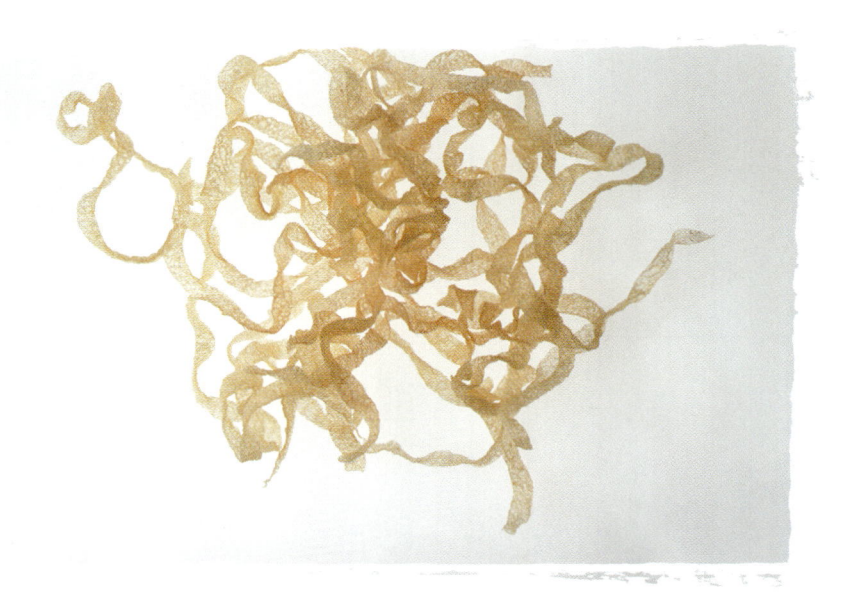

Rezept für 4 Personen

Die Zutaten

600 g	See-Saiblingfilet ohne Gräten
1	mittelgroße Schmorgurke
2 EL	gehackte Schalotten
60 g	Butter
6 cl	trockener Weißwein
0,1 l	Fischfond (siehe Seite 251)
100 g	Sahne
100 g	Crème fraîche
1 Prise	Zucker
1 cl	Pernod
2 cl	Noilly Prat
2 EL	Olivenöl
1 Bd.	Dill (die Hälfte gezupft, den Rest geschnitten)
geklärte Butter (siehe Seite 252)	
Salz, Pfeffer aus der Mühle	

SEE-
Saibling
AUF SCHMORGURKEN

Jörg Müllers Sylter Küche

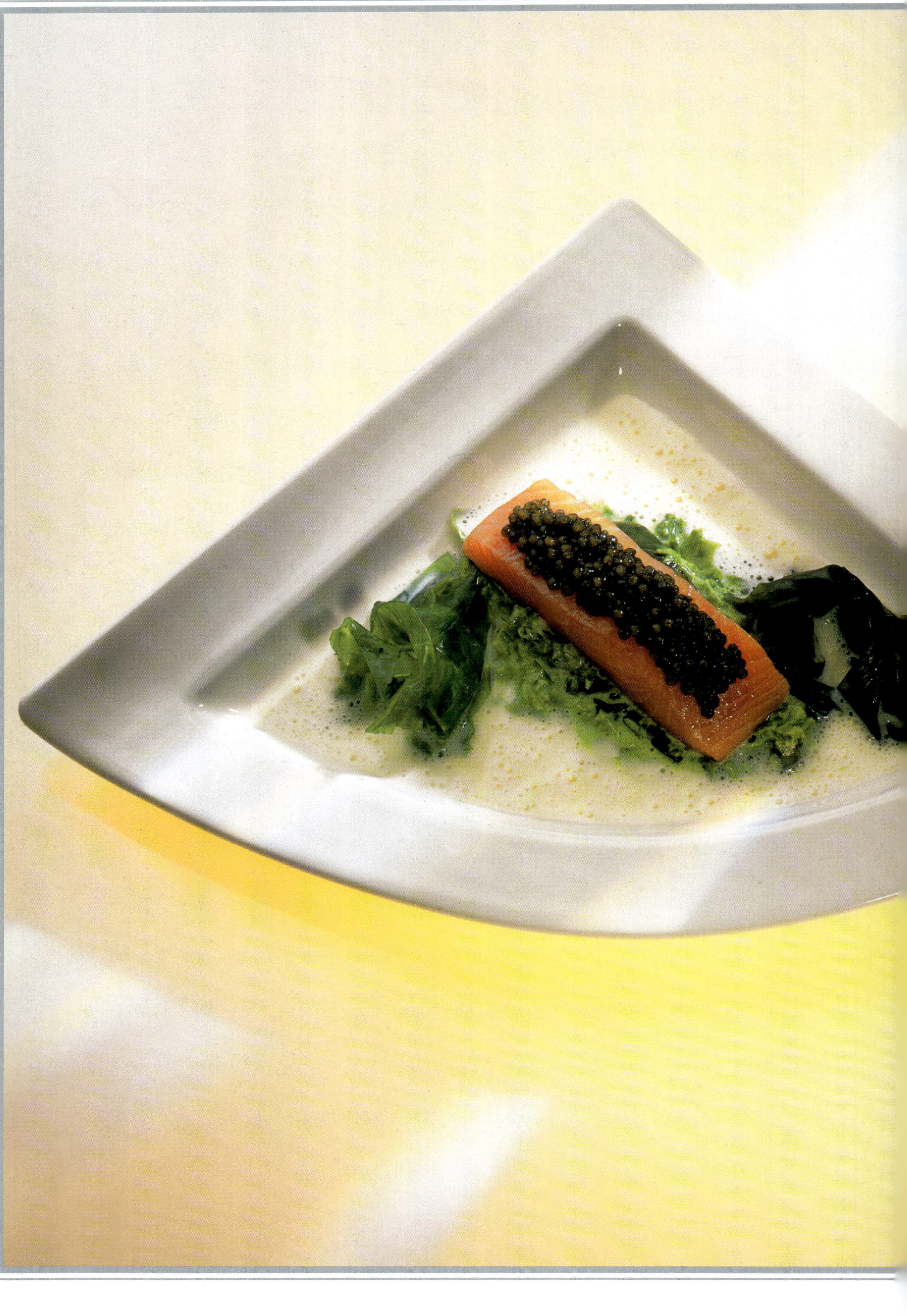

Rezept für 4 Personen

Die Zutaten

480 g	Meerforellenfilet
100 g	Dulse-Algen
100 g	Meeressalat (Laitue de mer)
100 g	Meeresspaghetti (Haricots verts de mer)
50 g	Butter
2	Schalotten
	Noilly Prat
	Weißwein
2 EL	Crème fraîche
80 g	Imperial-Kaviar
0,1 l	Fischgrundsauce (siehe Seite 251)
1	Schuss Champagner

Salz, Pfeffer aus der Mühle

MEER-
Forelle
MIT IMPERIAL-KAVIAR UND ALGENGEMÜSE

Die Algen unter fließendem Wasser waschen und von Salz befreien. Anschließend kurz in ungesalzenem Wasser blanchieren und in Eiswasser abschrecken. Einige schöne, große Blätter des Meeressalates für die Garnitur bereithalten. Den Rest, die Meeresspaghetti und Dulse-Algen fein schneiden und dann kalt stellen.

Das Meerforellenfilet in 4 Portionen à 100 g teilen, salzen und auf ein gebuttertes Blech setzen. Mit zerlassener Butter bepinseln, mit Klarsichtfolie überdecken und im 80 Grad heißen Backofen ca. 12 – 15 Minuten angaren. Die Filets sollten noch glasig sein. Währenddessen die Schalotten schälen, fein würfeln und in Butter farblos anschwitzen, mit Noilly Prat und Weißwein ablöschen und die fein geschnittenen Algen zugeben. Die Crème fraîche unterrühren und kurz aufkochen lassen. Mit frisch gemahlenem Pfeffer und eventuell etwas Salz abschmecken, und keinesfalls weiterkochen, da das Gemüse sonst eine graue Farbe annimmt.

Die zurückbehaltenen Meersalatblätter erhitzen und gefällig auf den vorgewärmten Tellern verteilen. Das Algengemüse darauf anrichten, die Meerforelle auflegen und den Kaviar darüber geben.

Die Fischgrundsauce aufkochen, mit einem Stückchen Butter und etwas Champagner verfeinern. Die Sauce aufschäumen und über den Fisch und den Algen verteilen. Mit Salzkartoffeln oder Kartoffelpüree servieren.

DAS SYLTER DEICHLAMM

John Ricklef Petersen tastet mit seinem Geländewagen über den Pfad entlang des Deiches. Auf der Ladefläche seine drei Border-Collies, begierig, aus dem Wagen springen zu dürfen. Aus dem geöffneten Fenster ruft er, der Schäfer, "Komm heer, mäggä mäggä mäggä …" Die Parole stimmt. Die Schafe eilen neugierig herbei und glotzen auf ihr Spiegelbild im Autolack.

Auf einer separat eingezäunten Weide stehen die Hammel. Einer ist auffällig klein. "Das ist mein Arbeitsbock, der ist sterilisiert. Den lass' ich vier Wochen vor den Hammeln auf die Weide zu den Schafen. Der macht die heiß, dann kommen die anderen und machen die Lämmer", sagt John. Ein genialer Schachzug, denn so verkürzt er die Lammzeit um etwa vier Wochen.

Wir halten und lassen die Hunde heraus. Wie Flugzeuge gleiten sie über die etwa 140 cm hohe Umzäumung und den gut zwei Meter breiten Graben und beginnen sofort mit ihrem Job. "Schafe auf einen Fleck". Zwei Minuten später stehen die ursprünglich auf der ganzen Weide verteilten Tiere Schulter an Schulter, von den jetzt davor liegenden Hunden bewacht. Eine unglaubliche Leistung.

John erzählt, dass er die Hunde selbst ausbildet. "Aber das ist noch gar nichts, kommt mal mit." Wir gehen auf den Deich, die Hunde brav voran. Die Schafe flüchten zunächst in entgegengesetzter Richtung vor den "Wölfen".

Johns Befehl "Ganz vor" erschallt. Die Hunde jagen an der Flanke der Schafe vorbei. 10 Minuten später, und alle, wirklich alle Schafe, soweit der Blick reicht, umkreisen ihren Meister. Die Hunde haben eine Arbeit geleistet, die die anwesenden Wanderer mit offenen Mündern staunen lässt, und uns ein eindrucksvolles Erlebnis verschafft.

Das Rudel hat die Herde sicher und bestimmt zusammengetrieben, ohne ein Tier auch nur ansatzweise zu gefährden. Sie haben sich, wie auch immer, untereinander abgesprochen und Tiere, die zu entweichen versuchten, sofort der Herde wieder zugeführt.

"Wenn Ihr hier so guckt, seht Ihr nur guten Boden mit gutem mineralstoffreichem Gras und riecht gute Luft. In den Salzwiesen wachsen spezielle Kräuter, wie die Salzmiere, die Keilmelde, das Weideröschen oder das Strand-Milchkraut. Weil die Lämmer hier diese guten Sachen essen und zufrieden aufwachsen, ist unser Fleisch besonders gut", erklärt John. Wer nach Sylt kommt, kann das prüfen, denn John Ricklef Petersen vermarktet sein Fleisch selbst auf seinem Gänsehof in Keitum. Oder man isst bei Jörg Müller die Variation vom Sylter Deichlamm.

Das im Handel angebotene Lammfleisch kommt oft aus Übersee, z.B. Neuseeland. Es erreicht nicht die Qualität eines norddeutschen Deichlamms. Ein französisches Salzgraslamm – "Pré Salé" – ist von ausgezeichneter Qualität und kann ersatzweise verwendet werden.

VARIATION VOM SYLTER
Deichlamm
AUF GESCHMORTEM GEMÜSE

Jörg Müllers Sylter Küche

VARIATION VOM SYLTER DEICHLAMM AUF GESCHMORTEM GEMÜSE

Lammschulter mit Salz und Pfeffer würzen und in einem Bräter mit Öl von allen Seiten gut anbraten, herausnehmen und beiseite stellen.

Für die Sauce die Knochen oder Abschnitte mit dem kleingeschnittenen Gemüse in den Bräter geben und alles kräftig anbraten; mit Salz und Pfeffer würzen. Das Tomatenmark zugeben und von Zeit zu Zeit mit Rotwein und Madeira ablöschen. Sobald alles gut angeröstet ist, mit etwas Mehl bestäuben und mit der Fleischbrühe aufgießen. Die Lammschulter zusammen mit den Kräutern in den Saucenansatz legen und abgedeckt im Backofen bei ca. 180 Grad unter gelegentlichem Wenden weich schmoren. Herausnehmen und warm stellen. Die Sauce durch ein Haarsieb passieren und eventuell nachwürzen.

Für das Schmorgemüse die Schalotten häuten, Paprika in gleichmäßige Stücke teilen und schälen. Zucchini waschen, Karotten schälen und beide Gemüse in walnussgroße Stücke schneiden. Den Lauch waschen und in ca. 2 cm dicke, längliche Scheiben schneiden. Schalotten, Paprika und Karotten in Salzwasser kurz blanchieren. Zucchini und die blanchierten Gemüse in Olivenöl anbraten. Den Lauch in einer Pfanne mit Olivenöl von beiden Seiten anbraten und abgedeckt im Backofen 10 Minuten garen.

Lammleber bzw. -nierchen in kleine Stücke schneiden. Mit Salz und Pfeffer würzen und auf die Rosmarinzweige aufspießen. Kurz vor dem Servieren in heißer Butter kurz anbraten.
Lammcarré mit Salz und Pfeffer würzen, in Öl von allen Seiten gut anbraten und unter Zugabe von Rosmarin, Thymian und Knoblauch im Backofen bei ca. 160 Grad 6 – 8 Minuten fertig braten, herausnehmen und einige Minuten abgedeckt ruhen lassen.
Weißbrotscheiben (ohne Rinde) in der Moulinette zerkleinern, mit den gehackten Kräutern mischen und über das Carré verteilen. Einige Butterflocken darüber geben und überbacken.
Gemüse auf die Teller verteilen, Lammschulter in Scheiben, das Carré in Koteletts schneiden und mit dem Leber- oder Nierenspieß auf dem Gemüse anrichten und mit der Sauce servieren.

Beilagenvorschlag: Rosmarinkartoffeln, gratinierte Kartoffeln oder Gnocchi.

Rezept für 4 Personen

Die Zutaten

1	Lammschulter, ca. 800 g
100 g	Lammleber oder -nierchen
400 g	Lammcarré oder fettfreies Lammrückenfilet
4	Rosmarinzweige
1	Knoblauchzehe
2 EL	Öl
1 EL	gehackte Kräuter (Thymian, Rosmarin, Petersilie)
1	Thymianzweig
1	Rosmarinzweig
2	Scheiben Toastbrot ohne Rinde
einige Butterflocken	
Salz, Pfeffer aus der Mühle	

für das Schmorgemüse:

4 kl.	Schalotten
1	rote Paprika
1	gelbe Paprika
1	mittelgroße Zucchini
1 – 2	Karotten
1/2	Stange Lauch

für die Sauce:

ca. 500 g	Lammknochen oder -abschnitte
1 St.	Sellerie
1 St.	Lauch (nur der weiße Teil)
1	Karotte
4 – 6	Schalotten
2	Knoblauchzehen
1 EL	Tomatenmark
1 l	Fleischbrühe
0,2 l	Rotwein
0,1 l	Madeira
1	Rosmarinzweig
2	Thymianzweige
Salz, Pfeffer aus der Mühle	
etwas Mehl	

Jörg Müllers Sylter Küche

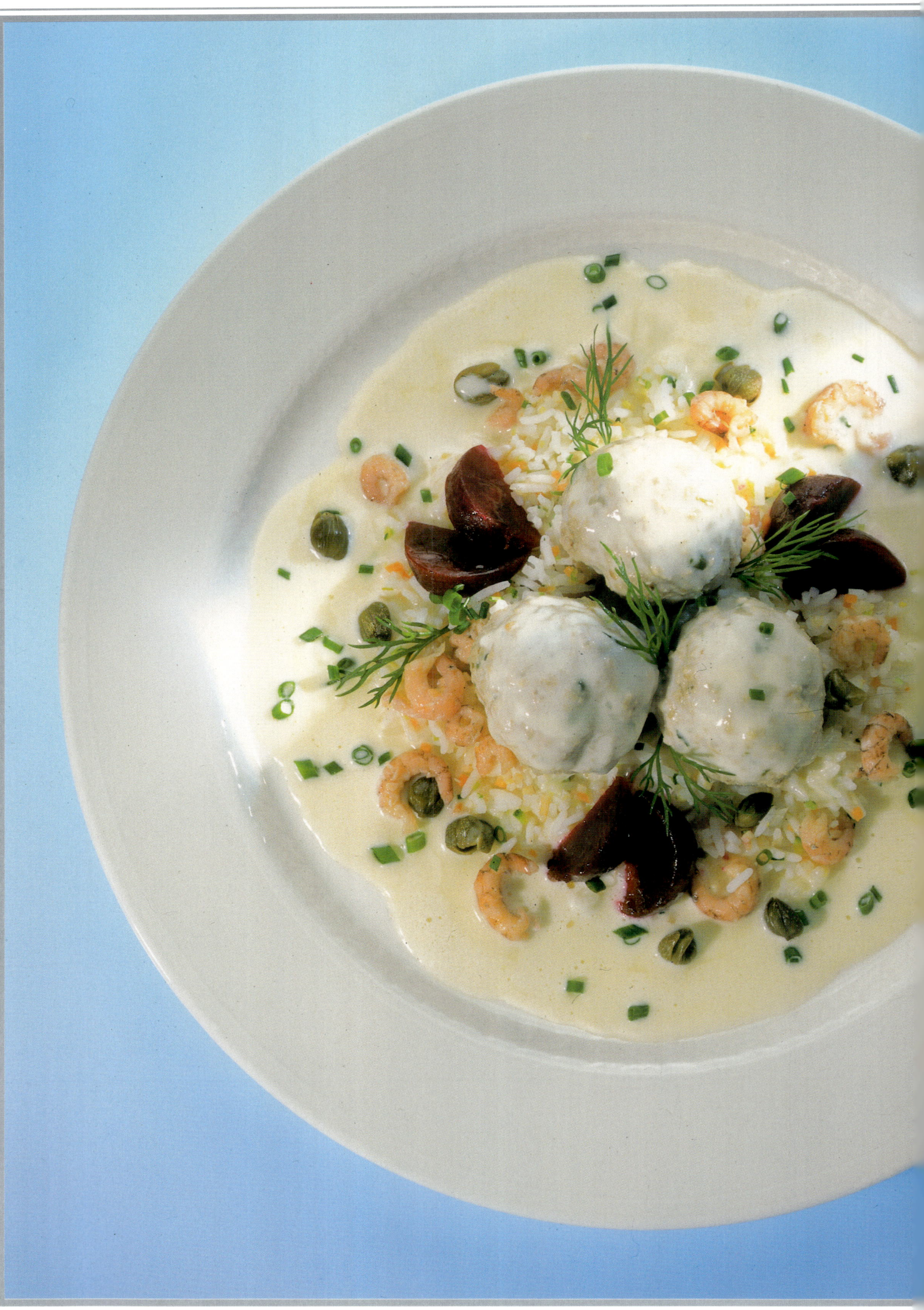

Rezept für 4 Personen

Die Zutaten

600 g	Lammhack (von Schulter oder Nacken)
2	trockene Brötchen
0,2 l	Wasser oder Milch
2	mittelgroße Zwiebeln
2 EL	Tafelöl
1 Bd.	Petersilie
2	Sardellenfilets
1 EL	Kapern
2	Eier
0,25 l	Weißwein
1	Lorbeerblatt
4	Nelken
50 g	Butter
1 EL	Mehl
200 g	Sahne
2	mittelgroße Rote Bete
100 g	Nordsee-Krabben

Salz, Pfeffer aus der Mühle

Brötchen in Scheiben schneiden, mit ca. 0,2 l heißem Wasser oder Milch übergießen, gut vermengen (die Brötchen müssen aufgeweicht sein), überschüssige Flüssigkeit ausdrücken und kalt stellen. 1 Zwiebel in feine Würfel schneiden und in etwas Öl glasig andünsten. Petersilie, 1/2 Esslöffel Kapern und Sardellenfilets fein hacken, zu den Zwiebeln geben und kalt stellen.

Hackfleisch in eine Schüssel geben, mit Salz und Pfeffer würzen. Eier, die Brötchen und die angeschwitzen Zwiebeln unter das Hack kneten und ca. 60 g schwere Bällchen formen.
In einem Topf ca. 1,5 l Wasser erhitzen, Weißwein, eine halbierte Zwiebel, Lorbeerblatt und Nelken zugeben, mit etwas Salz würzen und die Fleischbällchen darin garen.

Butter und Mehl in einem Topf anschwitzen, mit Sahne und ca. 0,3 l Pochierfond ablöschen und glatt rühren. Die Sauce ca. 5 Minuten köcheln lassen, mit Salz und Pfeffer würzen. Die restlichen Kapern, evtl. etwas Kapernfond und die Krabben in die Sauce geben. Die Sauce über die Klopse geben und mit Rote Bete und Beilagen nach Wahl (z.B. Petersilienkartoffeln oder Reis) servieren.

KÖNIGSBERGER
Klopse
VOM LAMM MIT KRABBEN

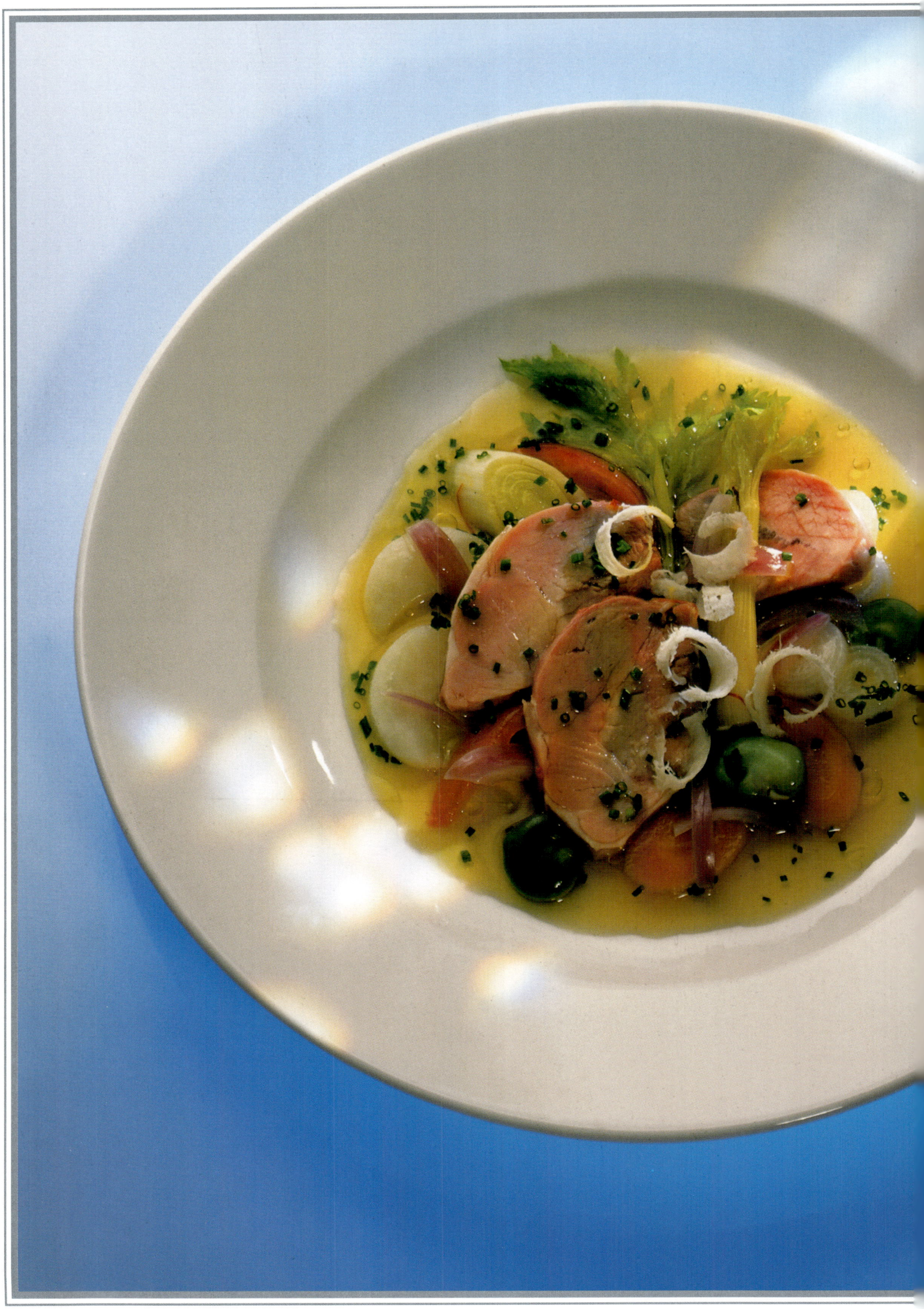

Rezept für 4 Personen

Die Zutaten

1	Lammschulter, ca. 1 kg schwer
1 TL	Pökelsalz
1	mittelgroße Karotte
1 kl.	Fenchelknolle
1 kl.	Lauchstange
1 kl.	Stange Staudensellerie
1	rote Zwiebel
1	Zwiebel, mit 1 Lorbeerblatt und 4 Nelken gespickt

einige Safranfäden
1 EL Balsamico
1 Prise Cayenne
1 Prise Zucker
2 EL Olivenöl
1 kl. Bd. Schnittlauch
geriebener Meerrettich
Salz, Pfeffer

Die Lammschulter parieren (Fett und Haut entfernen), mit Pökelsalz würzen und über Nacht kühl stellen.

Für das Wurzelgemüse die Karotte waschen, schälen und mit einem Ciseliermesser längs Kerben einritzen. Danach in ca. 2 mm dicke sternförmige Scheibchen schneiden. Den Fenchel und den Lauch in dünne Ringe schneiden. Staudensellerie und Zwiebel häuten und in Streifen schneiden.
Sämtliche Gemüseabschnitte zur Verwendung für die Brühe aufheben.

In einem Topf Wasser zum Kochen bringen, die gespickte Zwiebel und die Gemüseabschnitte zugeben, mit Salz leicht abschmecken und darin die Schulter ca. 1,5 Stunden weich kochen. Den Fond durch ein Tuch passieren, die Safranfäden zugeben und anschließend das Wurzelgemüse kurz darin garen (es sollte noch Biss haben).
Etwa 0,2 l des Fonds mit Balsamico, Cayenne, Salz, der Prise Zucker und dem Olivenöl abschmecken.
Das Fleisch in Tranchen schneiden und zusammen mit dem Wurzelgemüse auf warme Teller anrichten. Mit Schnittlauchröllchen und geriebenem Meerrettich bestreuen und lauwarm servieren.

GEKOCHTE
Lammschulter
AUF WURZELGEMÜSE-
SAFRAN-VINAIGRETTE

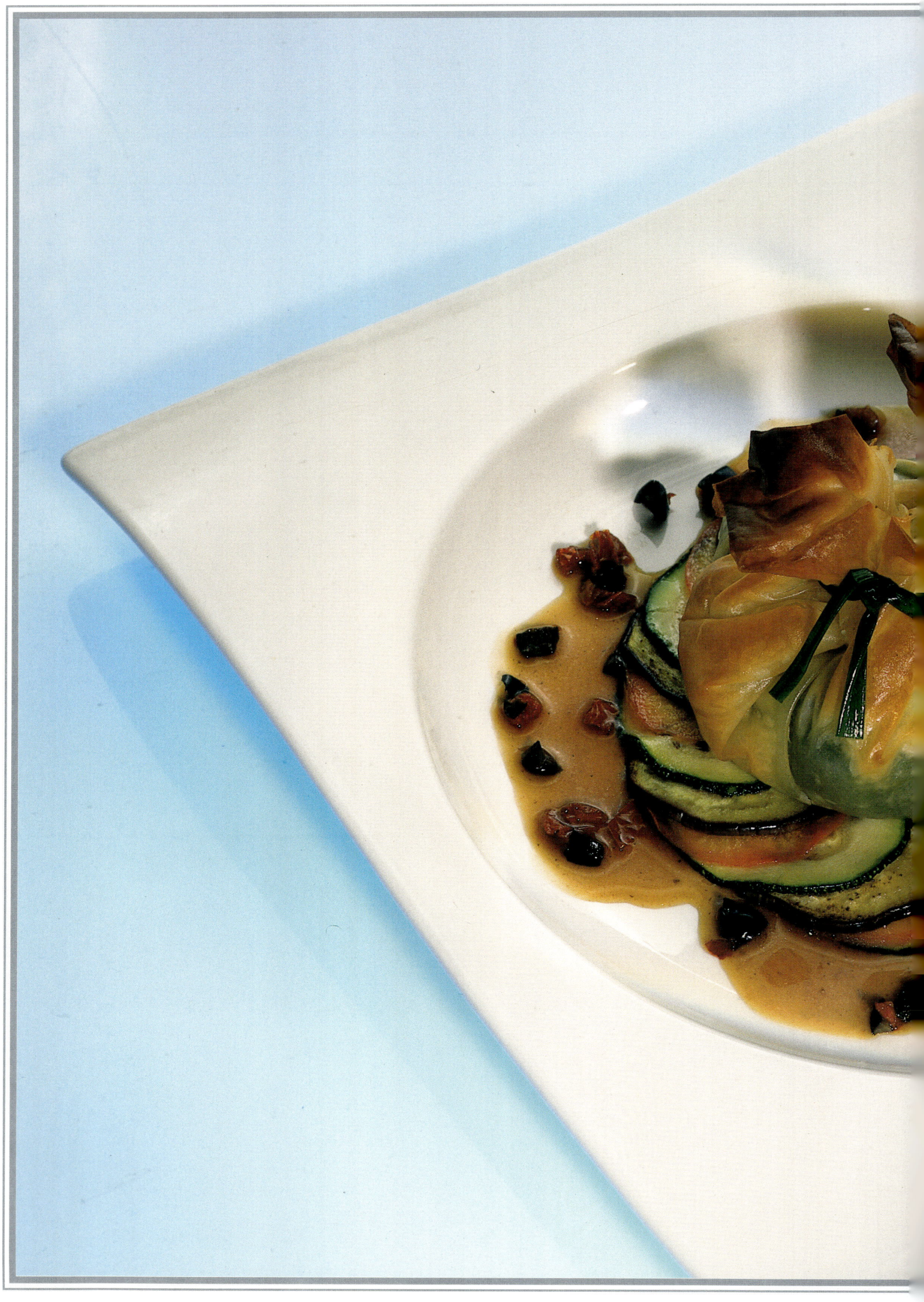

DEICHLAMMRÜCKEN IM
Strudelblatt
MIT AUBERGINEN-ZUCCHINI-GEMÜSE

Für die Sauce die Schalotten klein schneiden und mit dem Knoblauch in Olivenöl andünsten, mit Madeira ablöschen und einkochen. Thymian und Rosmarin zugeben und mit dem Lammfond aufgießen. Danach mit Salz und Pfeffer abschmecken und ca. 1/2 Stunde köcheln lassen. Durch ein Haarsieb passieren und mit kalter Butter mit einem Stabmixer aufmontieren, so dass eine Bindung entsteht. Jetzt die Tomaten- und Olivenwürfel zugeben und noch einmal abschmecken.

Die Lammrücken mit Salz und Pfeffer würzen und in Olivenöl scharf anbraten. Aus der Pfanne nehmen und kalt stellen. Das gut gekühlte Lammfleisch klein schneiden und mit der Sahne in der Moulinette zu einer Farce verarbeiten. Mit Salz und Pfeffer abschmecken. Danach die Kräuter sowie Tomaten-, Oliven- und Gemüsewürfel zugeben und unterrühren. Die Farce kalt stellen.

Die Spinatblätter in Salzwasser kurz blanchieren und abschrecken. Auf einem feuchten Tuch zu einer Matte auslegen und trocken tupfen. Die fertige Lammfarce auf den Spinat streichen und jeden Lammrücken einzeln damit einpacken. Die Filoteigblätter mit flüssiger Butter bestreichen und jedes zweimal zusammenfalten, so dass 4 Vierecke entstehen. Je ein Lammcrepinette in die Mitte legen und die Ecken des Teiges zur Mitte zusammendrücken.

Die entstandenen Strudelsäckchen mit je 1 blanchierten Schnittlauchhalm zusammenbinden. Im vorgeheizten Backofen bei ca. 220 Grad 6 – 8 Minuten backen.

Für das Gemüse die Zucchini, Auberginen und Tomaten waschen, abtrocknen und in gleichmäßige, dünne Scheiben schneiden. Tomaten beiseite stellen. In eine beschichtete Pfanne Olivenöl, Thymian, Rosmarin und eine zerdrückte Knoblauchzehe geben. Die Auberginen- und Zucchinischeiben darin anbraten und mit Salz und Pfeffer würzen. Danach das Gemüse abwechselnd auf dem Teller zu einem Kreis legen und kurz vor dem Anrichten unter dem Grill kurz erhitzen.
Das gebackene Strudelsäckchen in die Mitte setzen und die Sauce um das Gemüse geben.

Rezept für 4 Personen

Die Zutaten

4 St.	Lammrückenmedaillons à 80 g ohne Fett und Sehnen
150 g	fett- und sehnenfreies, gut gekühltes Lammfleisch aus der Schulter
80 – 100 g	Sahne
20 g	getrocknete, gewürfelte Tomaten
20 g	gewürfelte Oliven
20 g	gewürfeltes Gemüse (Karotte, Sellerie, Lauch)

nach Belieben etwas gehackter Thymian, Rosmarin, Petersilie

12	große Spinatblätter
4 Blatt	Filoteig (türkischer Strudelteig)
50 g	flüssige Butter
4	Schnittlauchhalme

Salz, Pfeffer aus der Mühle
Olivenöl

für die Sauce:

100 g	Schalotten
1	Knoblauchzehe
12 cl	Madeira
1	Thymianzweig
1	Rosmarinzweig
0,5 l	Lammfond
30 g	kalte Butter

Tomatenwürfel
Olivenwürfel
Olivenöl
Salz, Pfeffer aus der Mühle

für das Gemüse:

1 gr.	Aubergine
1 gr.	Zucchini
4	Tomaten
1	Thymianzweig
1	Rosmarinzweig
1	Knoblauchzehe

Olivenöl
Salz, Pfeffer aus der Mühle

DEICHLAMMRÜCKEN IM STRUDELBLATT MIT AUBERGINEN-ZUCCHINI-GEMÜSE

Jörg Müllers Sylter Küche

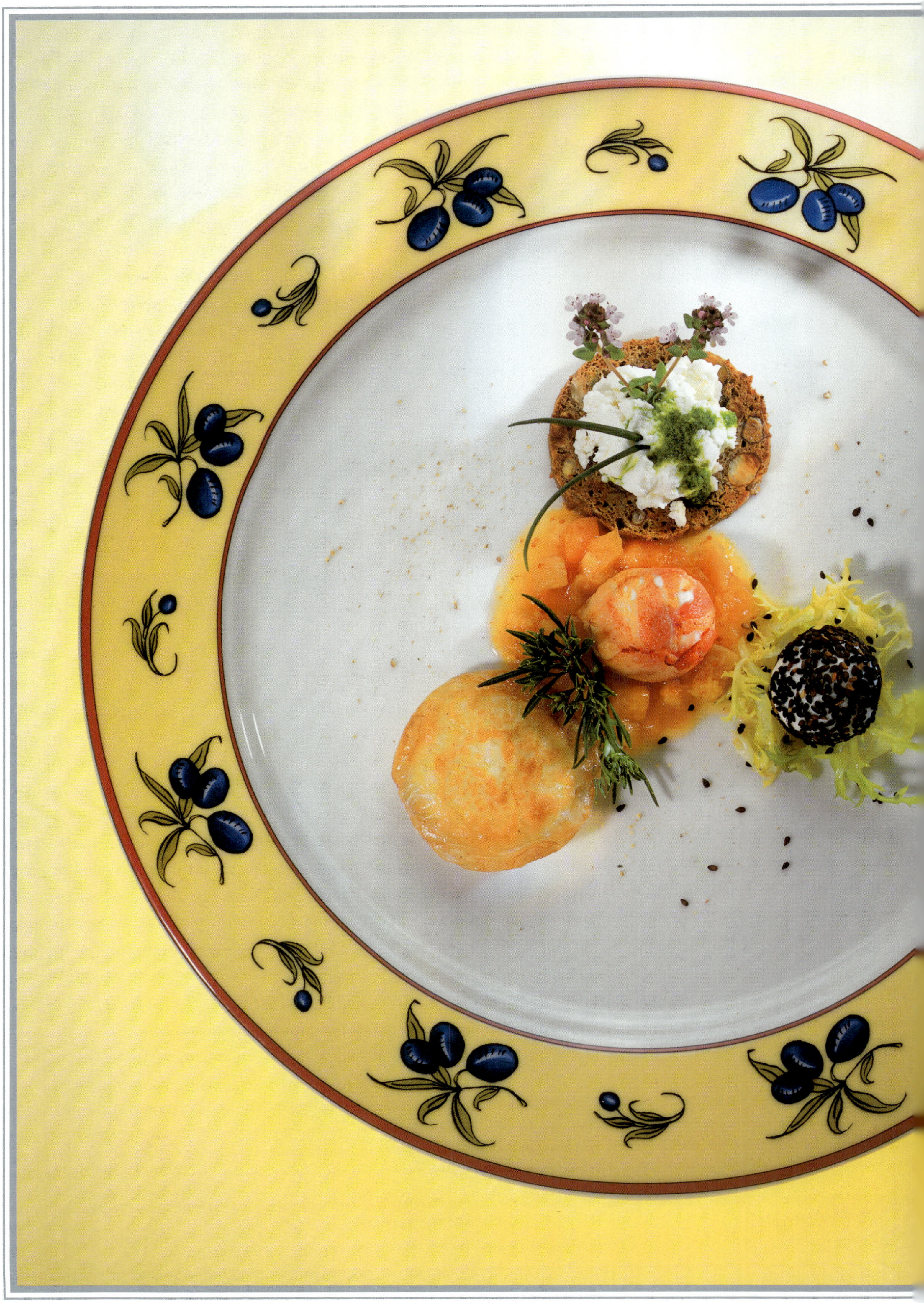

Rezept für 4 Personen

Die Zutaten

300 g	Ziegenfrischkäse
1 EL	geriebener Butterkäse
1	Eigelb
1 EL	schwarzer Sesam
4	dünne Scheiben geräucherter Schweinespeck
8	Blatt Kanaki- oder Strudelteigblätter, ca. 10 x 10 cm
20 g	zerlassene Butter
1	Eiweiß
2 EL	Olivenöl
Salz, Pfeffer	

für die Pestosauce:

50 g	Basilikumblätter
2 – 3	Knoblauchzehen
1 EL	Pinienkerne
1 EL	geriebener Parmesan
8 cl	gutes Olivenöl
Salz, Pfeffer aus der Mühle	

für das Kürbis-Feigen-Confit:

1 kl.	Glas süß-saurer Kürbis, ca. 200 g, in kleine Würfel geschnitten
4	getrocknete Feigen
1 kl.	Ingwerknolle
0,1 l	Weißwein
0,1 l	Wasser
2 EL	Zucker
4 cl	Kräuteressig
2 cl	Sherry
1 TL	Kartoffelstärke

Für die Pestosauce alle Zutaten in der Moulinette oder in einem Mixer fein pürieren und kühl stellen.

Für das Confit den Kürbis auf ein Sieb geben und den Fond beiseite stellen. Feigen in ca. 0,5 cm große Würfel schneiden, zu den Kürbiswürfeln geben und beides mit dem Kürbisfond vermischen. Die Ingwerknolle schälen, in dünne Streifen schneiden oder fein reiben und zusammen mit Wein, Wasser, Zucker und dem Kräuteressig zu den Früchtewürfel geben. 12 Stunden einweichen lassen und danach in einem Topf zum Kochen bringen. Sherry und Kartoffelstärke glatt rühren und das Kürbis-Feigen-Confit damit abbinden.

Vom Ziegenfrischkäse 12 ca. 20 g schwere Kugeln formen. Den restlichen Käse mit Eigelb, dem geriebenen Käse, etwas Salz und Pfeffer verrühren und kühl stellen. Von den Käsebällchen 4 in Sesam wälzen und 4 mit Speck dünn einrollen, kühl stellen.
4 Strudelteigblätter mit zerlassener Butter bestreichen, darauf ein zweites Teigblatt legen und dieses dünn mit verquirltem Eiweiß bestreichen. Mit einem Teelöffel von der angemachten Käsemasse kleine Nocken formen und auf eine Seite des Teigblattes setzen. Die andere Teighälfte darüber legen und rund oder viereckig ausstechen. Die Teigränder gut andrücken.
Vor dem Anrichten etwas Olivenöl erhitzen, darin die gefüllten Käsetaschen und die Speck-Käsebällchen kurz anbraten. Den Käse mit den restlichen Bällchen auf dem lauwarmen Confit anrichten. Die 4 naturbelassenen Käsebällchen mit Pestosauce nappieren und mit Nussbrot servieren.

VARIATION VOM KEITUMER
Ziegenkäse
AUF KÜRBIS-FEIGEN-CONFIT

Die Thymian- und Rosmarinblättchen von den Stielen zupfen. Basilikum und Petersilie waschen, grob zerteilen und zusammen mit Thymian, Rosmarin und etwas Öl in der Moulinette fein pürieren. Den Knoblauch grob hacken, mit dem Kräuterpüree und dem restlichen Öl in einer Schüssel mischen und mit Salz und Pfeffer würzen.
Den Käse in grobe Stücke teilen und abwechselnd mit der Kräuter-Öl-Mischung in ein Einmachglas füllen. Etwa 2 – 3 Tage im Kühlschrank abgedeckt ziehen lassen. Der eingelegte Käse hält sich gut gekühlt etwa 2 Wochen.

Die Käsestücke portionsweise auf Tellern anrichten und jeweils mit 1 Esslöffel des Würzöls überziehen.
Dazu blaue und grüne Weintrauben, Walnüsse, Haselnüsse, Mandeln und Schwarzbrot servieren.

Rezept für 4 Personen

Die Zutaten

400 – 500 g	frischer Schafskäse (Feta)
1 Bd.	frischer Thymian
1	Rosmarinzweig
1 Bd.	Basilikum
2 Bd.	Blattpetersilie
3 – 4	Knoblauchzehen
0,1 l	Olivenöl
0,2 l	Pflanzenöl
1 TL	Salz, Pfeffer aus der Mühle

JÖRG MÜLLERS EINGELEGTER *Sylter* SCHAFSKÄSE

Jörg Müllers Sylter Küche

CINQ
Amuse
BOUCHE

Amuse Bouche

Matjestatar auf Vollkornbrot

Matjesfilet und Gurke in kleine Würfel schneiden und in eine Schüssel geben. Den Apfel schälen und das Kernhaus entfernen. Radieschen waschen, Schalotten häuten und beides in kleine Würfel schneiden. Schnittlauch in Röllchen schneiden und alle Zutaten zum Matjes geben. Locker mischen und eventuell mit etwas Sherryessig und Olivenöl abrunden. Auf gebuttertes Vollkornbrot anrichten und mit einigen roten Zwiebelringen garnieren.

Rezept für 4 – 6 Personen

Die Zutaten

3	Matjesfilets
1 kl.	Essiggurke
1 kl.	Apfel (Delicious)
4	Radieschen
1 kl.	Schalotte
1 kl. Bd.	Schnittlauch
4	Scheiben gebuttertes Vollkornbrot
1 EL	Olivenöl
1	Spritzer Sherryessig
1 kl.	rote Zwiebel

Gänseleberparfait im Pumpernickelmantel

Die Leber im Mixer mit Salz, Thymian, Majoran, Madeira und Portwein fein pürieren. Durch ein feines Sieb streichen und zurück in den gereinigten Mixer geben. Nach und nach die Eier und die geklärte, nicht zu warme Butter untermixen, mit Pfeffer und Cognac abschmecken.
Die Masse in eine kleine, mit Speckscheiben ausgelegte Pastetenform geben. Vorsichtig mit den restlichen Speckscheiben bedecken und die Form mit einem Deckel verschließen. Im vorgeheizten Backofen bei 85 Grad im Wasserbad 45 Minuten garen. Über Nacht kühl stellen und mit einem Gewicht leicht beschweren.

Für den Pumpernickelmantel das Brot und die Korinthen in einer Küchenmaschine fein zerkleinern. Die Masse zwischen zwei Bögen Backpapier geben und dünn ausrollen.
Zum Anrichten das Leberparfait auf eine Platte stürzen, den Speck entfernen und das Parfait mit der Pumpernickelmatte umhüllen. Kalt stellen.
Vorsichtig in Scheiben schneiden und servieren. Dazu passt Gewürztraminergelee (siehe Seite 252).

Rezept für 4 – 6 Personen

Die Zutaten

250 g	Leber von Wildgeflügel
1	Thymianzweig
1 Prise	Majoran
1 EL	Madeira
2 EL	weißer Portwein
2	Eier
250 g	geklärte Butter (siehe Seite 252)
1 EL	Cognac
10	Scheiben fetter, ungesalzener Speck, in 8 x 12 cm dünne Scheiben geschnitten
Salz, Pfeffer	

Für den Pumpernickelmantel:

200 g	Pumpernickel
8	Korinthen

CINQ AMUSE BOUCHE

Klare Tomatenessenz mit Krabben

Rezept für 4 – 6 Personen

Die Zutaten

50 g	Nordsee-Krabben
1,5 kg	reife italienische Eiertomaten oder Kirschtomaten
150 g	Karotten
100 g	Lauch
100 g	Staudensellerie
1 kl. Bd.	Petersilie
2	Schalotten
2 – 3	Knoblauchzehen
1	Thymianzweig
1 – 2	Lorbeerblätter
0,1 l	Weißwein
0,4 l	Wasser
1 Prise	Zucker
1	Spritzer Balsamico

Salz, Pfeffer aus der Mühle
nach Wunsch Tomatenwürfel und Basilikumstreifen

Die Tomaten, das Gemüse und die Petersilie waschen und die Schalen von Schalotten und Knoblauch entfernen. Alle Zutaten klein schneiden, mit dem Thymianzweig und Lorbeerblättern in einen Topf geben und mit Wein und Wasser angießen.
Mit Salz und Pfeffer würzen und zum Kochen bringen. 10 – 15 Minuten leicht köcheln lassen.
Eine Schüssel mit einem Passiertuch auslegen. Das Tomaten-Gemüseragout mit einer Schöpfkelle vorsichtig in das Tuch umschöpfen, die Tuchenden zusammenbinden und so aufhängen, dass die klare Essenz austropfen kann.
Mit 1 Prise Zucker und etwas weißem Balsamico abschmecken und mit Tomatenwürfel, Krabben und Basilikumstreifen servieren. Als Einlage passen auch kleine Quarknocken.

Zarlachs mit Romanoffkartoffeln

Rezept für 4 Personen

Die Zutaten

200 g	Zarlachs (am besten bei Ihrem Fisch- oder Feinkosthändler bestellen)
	mittelgroße Kartoffeln (am besten Sieglinde)
	Crème fraîche
	Butter
	Salz, Pfeffer, Muskat
	etwas geschlagene Sahne

Tipp:
Romanoffkartoffeln passen hervorragend zu Kaviar.

Pro Person eine mittelgroße, gewaschene Kartoffel in Alufolie einhüllen und im Backofen bei ca. 200 Grad ca. 40 Minuten garen. Mit einer Rouladennadel von Zeit zu Zeit zur Probe anstechen. Sobald die Kartoffeln weich sind, aus der Folie nehmen und einige Minuten auskühlen lassen. Mit einem scharfen Messer längs das obere Drittel abschneiden. Das Innere der Kartoffel sorgfältig mit einem Löffel herauslösen und in eine Schüssel geben. Crème fraîche, Butter, Salz und etwas Muskat zugeben, mit einer Speisegabel vermengen bzw. zerdrücken und die Masse in die ausgehöhlten Kartoffeln füllen. Etwas geschlagene Sahne über die Kartoffeln geben und im Backofen bei ca. 250 Grad überbacken.
Den Zarlachs in dünne Scheiben schneiden und nach Wunsch mit Romanoffkartoffel und etwas Kräutersahne-Vinaigrette servieren.

Königsberger Klopse vom Lamm (siehe Rezept Seite 61)

Die Hummer in reichlich kochendem Salzwasser abkochen und in kaltem Salzwasser abschrecken.

Pro 100 g Gewicht der Tiere berechnet sich die Garzeit wie folgt:

100 g = 1 Minute kochen plus 2 Minuten ziehen lassen; bei 500 g Hummer wären dies 5 Minuten kochen plus 2 Minuten ziehen lassen.

Das Fleisch vorsichtig aus Schwanz und Scheren ausbrechen und abgedeckt beiseite stellen. Das Fleisch aus den Gelenken und dem Körper in kleine Würfel schneiden und unter die Mayonnaise rühren. Die Mayonnaise mit Ketchup, Mango Chutney und 1 Spritzer Cognac abschmecken.

Den Schmand mit den gehackten Kräutern verrühren; falls er zu dickflüssig ist, mit etwas flüssiger Sahne verlängern. Mit Salz, Pfeffer, etwas Meerrettich und dem Balsamico abschmecken.

Die gewaschenen Salatblätter und Kräuter auf einem Teller verteilen. Die Hummermayonnaise in die Mitte des Tellers setzen, das Schwanzfleisch darauf legen. Die ausgelösten Scheren, Körper und Beinchen hummerförmig garnieren. Mit der Kräutersahne und etwas Toastbrot servieren.

Die Zutaten

Pro Person 1 kl. Hummer ca. 450 – 500 g
1 EL   Mayonnaise
1 TL   Tomatenketchup
1   Spritzer Cognac
etwas Mango Chutney
2 EL   Schmand oder Crème fraîche
evtl. etwas flüssige Sahne
1 EL   gehackte Kräuter (Petersilie, Schnittlauch, Dill)
1   Spritzer weißer Balsamico
Salz, Pfeffer aus der Mühle
etwas geriebener Meerrettich
etwas Salat und Kräuter für die Garnitur (Basilikum, Petersilie oder Dill)

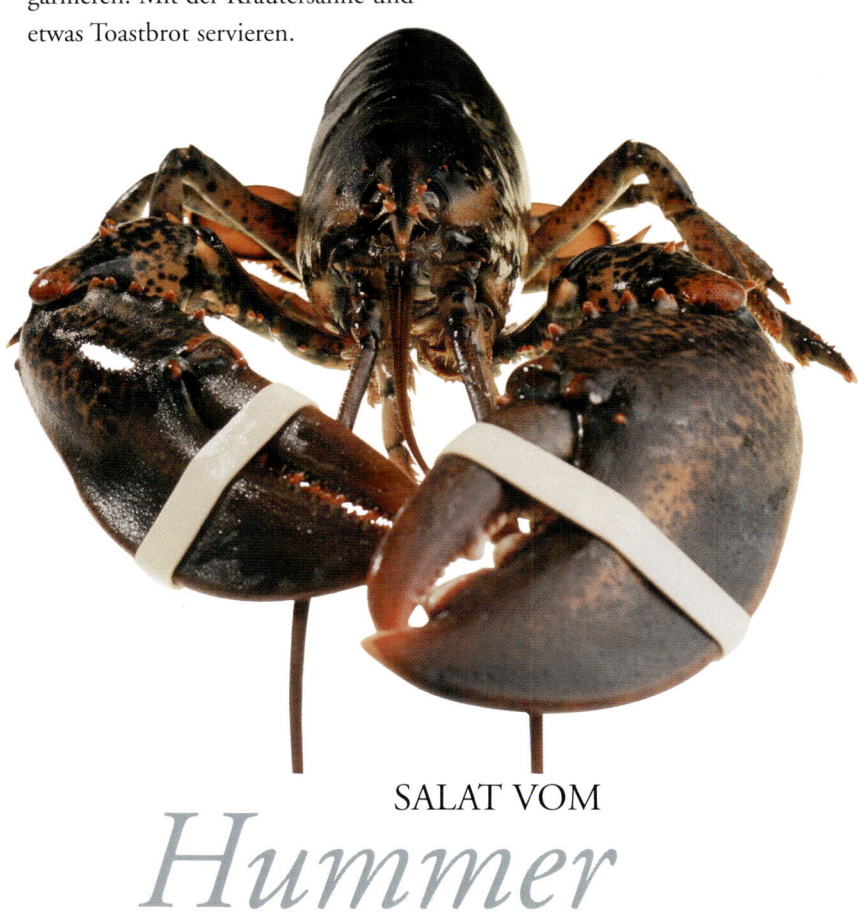

SALAT VOM

Hummer

AUF KRÄUTER-

SAHNE-VINAIGRETTE

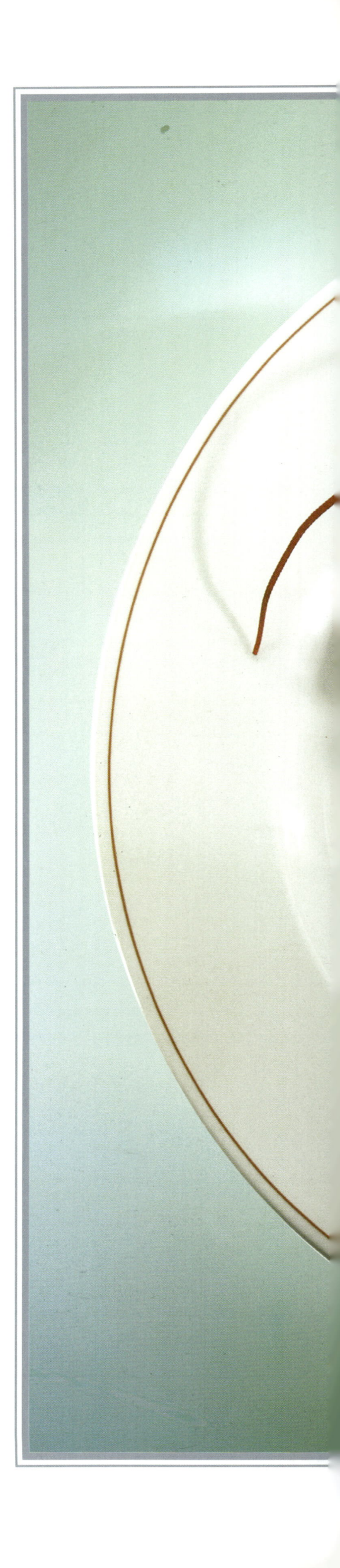

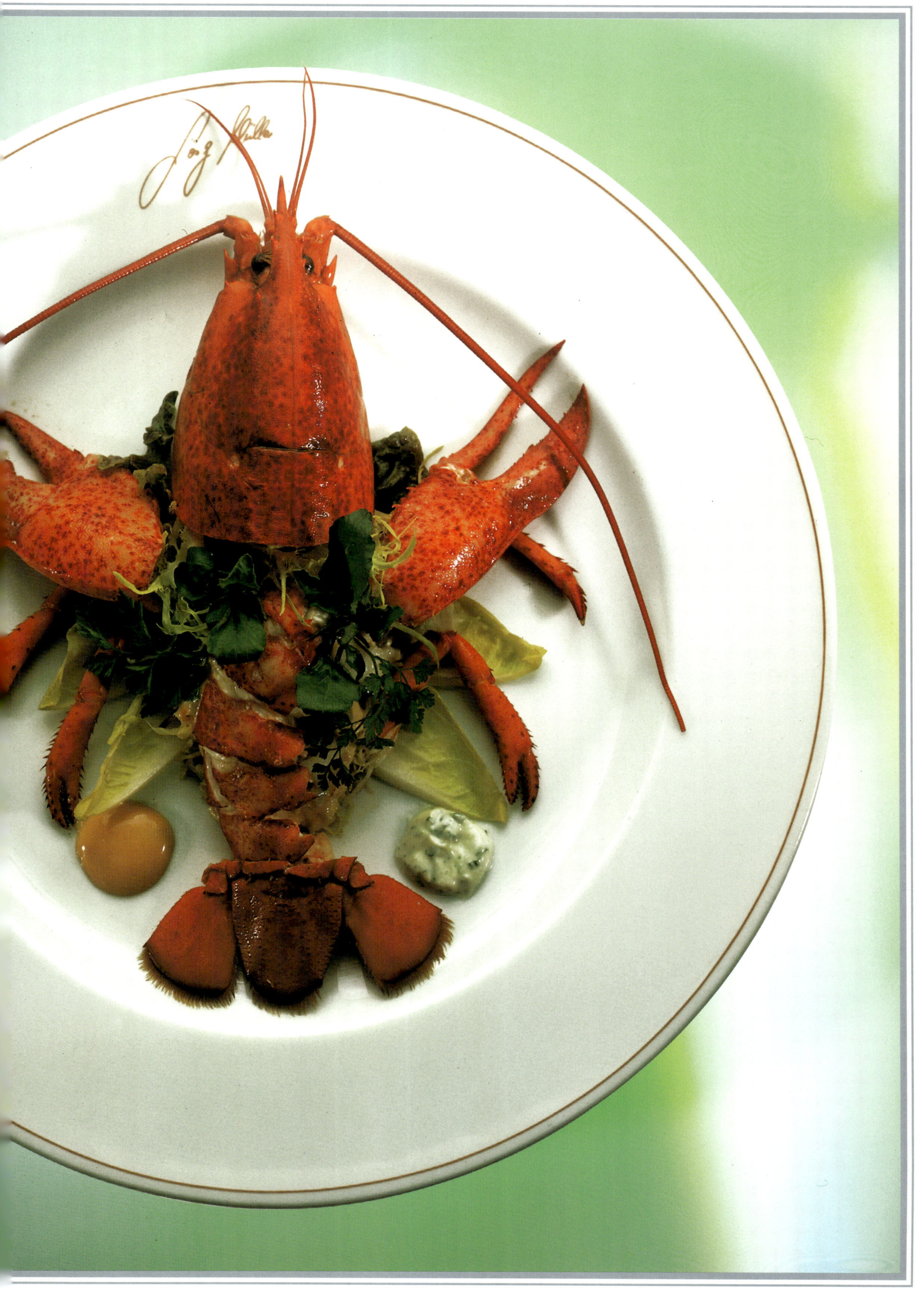

Die Muscheln waschen, Bart entfernen, in kochendem Salzwasser einige Minuten garen und in kaltem Salzwasser abschrecken.
Die Fleischtomate häuten und in kleine Würfel schneiden.

Für den Salat das Gemüse waschen, den Lauch in Ringe, Karotten und Zucchini in Sterne schneiden; das heißt mit einem Ziseliermesser V-förmige Kerben einreißen und ca. 2 mm dicke Scheiben schneiden. Die Fäden des Staudensellerie ziehen und den Sellerie in Scheibchen schneiden. Jedes Gemüse für sich kurz in Salzwasser blanchieren und auf ein Küchenpapier legen.

Die Fischfilets (außer der Rotbarbe) in ca. 1 cm dicke Stücke schneiden. Diese auf eine geölte feuerfeste Platte legen, mit Salz, Pfeffer, Noilly Prat, Balsamico und etwas Zitronensaft würzen. Tomatenwürfel, Schnittlauch und Petersilie darüber streuen, mit Fischfond und Olivenöl beträufeln und für ca. 6 Minuten in den auf 150 Grad vorgeheizten Backofen schieben. (Der Fisch muss noch glasig sein.)
Langustinen und Rotbarbe würzen, in etwas Olivenöl anbraten, kurz warm stellen.
Die Muscheln mit Zitronensaft und Olivenöl marinieren.
Die Salate der Saison auf einem flachen Teller verteilen. Die Gemüse darüber geben; darauf die Fischstücke, Muscheln, Langustinen und Rotbarbe legen und mit der Marinade nappieren. Mit frischen Basilikumblättern garnieren.

Rezept für 4 Personen

Die Zutaten

440 g	verschiedene Fischfilets (z.B. Lachs, Steinbutt, Seeteufel, Rotbarbe)
500 g	Blaumuscheln oder
4	Jakobsmuscheln
4	Langustinenschwänze oder
100 g	Nordseekrabben bzw. Garnelen
1	Fleischtomate
1 EL	Noilly Prat
2 EL	weißer Balsamico
Saft von 1 Zitrone	
1 EL	gehackte Petersilie
1 EL	Schnittlauchröllchen
6 EL	kalt gepresstes Olivenöl
0,1 l	Fischfond (siehe Seite 251)
Salz, Pfeffer aus der Mühle	

für den Nage-Salat:

1	Möhre
1 kl.	Stange Lauch
1 kl.	Zucchini
2	Stangen Staudensellerie

für die Garnitur:
Salate der Saison und Basilikum

MEERESFRÜCHTE AUF
Salat
VON WURZELGEMÜSE

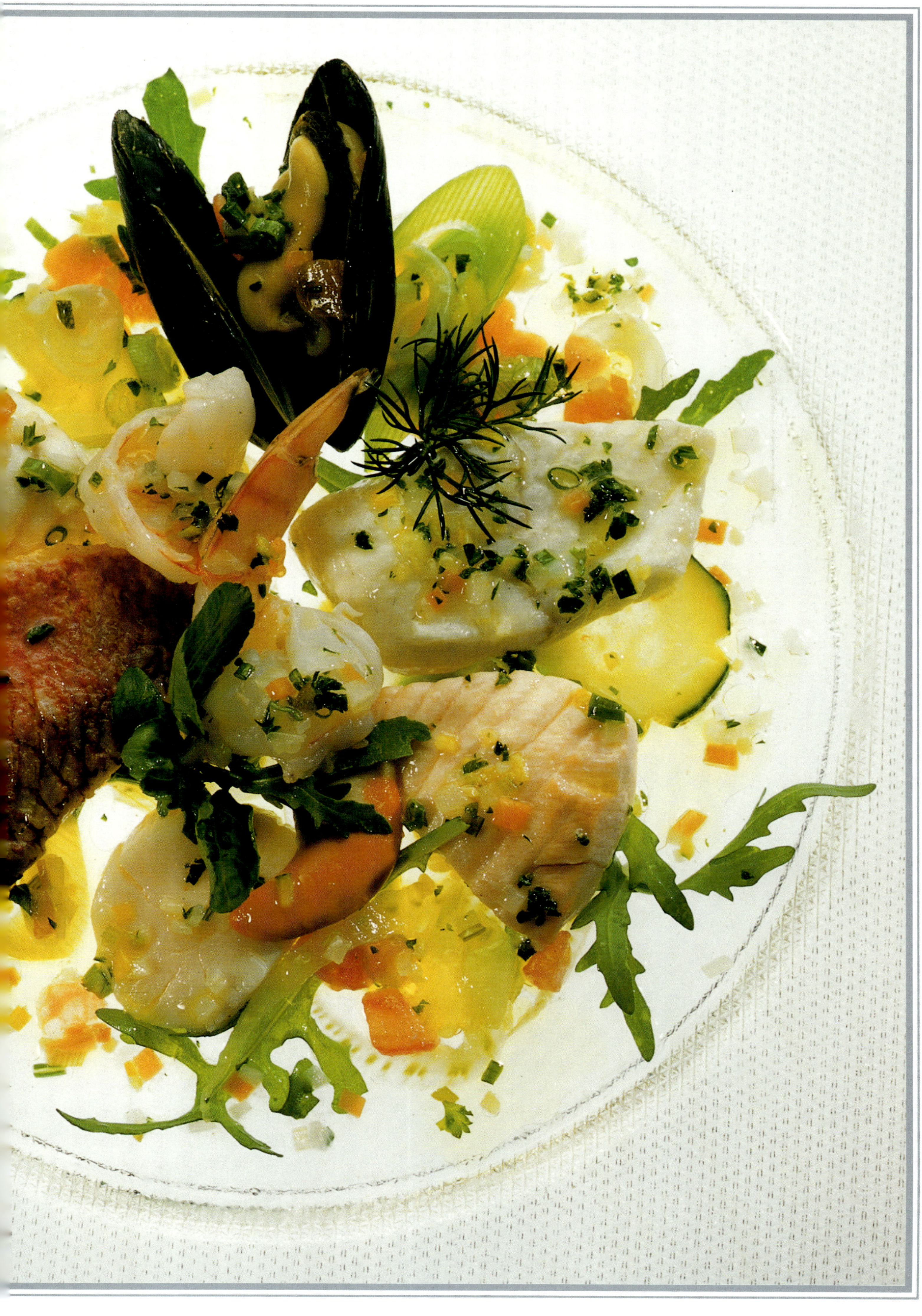

80

Rezept für 4 Personen

Die Zutaten

400 g frisches Lachsfilet, sauber pariert ohne Haut und tranige Fettschicht
Pesto (siehe Seite 254)
Olivenöl

für die Limonenvinaigrette:
4 EL Fischfond
Saft von 1 Limone
1 Prise Zucker
Salz, Pfeffer aus der Mühle

für die Kaviarsahne:
1 EL Crème fraîche
2 – 3 EL Sahne
20 g Kaviar
Salz, Pfeffer aus der Mühle

für die Garnitur:
grüner Spargel
Blattsalate

Das Lachsfleisch in gleichmäßige, ca. 4 mm dicke Scheiben schneiden. Diese so auf Klarsichtfolie legen, dass ein ca. 12 x 25 cm großes Rechteck entsteht. Mit Pesto bestreichen und zu einer ca. 6 cm dicken Rolle einrollen (die Folie nicht mit aufrollen). Zum Schluss die Klarsichtfolie darumwickeln. Zusätzlich mit Alufolie umhüllen und an den beiden Enden gut verschließen. Für ca. 6 – 8 Stunden in den Froster legen.

Für die Limonenvinaigrette den Fischfond und den Limonensaft gut vermischen, mit Salz, Zucker und Pfeffer abschmecken.

Für die Kaviarsahne Crème fraîche und Sahne glatt rühren, mit Salz und Pfeffer abschmecken. Danach den Kaviar unterheben.

Kurz vor dem Anrichten die Folien entfernen. Den Fisch am besten mit einer Aufschnittmaschine in ca. 2 mm dünne Scheiben schneiden und direkt auf gekühlte Teller legen. Das Fischcarpaccio mit Salz und Pfeffer würzen und mit der Limonenvinaigrette und etwas Olivenöl beträufeln.
Mit der Kaviarsahne, dem Spargel und den Salatblättern garnieren und nach Wunsch mit Reibekuchen servieren.

LACHS-
Carpaccio
MIT PESTO

UND LIMONENVINAIGRETTE

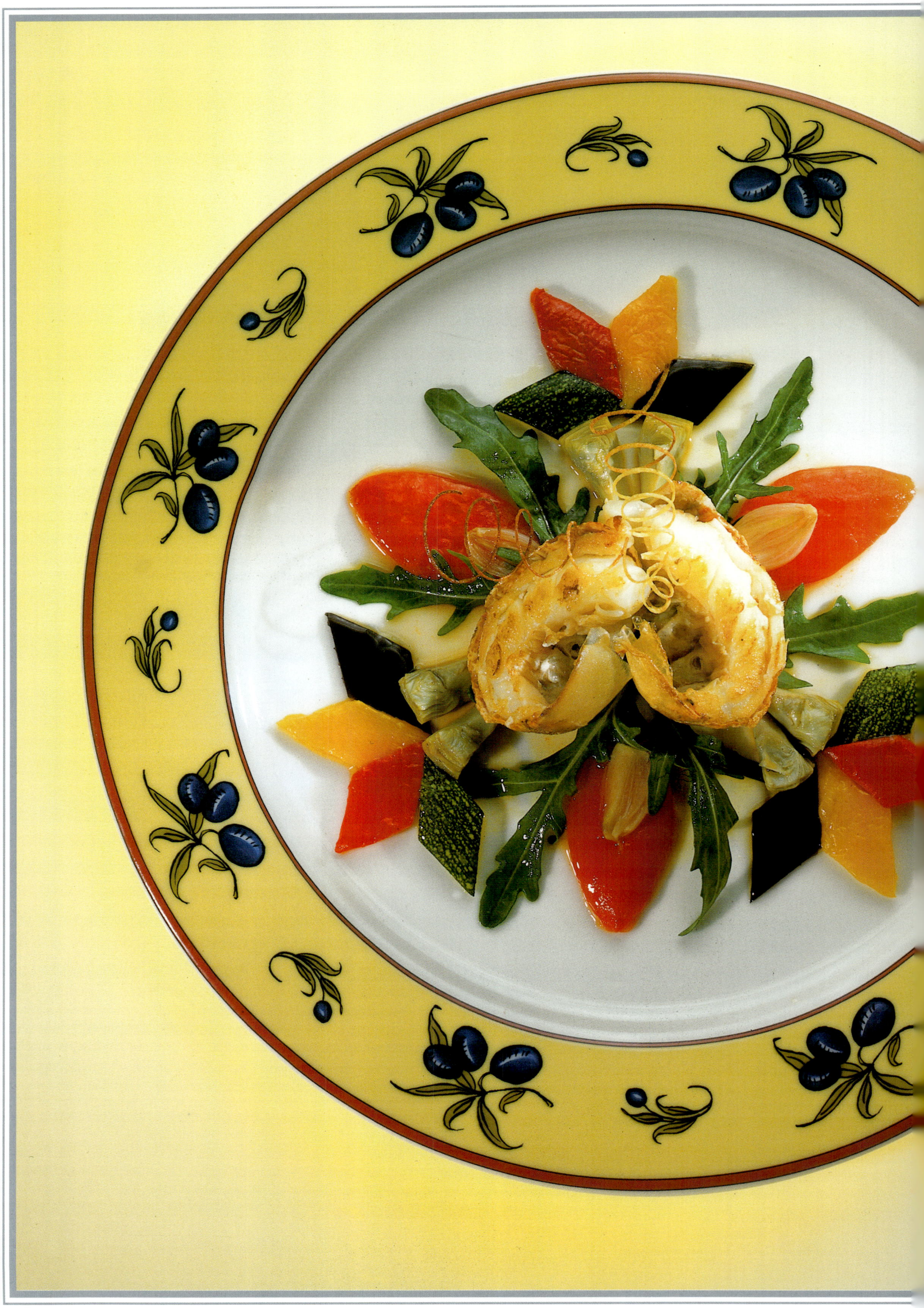

Rezept für 4 Personen

Die Zutaten

4	Bärenkrebsschwänze oder andere Krustentiere
2 kl.	Artischocken
Saft von 1 Zitrone	
16 kl.	Schalotten oder Perlzwiebeln
1	Spritzer weißer Balsamico
1	gelbe Paprika
1	rote Paprika
1	Zucchini
1	Aubergine
3	Eiertomaten
2	Knoblauchzehen
1	Rosmarinzweig
1	Thymianzweig
0,2 l	Olivenöl
Salz, Pfeffer aus der Mühle	

Von den Artischocken die harten Blätter an Stiel und Artischockenboden mit einem scharfen Messer entfernen, mit Zitronensaft beträufeln und in Achtel schneiden. Schalotten bzw. Perlzwiebeln häuten und mit den Artischocken in Olivenöl leicht anbraten. Mit Salz und Pfeffer würzen, danach mit weißem Balsamico ablöschen und abgedeckt beiseite stellen.

Paprika segmentartig längs in Stücke schneiden, das Kerngehäuse entfernen und mit einem Sparschäler dünn die Haut entfernen. Danach in Rauten schneiden. Zucchini und Auberginen ebenfalls in Rauten schneiden.
Die Eiertomaten kurz in kochendes Wasser tauchen, kalt abschrecken, häuten und in Viertel schneiden.
Das Kernhaus mit einem Löffel entfernen und die Tomatenfilets auf Backpapier legen, leicht salzen, mit Olivenöl bestreichen und im Backofen bei ca. 80 Grad 20 Minuten trocknen lassen. Danach mit Olivenöl bestreichen und kühl stellen. Die Paprikarauten unter Zugabe von Knoblauch und Kräutern in reichlich Olivenöl anschwitzen, nach kurzer Zeit die Auberginen und zum Schluss die Zucchini zugeben.
Mit Salz und Pfeffer würzen.
Die Gemüse nicht zu weich garen, kühl stellen.

Die Bärenkrebse längs halbieren, würzen, mit Rosmarin, Thymian und etwas Knoblauch in Olivenöl anbraten oder grillen und mit dem marinierten Gemüse servieren.

MEDITERRANER
Gemüsesalat
MIT BÄRENKREBS

Die Langustinenschwänze ausbrechen und die Därme entfernen, in eine mit Klarsichtfolie ausgelegte Terrinenform quer einlegen und zu einer ca. 5 cm dicken Rolle formen. Zusätzlich mit Alufolie umhüllen und über Nacht in den Froster legen.

Für den Fenchelsalat die äußeren Blätter der Fenchelknolle entfernen, den Strunk herausschneiden und auf einer Aufschnittmaschine hauchdünne Scheiben schneiden. Mit Salz, Pfeffer, 1 Prise Zucker und dem Saft der Zitrone marinieren. Die Orange mit einem Messer schälen, die Orangenfilets ohne Haut herauslösen, den Saft auffangen und beides zum Fenchelsalat geben. Zum Schluss etwas Nussöl zugeben.

Die Folien der gefrorenen Langustinenrolle entfernen und auf der Aufschnittmaschine dünne Scheiben schneiden. Die Scheiben auf gesalzene und gepfefferte Teller legen und mit der Vinaigrette marinieren. Gemüsewürfel und Basilikumstreifen darüber streuen und mit Olivenöl beträufeln.
Mit dem Fenchelsalat garnieren.

Rezept für 4 Personen

Die Zutaten

1,8 kg	Langustinen mit Körper in der Schale (müssen ganz frisch sein) oder
400 g	Langustinenschwänze
1	Fenchelknolle
1 Prise	Zucker
1	Zitrone
1	Orange
1 EL	Nussöl
	Limonenvinaigrette (siehe Seite 253)
2 EL	feine Gemüsewürfelchen (Karotte, Lauch, Sellerie)

einige Basilikumstreifen
Olivenöl extra Vergine
Salz, Pfeffer aus der Mühle

CARPACCIO VON
Langustinen
MIT FENCHELSALAT

Vorspeisen

85

86

GEMÜSECARPACCIO
MIT MARINIERTER
Meeräsche

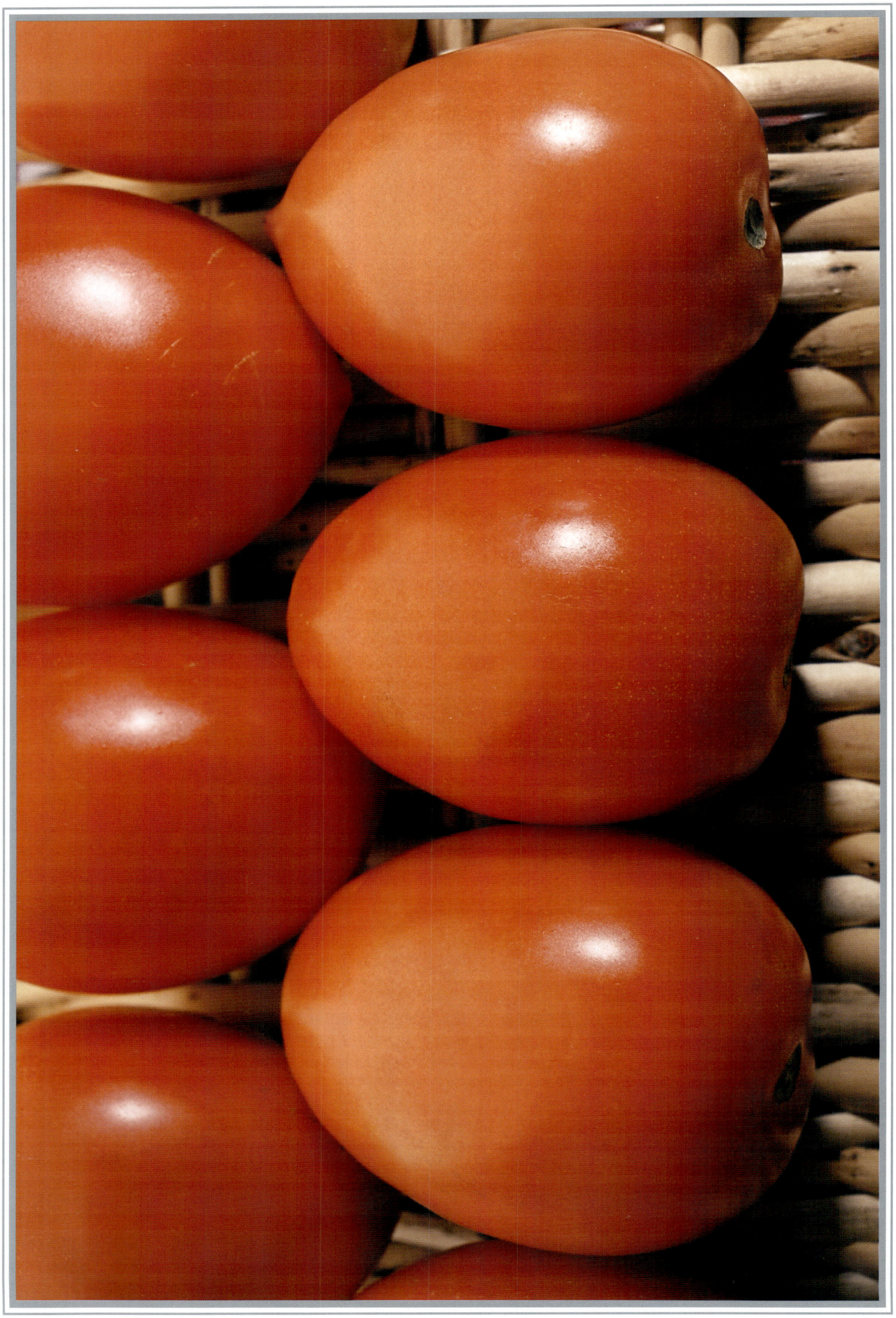

Die Tomate

Die Tomate, ein südamerikanisches Nachtschattengewächs, wird erst seit rund 150 Jahren in der Küche verwendet, ist aber seitdem nicht mehr aus ihr wegzudenken.

Sie lässt sich in unendlich vielen Variationen zubereiten und passt geschmacklich zu fast allen Gerichten. Zudem ist sie äußerst vitaminreich und gleichzeitig sehr kalorienarm.

Die enthaltene Säure macht sie roh zum erfrischenden Genuss, aber auch gekocht, püriert, gebraten, eingelegt oder getrocknet bereitet sie höchste Gaumenfreuden.

Rezept für 4 Personen

Die Zutaten

1	Meeräschenfilet mit Haut (ca. 600 g)
3	Flaschentomaten
4	Lauchzwiebeln
4	grüne Spargelspitzen
1	Knolle junger Fenchel
1	Stange Staudensellerie
1 kl.	Zucchini
4	Radieschen

etwas Limonen-Basilikum-Vinaigrette (siehe Seite 253)
Salz, Pfeffer
Gemüsebrunoise
Schnittlauch, Basilikum
Kräuter nach Wunsch
Olivenöl

Die Tomaten abziehen, vierteln und vom Kerngehäuse befreien. Die Lauchzwiebeln der Länge nach aufschneiden und kurz blanchieren. Darauf achten, dass die Scheiben am Wurzelansatz verbunden bleiben. Das übrige Gemüse ebenso dünn aufschneiden.
Jetzt die Gemüsescheiben dekorativ auf einen Teller platzieren, mit Salz und Pfeffer würzen und mit der Vinaigrette beträufeln.

Das Meeräschenfilet in möglichst dünne, lange Tranchen schneiden und auf eine Platte legen. Mit Salz, Pfeffer und Vinaigrette marinieren und auf das Carpaccio drapieren. Das Ganze mit Gemüsebrunoise, Schnittlauchröllchen, Basilikumjulienne und gezupften Kräutern ausgarnieren und mit Olivenöl beträufeln.

GEMÜSECARPACCIO MIT MARINIERTER MEERÄSCHE

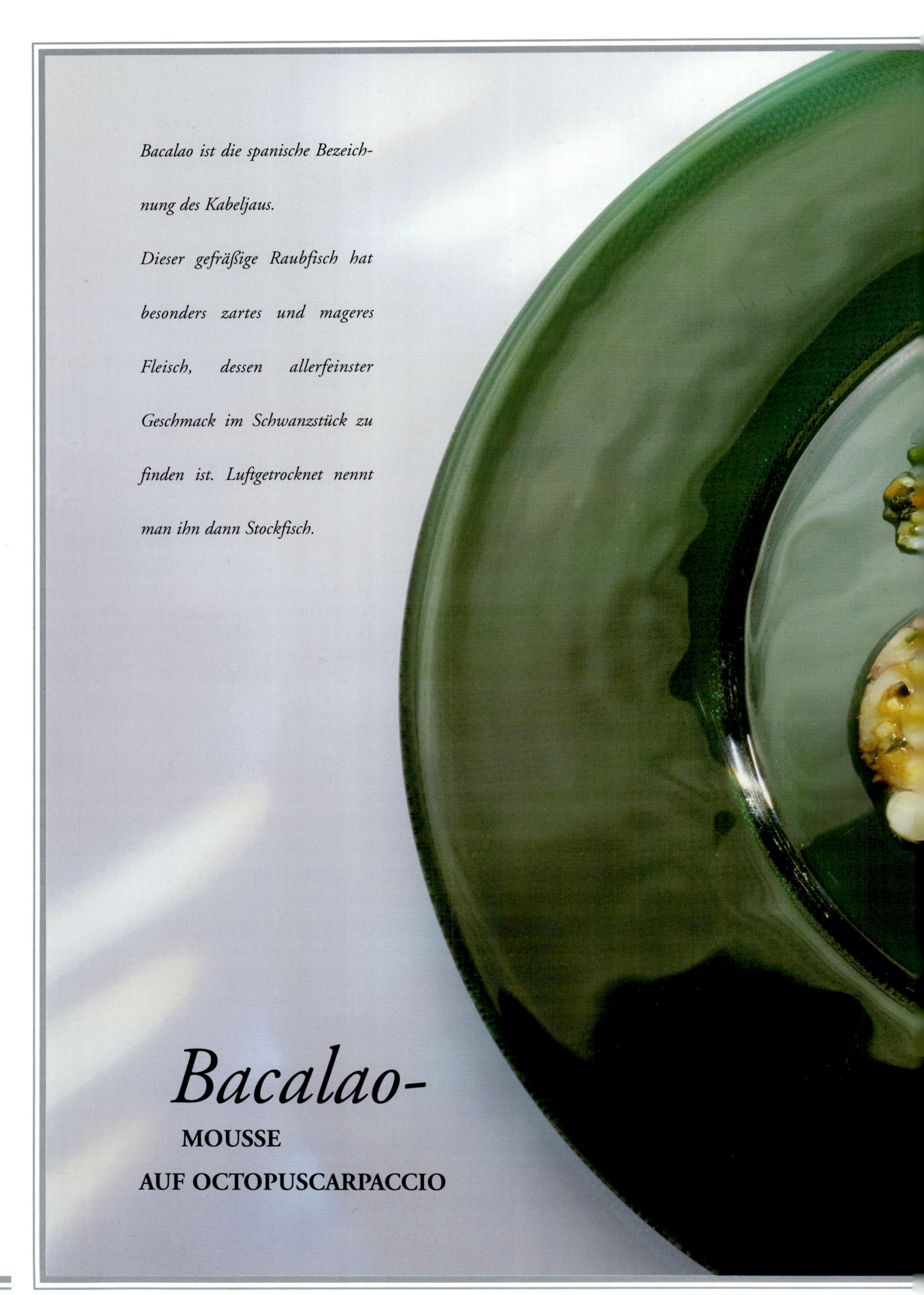

Bacalao ist die spanische Bezeichnung des Kabeljaus.

Dieser gefräßige Raubfisch hat besonders zartes und mageres Fleisch, dessen allerfeinster Geschmack im Schwanzstück zu finden ist. Luftgetrocknet nennt man ihn dann Stockfisch.

Bacalao-
MOUSSE
AUF OCTOPUSCARPACCIO

Vorspeisen

91

Den 24 Stunden gewässerten Stockfisch grob zerkleinern und in einen Topf mit Fischfond, Sahne, Weißwein und Noilly Prat zu Brei verkochen. Pürieren, durch ein Sieb passieren und auf 0,2 l einkochen.
Die Gelatine in kaltem Wasser einweichen, ausdrücken und in dem noch heißen Stockfischfond auflösen.
Das Ganze mit Cayennepfeffer, Zitronensaft, weißem Balsamico, Pfeffer und Zucker abschmecken und kurz auf Eis oder im Kühlschrank abkühlen lassen. Beginnt die Masse zu gelieren, die nicht ganz fest geschlagene Sahne unterheben und in eine dreieckige Form (oder Dachrinnenform) füllen. Am Besten über Nacht kalt stellen.

Für den Geleemantel die Gelatine in kaltem Wasser einweichen, ausdrücken und in dem leicht erhitzen Fischfond auflösen. Mit Salz, Pernod, weißem Balsamico und Safran abschmecken und auf ein mit Klarsichtfolie ausgelegtes Blech gießen und kalt stellen.
Die Geleefläche auf die Größe der Form zuschneiden und das überstehende Gelee abschneiden und erwärmen.
Die Mousse stürzen und auf die mit warmem Gelee bestrichene Fläche setzen. Den Geleemantel mit Hilfe der Folie über die Mousse schlagen, leicht überlappen lassen und wieder kalt stellen.

Den Octopus zwischen den Fangarmen zerteilen. Die Gemüsebrühe mit dem Essig aufkochen und kräftig mit Salz abschmecken. Den zerteilten Octopus dazugeben und langsam köcheln lassen, bis das Fleisch weich ist. Die Beigabe einiger Weinkorken verkürzt die Kochdauer.
Den Fischfond erhitzen und die eingeweichte Gelatine darin auflösen.
Die weichgekochten Octopusteile aus dem Kochfond nehmen und noch möglichst heiß mit einem Messer die Haut entfernen, so dass die Saugnäpfe erhalten bleiben.
Die Fangarme durch das warme Fischgelee ziehen und direkt in eine mit Klarsichtfolie ausgelegte halbrunde Form legen. Möglichst schnell verfahren, damit das Fleisch warm verarbeitet wird. Mit Hilfe der Folie den Octopus zu einer Rolle formen, wobei darauf zu achten ist, dass möglichst keine Luft in der Folie verbleibt. Die Rolle mit Alufolie fixieren und mehrere Stunden kalt legen.

Zum Anrichten die Octopusrolle aus der Folie nehmen, in ca. 2 mm dicke Scheiben schneiden, auf einen Teller legen und mit der Limonenvinaigrette beträufeln.
Die Folie von der Stockfischmousse entfernen und mit einem warmen Messer ca. 1,5 cm dicke Tranchen schneiden und in die Mitte des Tellers legen. Mit einem Erbsenlöffel eine Einbuchtung aushöhlen und diese mit Kaviar füllen. Zum Abschluss Olivenöl über das Carpaccio geben und mit Kräutern ausgarnieren.

Rezept für 4 Personen

Die Zutaten

200 g	Bacalao (Stockfisch)
0,3 l	Fischfond oder Wasser
200 g	Sahne
6 cl	Weißwein
4 cl	Noilly Prat
2,5 Blatt	Gelatine
etwas Cayenne	
1	Spritzer Zitronensaft
1	Spritzer weißer Balsamico
1 Prise	Zucker
200 ml	geschlagene Sahne
Pfeffer	
Kaviar	
Olivenöl	
Kräuter nach Wahl	

für das Fischgelee:
3,5 Blatt Gelatine
0,3 l Fischfond
1 Prise Safran
weißer Balsamico
Pernod
Salz

für das Octopuscarpaccio:
1	Octopus von ca. 1 kg
2 l	Gemüsebrühe
2 EL	Essig
0,1 l	Fischfond (siehe Seite 251)
2 Blatt	Gelatine
Limonenvinaigrette (siehe Seite 253)	
Salz	

BACALAO-MOUSSE AUF OCTOPUSCARPACCIO

Vorspeisen

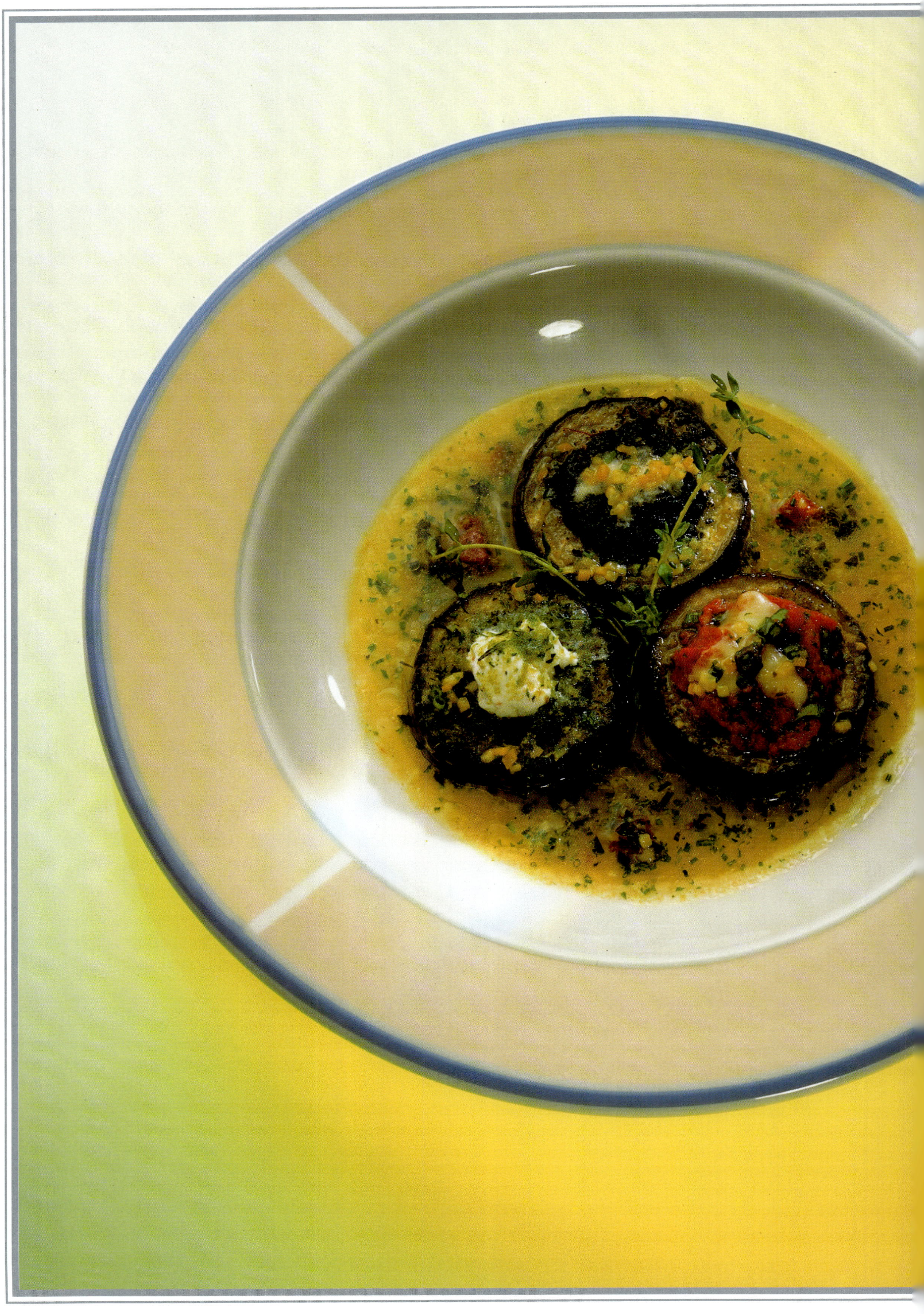

Rezept für 4 Personen

Die Zutaten

2	mittelgroße Auberginen
1 l	Gemüsebrühe (siehe Seite 251)
1	Knoblauchzehe
1	Thymianzweig
1 kl.	Rosmarinzweig
1 TL	Biomaris Hefepulver

etwas Weißwein
je 1 EL Karotten-, Lauch- und Selleriewürfelchen
einige Safranfäden
100 g Mozzarella oder Schafskäse
1 EL frisch geriebener Parmesan
Salz, Pfeffer aus der Mühle

für das Olivenpüree:
200 g entkernte schwarze Oliven
Olivenöl

für das Tomatencoulis:
3 St. italienische Eiertomaten
1 EL gehackte Schalotten
1 gehackte Knoblauchzehe

Für das Olivenpüree die entkernten schwarzen Oliven mit etwas Olivenöl in der Moulinette fein pürieren.

Für das Tomatencoulis die Tomaten in kochendes Wasser tauchen, kalt abschrecken, häuten, Kernhaus entfernen und in kleine Würfel schneiden. Schalotten und Knoblauch in Olivenöl anschwitzen; Tomatenwürfel zugeben und alles gut verkochen und mit Salz und Pfeffer würzen.

Die Gemüsebrühe mit Knoblauch, Thymian, Safran und Rosmarin in einen flachen Topf oder Bräter geben und zum Kochen bringen. Mit Salz, Pfeffer, Hefepulver und Weißwein kräftig abschmecken.
Die Auberginen in ca. 2 cm dicke Scheiben schneiden und ca. 20 Minuten in leicht gesalzenes Wasser legen (sie saugen danach nicht so viel Öl auf). Danach in Olivenöl von beiden Seiten gut anbraten und in den vorbereiteten Fond legen; abgedeckt aufkochen lassen und die Gemüsewürfel zugeben.
Die Auberginen umdrehen und mit Tomatencoulis, Olivenpüree und Käse garnieren. Mit Parmesan bestreuen und im Backofen bei 200 Grad überbacken. Mit dem Gemüsesud servieren.

ÜBERBACKENE
Auberginen
IM SAFRAN-GEMÜSE-SUD

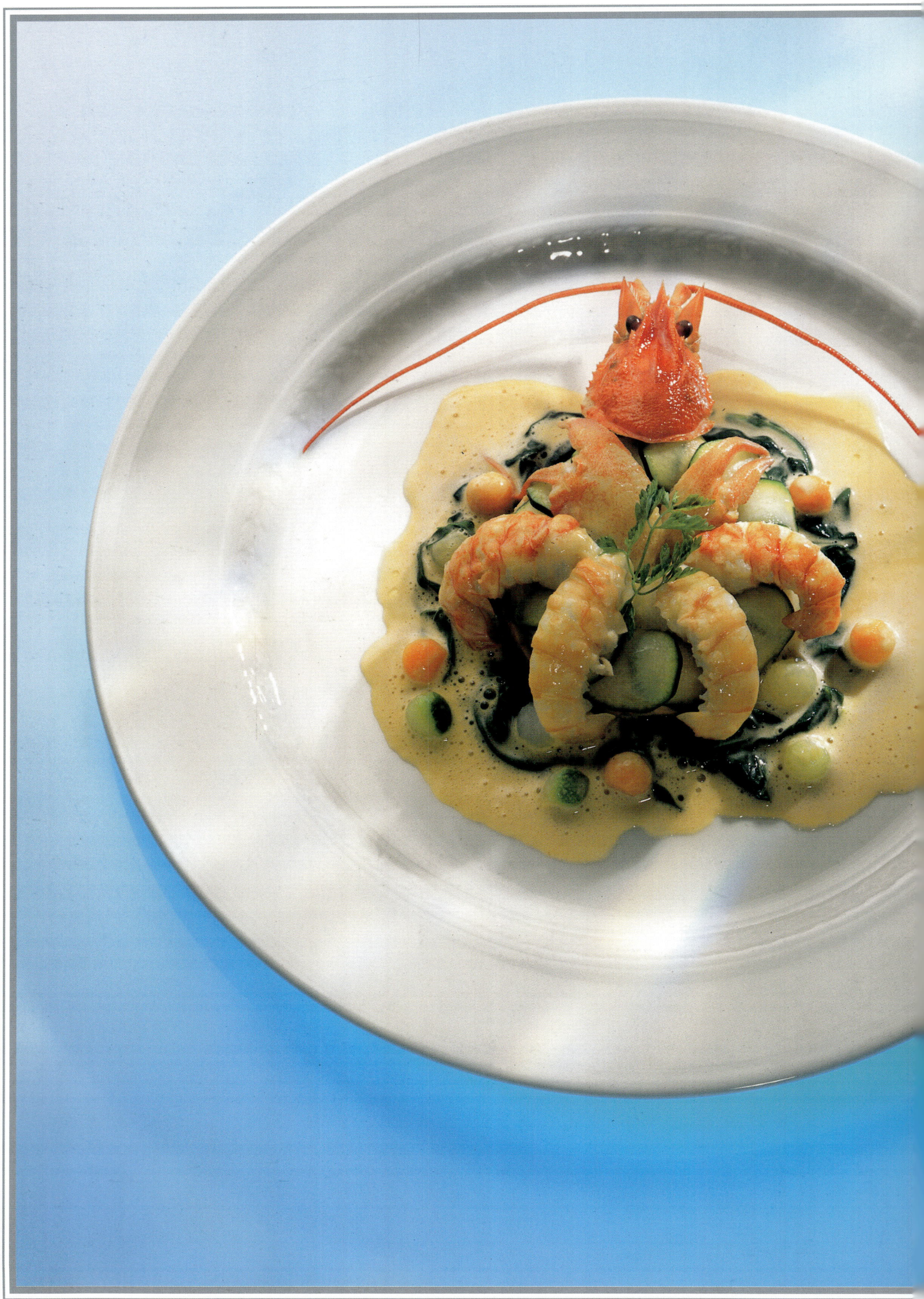

Rezept für 4 Personen

Die Zutaten

1 kg	frische Krebse
150 g	Lauch
150 g	Sellerie
1	Fleischtomate
100 g	Karotten
150 g	Fenchel
50 g	Butter
150 g	Schalotten
1	Thymianzweig
1 EL	Tomatenmark
0,8 l	Fischfond
0,1 l	Weißwein
200 g	Sahne
2 EL	Crème fraîche
1	Zucchini, in feine Scheiben geschnitten
1 Prise	Zucker
2 cl	Cognac
einige Butterwürfel	
4 cl	Champagner
Salz, Pfeffer	

für die Zanderfarce:

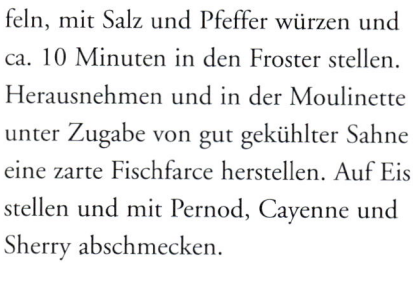

300 g	haut- und grätenfreies Zanderfilet
1	Eiweiß
1	Spritzer Pernod
250 g	Sahne
1 Prise	Cayenne
1	Spritzer Sherry
Salz und Pfeffer aus der Mühle	

Für die Farce die Zanderfilets fein würfeln, mit Salz und Pfeffer würzen und ca. 10 Minuten in den Froster stellen. Herausnehmen und in der Moulinette unter Zugabe von gut gekühlter Sahne eine zarte Fischfarce herstellen. Auf Eis stellen und mit Pernod, Cayenne und Sherry abschmecken.

Die Krebse in reichlich Salzwasser ca. 3 Minuten kochen, Schwänze und Scheren ausbrechen und beiseite stellen. Das Gemüse putzen, waschen und in kleine Stücke schneiden.

Für die Sauce die Krebskarkassen mit einem Messer oder Mörser zerkleinern. In einer Kasserolle Butter erhitzen, die feingehackten Schalotten, das kleingeschnittene Gemüse und die Krebskarkassen darin anschwitzen. Thymian, Tomatenmark und Pfeffer zugeben, mit Fischfond und Wein ablöschen und auf kleiner Flamme 15 Minuten köcheln lassen. Durch ein Haarsieb passieren und in einen Topf geben. Sahne und Crème fraîche unterrühren und auf ca. 0,3 l reduzieren.

4 kleine Savarinförmchen mit halbflüssiger Butter ausstreichen und mit den Zucchinischeiben auslegen. Danach die Zanderfarce und die Hälfte des Krebsfleisches in die Förmchen füllen. Im Wasserbad zum Kochen bringen und im vorgeheizten Backofen bei etwa 150 Grad ca. 8 Minuten garen.

Die Sauce mit Salz, 1 Prise Zucker und Cognac abschmecken, mit dem Rührstab unter Zugabe von einigen Butterstückchen und 1 Spritzer Champagner aufschäumen. Das restliche Krebsfleisch in der Sauce erwärmen.

Die gegarten Savarins auf Teller stürzen, mit Krebsen garnieren und mit der Sauce nappieren. Kleine Gemüseperlen oder Blattspinat und Reis als Beilage servieren.

Savarin
VON FLUSSKREBSEN
MIT KLEINEN GEMÜSEN

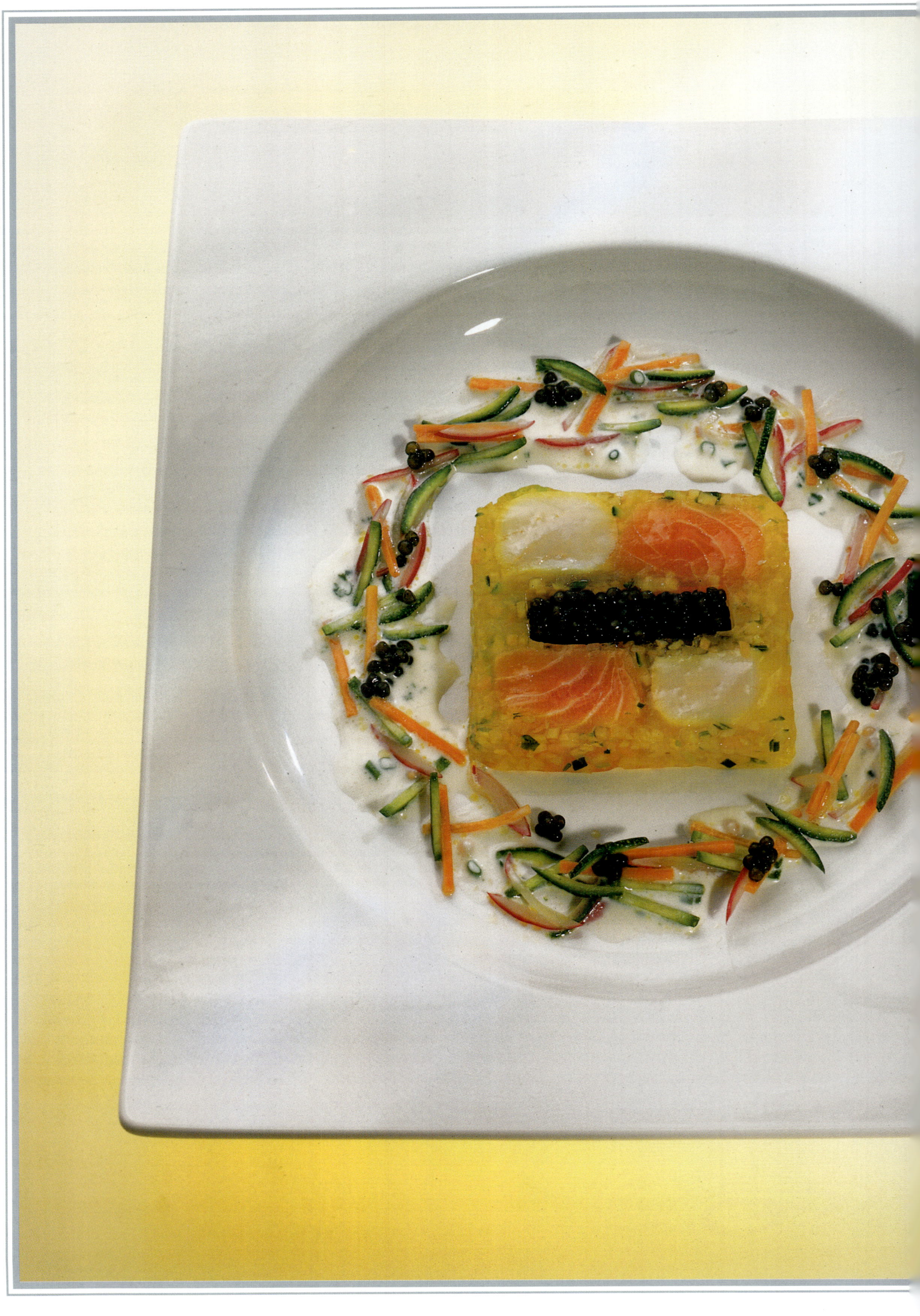

Rezept für 4 Personen

Die Zutaten

1/2	Seite Lachs, ca. 300 g
10	frische Jakobsmuscheln
75 g	Kaviar
ca. 250 g Butter	
0,5 l	klarer Fischfond (siehe Seite 251)
10	Safranfäden
8 Blatt	Gelatine
weißer Balsamico	
Cayenne	
1	Spritzer Noilly Prat
je 1 EL	Lauch-, Sellerie- und Karottenwürfel, blanchiert
1 TL	gehackter Dill
1 Terrinenform: 15 cm lang, 7 cm breit, 7 cm tief	

für das Beizgewürz:

1/3	Zucker
2/3	Salz
frisch gemahlener Pfeffer und Koriander	

Für das Beizgewürz alle Zutaten gut vermengen.
Den Lachs kurz anfrieren und aus dem dicken Rückenstück zwei Streifen von ca. 2,5 cm Kantenlänge schneiden. Von allen Seiten mit dem Beizgewürz bestreuen und in Folie einschlagen.

Die Jakobsmuscheln einzeln würzen und so hintereinander auf Folie legen, dass zwei Stränge in etwa der gleichen Stärke des Lachses entstehen; ebenfalls in Folie wickeln.
Die vier Tranchen nebeneinander in ein 2 cm hohes Blech legen und mit einem schweren Gegenstand gegen den Rand des Bleches drücken, damit die Form der Stränge fixiert wird. Über Nacht im Kühlschrank durchziehen lassen.

Aus der Butter einen Ziegel von 15 cm Länge, 3 cm Breite und 1 cm Höhe formen und gut durchkühlen lassen.
Den Fischfond mit den Safranfäden erhitzen, die in kaltem Wasser eingeweichte Gelatine darin auflösen und mit Salz, Pfeffer, weißem Balsamico, etwas Cayenne und Noilly Prat abschmecken. Die Gemüsewürfel und den gehackten Dill beigeben und abkühlen lassen.
Die Terrinenform mit Klarsichtfolie ausschlagen und in Eiswasser setzen. Wenn das Gelee anzuziehen beginnt, den Boden der Form ca. 0,5 cm dick ausgießen. Die Stränge aus der Folie nehmen, einen Lachs- und einen Jakobsmuschelkern nebeneinander in gleichmäßigen Abständen zu den Terrinenwänden auf die feste Geleeschicht legen und mit Gelee bis 0,5 cm über die Einlage aufgießen. Den Butterkern exakt in die Mitte der Form legen und wieder 0,5 cm darüber mit Gelee aufgießen. Die beiden anderen Stränge einlegen und mit Gelee bis zum Rand der Terrine auffüllen. Über Nacht gut durchkühlen lassen.
Die Terrine stürzen und das Mosaik fest in Folie einschlagen.
Zum Anrichten ca. 1,5 cm dicke Scheiben schneiden, in die Mitte des Tellers legen, den Butterkern herausnehmen und den entstandenen Hohlraum mit Kaviar auffüllen. Mit gezupften Kräutern, etwas Kräuter-Crème fraîche, Kaviar und Gemüsestreifen garnieren.

Mosaik

VON JAKOBSMUSCHELN, LACHS UND KAVIAR

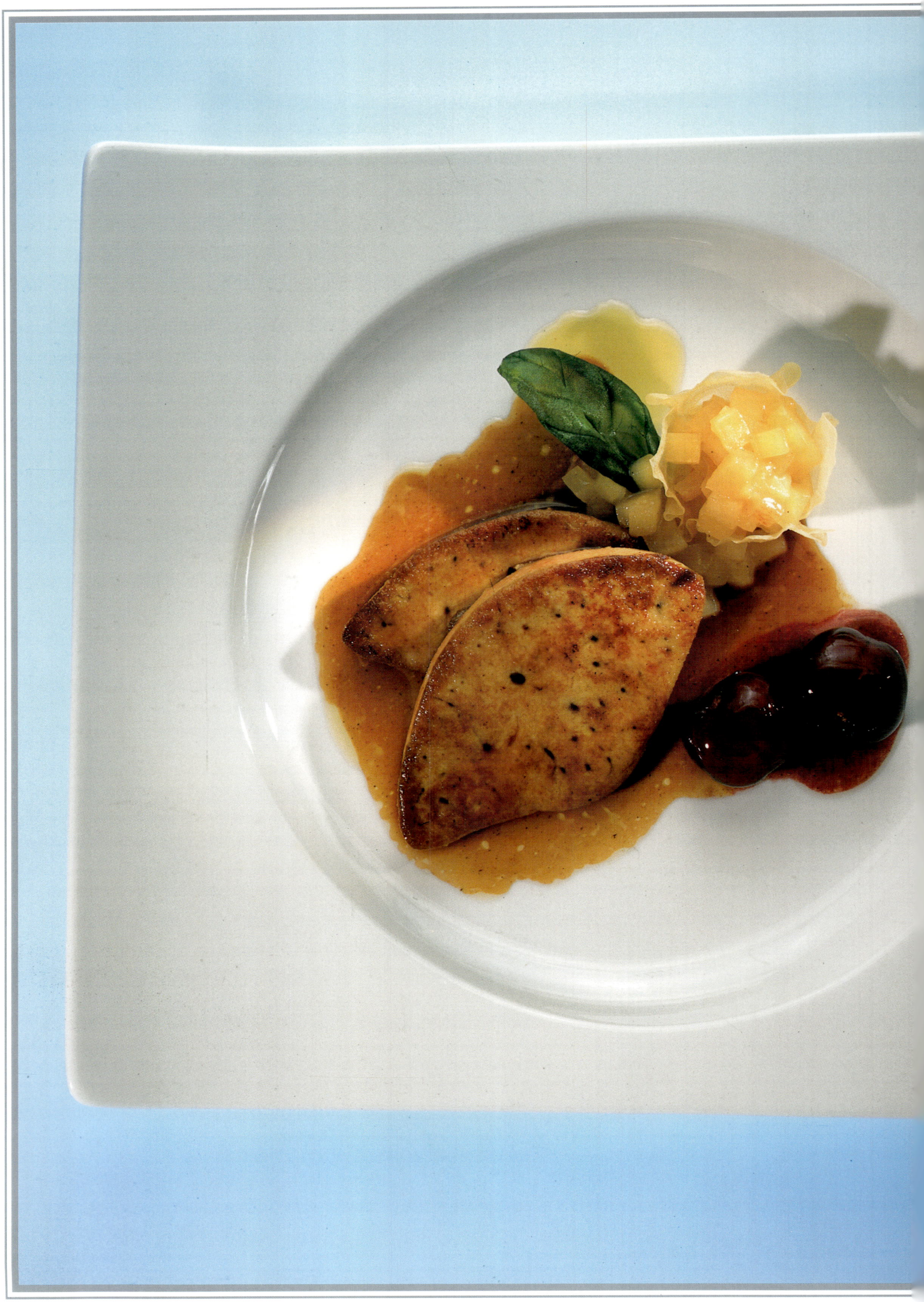

Rezept für 4 Personen

Die Zutaten

4	Scheiben Gänsestopfleber à 60 – 70 g
200 g	Süßkirschen
50 g	Zucker
0,2 l	Kirschsaft
0,1 l	roter Portwein
4 cl	Balsamico
1/2	Vanilleschote
1/2	Zimtstange
10 g	Weizenstärke

Saft einer Orange
1 Prise Salz
etwas Mehl
Öl

für die Banyuls-Sauce:

50 g	Schalotten
0,1 l	Banyuls
0,2 l	Kalbsjus (reduzierter Kalbsfond, siehe Seite 253)
50 g	kalte Butter

Salz, Pfeffer
Öl

Die Kirschen waschen und entsteinen. Den Zucker in einem Topf erhitzen, bis er eine goldgelbe Farbe hat; mit Kirschsaft, Portwein und Balsamico ablöschen. Das Mark der Vanilleschote und die Zimtstange zugeben. Den Fond auf die Hälfte reduzieren. Die Stärke mit dem Saft der Orange verrühren und den Fond damit abbinden. Den Sud durch ein Sieb auf die entsteinten Kirschen passieren und nochmals aufkochen. Mit Salz abschmecken.

Für die Sauce die Schalotten schälen und klein schneiden. In wenig Öl glasig anbraten, mit dem Banyuls ablöschen und mit der Kalbsjus auffüllen. Auf die Hälfte reduzieren und mit Salz und Pfeffer abschmecken. Die kalte Butter in die Sauce rühren, so dass sie eine schöne Bindung bekommt.

Die Gänsestopfleber mit Salz würzen und in Mehl wenden. Gut abklopfen und in Öl goldbraun anbraten. Die Kirschen in die Mitte des Tellers geben und die Gänseleber darauf setzen, mit der Sauce nappieren. Nach Belieben mit Kartoffelpüree und glacierten Apfelwürfeln (siehe Seite 252) servieren.

GEBRATENE

Gänseleber

AUF GLACIERTEN KIRSCHEN

MIT BANYULS-SAUCE

102

Rezept für 4 Personen

Die Zutaten

200 g	marinierte Gänseleber (siehe Seite 251)
4	Scheiben Périgord-Trüffel
Biskuitrouladen	(siehe Seite 250)
200 g	Gewürztraminergelee (siehe Seite 252)
100 g	Rotweingelee (siehe Seite 254)
Baumkuchen	

für den Salat:

1	säuerlicher Apfel
1/2 kl.	Knollensellerie
4	eingelegte schwarze Nüsse
Zitronensaft	
Salz, Pfeffer	
weißer Balsamico	
Honig	
Traubenkernöl	
Walnussöl	

Die marinierte Gänseleber gleichmäßig in einen Ring mit ca. 7 cm Durchmesser drücken, den Ring abziehen und die Leber kalt stellen.
Aus den Biskuitrouladen vier ebenso große Kreise ausstechen und ebenfalls kalt stellen.

100 g Traminergelee leicht erwärmen und danach bis zur Dickflüssigkeit herunterkühlen und die kalten Biskuitböden damit nappieren. Die geformte Gänseleber auf die Böden setzen und wieder kalt stellen.

Den Baumkuchen in Streifen schneiden und so um die Törtchen legen, dass er dicht abschließt und ca. 0,5 cm über die Gänseleber hinaussteht. Die Gänseleber mit wenig dickflüssigem Gelee bepinseln, die Trüffelscheiben in die Mitte legen, leicht andrücken, mit dem restlichen Gelee abdecken und kalt stellen.

Für den Salat Sellerie, Apfel und schwarze Nüsse in gleichmäßige Julienne (schmale Streifen) schneiden und mit Zitronensaft, Salz, Pfeffer, weißem Balsamico, wenig Honig, Traubenkern- und Walnussöl anmachen.

Die beiden restlichen Gelees in Würfelchen oder Rauten schneiden, auf die Teller geben; das Törtchen darauf platzieren und mit dem Salat und einigen Scheiben der schwarzen Nüsse garnieren.

TÖRTCHEN VON DER
Gänseleber
IM BAUMKUCHENMANTEL

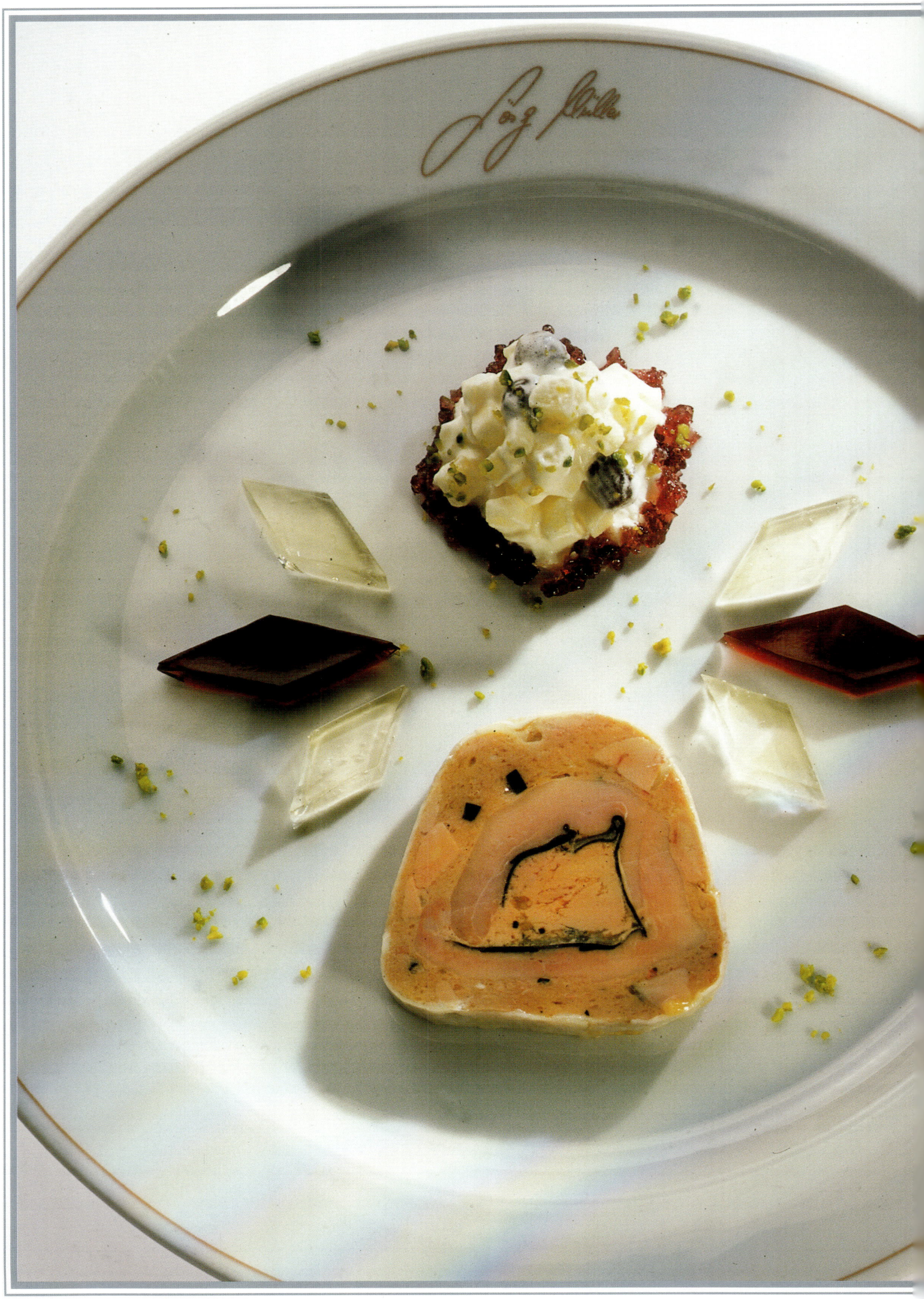

Die Gänseleber

Die wohl kostbarste Rohware eines kreativen Kochs stellt die Gänseleber dar. Ihre besonders zarte Struktur und schmelzende Konsistenz lässt Gourmetherzen höher schlagen.

Vor allem die Gänseleberpastete gilt als die Delikatesse schlechthin. Aber auch gedünstet, püriert, paniert oder gebraten ist die Leber ein Hochgenuss.

WACHTELTERRINE MIT
Gänseleber
UND APFELSALAT

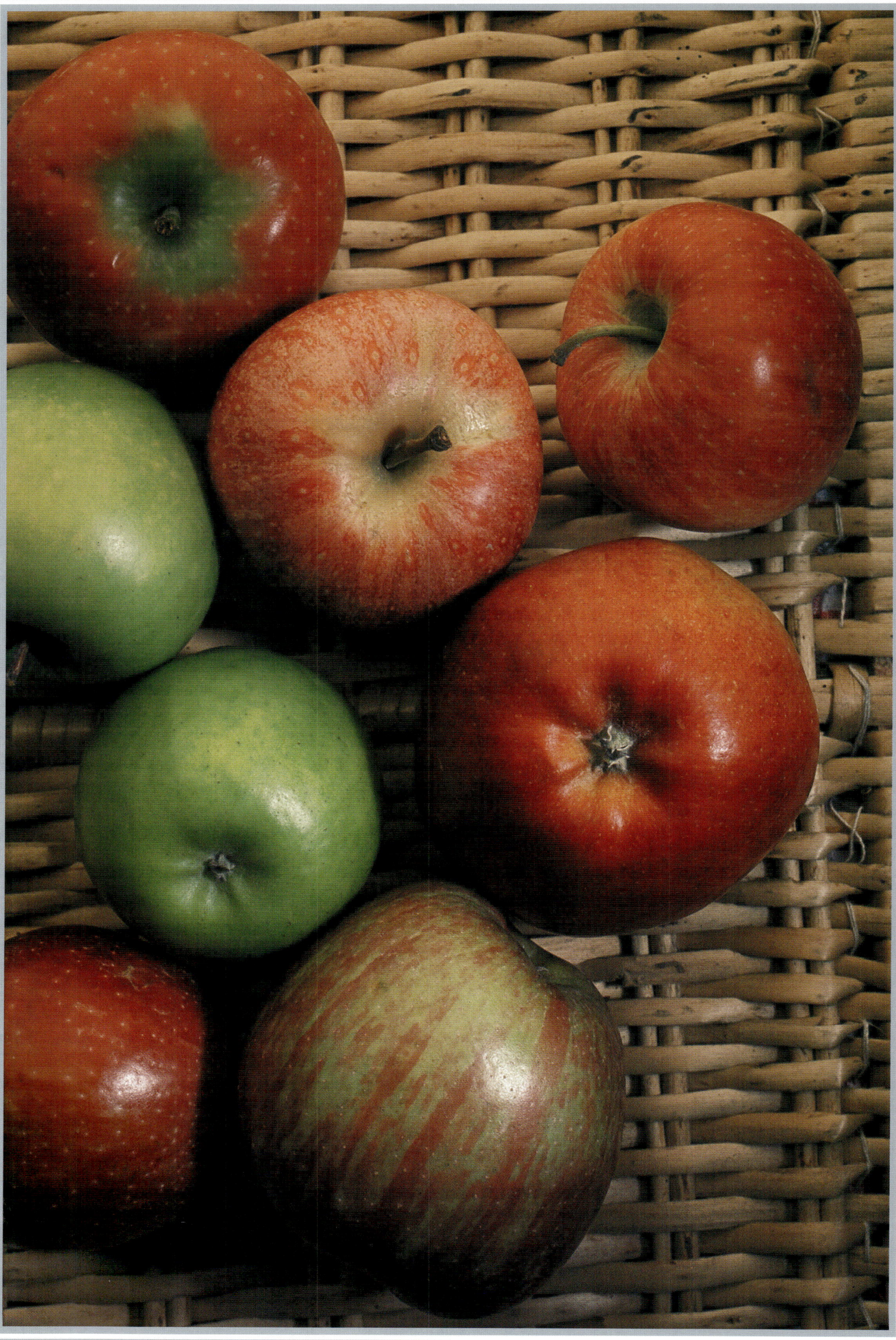

Rezept für 10 – 12 Personen

Die Zutaten

für die Wachtelterrine:

250 g	Gänsestopfleber
8 gr.	Wachteln
200 g	mageres Schweinefleisch
250 g	ungesalzener fetter Rückenspeck
3 cl	Armagnac
6 cl	Madeira
0,1 l	weißer Portwein
1	Ei
150 g	ungesalzener, fetter Rückenspeck, in dünnen Scheiben, ca. 8 – 10 cm groß zum Auslegen der Form
15 g	Trüffelwürfel
15 g	Trüffelscheiben
	Kräuter der Provence
200 g	Mehl
0,2 l	Wasser
	Öl zum Braten

für die Wachtelreduktion:

	Wachtelkarkassen
je 50 g	Karotten, Lauch und Sellerie
2	Schalotten
0,1 l	roter Bordeaux
0,2 l	Geflügelfond (siehe Rezept Seite 252)
6 cl	Sherry

für den Apfelsalat:

2	Äpfel
	Saft von 1 Zitrone
1 EL	Honig
2 EL	Crème fraîche
	etwas geschlagene Sahne
25 g	Rosinen
	Walnusskerne

Die Gänsestopfleber häuten, aufbrechen, Adern entfernen, mit Salz und Pfeffer würzen. Die Leber in eine längliche Form pressen, mit Armagnac, Madeira und weißem Portwein marinieren. Die Wachteln ausnehmen (Leber und Herz in etwas Öl kurz anbraten, kühl stellen). Die Keulchen von der Wachtel trennen und die Brüstchen vom Rücken her so auslösen, so dass sie miteinander verbunden bleiben. 3 schöne Doppelbrüste wie die Gänseleber marinieren und kühl stellen.

Für die Wachtelreduktion die Wachtelkarkassen zerkleinern, die Gemüse in Würfel schneiden. Karkassen anbraten, mit Rotwein, Geflügelfond und Sherry ablöschen und etwa auf die Hälfte Flüssigkeit einkochen. Durch ein Tuch passieren und so lange einkochen, bis die Reduktion leicht dickflüssig ist. Kühl stellen.

Das restliche Wachtelfleisch, Schweinefleisch, Wachtelleber und -herz würzen, das Ei zugeben. Diese Zutaten mindestens 30 Minuten in das Gefrierfach stellen. Anschließend durch die feinste Scheibe des Fleischwolfes drehen, kalt stellen.
Den Rückenspeck ebenfalls durch den Fleischwolf drehen. Die beiden Massen vermengen und in der Moulinette unter Zugabe der kalten Reduktion zu einer Farce pürieren und durch ein Haarsieb streichen.

Die marinierten Wachtelbrüste mit Küchenkrepp trocknen, auf Alufolie nebeneinander auslegen, leicht plattieren, würzen, mit Trüffelscheiben belegen, mit einem Teil der Gänseleber füllen und einrollen.
Die restliche Gänseleber und die Trüffelwürfel unter die Farce heben.
Die Terrinenform (ca. 1 l Inhalt) mit dünnen Speckscheiben auslegen.
Die Form zur Hälfte mit der Farce füllen, die gefüllten Wachtelbrüstchen in die Mitte legen und die restliche Farce darüber streichen. Mit den Speckscheiben gut verschließen. Etwas Kräuter der Provence darüber streuen. Aus Mehl und Wasser einen dickflüssigen Teig herstellen und über die Terrine streichen. Achtung: Der Teigdeckel muss mindestens 1 cm dick sein, denn er soll die Aromastoffe abschließen und verhindern, dass die Terrine austrocknet.
Die Terrinenform in ein Wasserbad stellen: Das Wasser soll nicht heißer als 80 Grad sein. Im Ofen bei ca. 140 Grad 1 Stunde garen. Kühl stellen und frühestens nach 24 Stunden stürzen und anschneiden.

Für den Apfelsalat die Äpfel schälen, entkernen, mit etwas Zitronensaft beträufeln und in Würfelchen schneiden. Honig mit Crème fraîche glatt rühren, etwas Zitronensaft, geschlagene Sahne, eingeweichte Rosinen und grob gehackte Walnüsse zugeben, dann die Äpfel unterheben.

Jeweils eine Scheibe von der Wachtelterrine mit dem Apfelsalat anrichten.

WACHTELTERRINE MIT GÄNSELEBER UND APFELSALAT

Kalbsbries häuten und wässern, Zunge waschen, Kalbskopf in ca. 2 cm große Stücke schneiden. 1 l Wasser mit Wein, gespickter Zwiebel, Gemüse, Salz und etwas Essig zum Kochen bringen, Kalbskopf, Hahnenkämme und Zunge darin weich kochen.

Bries in etwas gesalzenem Essigwasser ca. 5 Minuten kochen und im Fond abkühlen.

Blattsalate waschen, Gemüse tournieren und blanchieren.

Für die Kräutervinaigrette alle Zutaten mischen, etwa ein Drittel für den Salat reservieren, den Rest in eine Sauteuse geben. Darin Kalbskopf, Hahnenkämme, Scheiben von der gehäuteten Zunge und die blanchierten Gemüse erwärmen. Bries in Scheiben schneiden, leicht mehlieren und in Olivenöl kurz anbraten, mit etwas Vinaigrette ablöschen.

Salate mit Vinaigrette anmachen, auf Tellern anrichten mit dem Kalbskopf und den restlichen Zutaten garnieren.

Rezept für 4 Personen

Die Zutaten

500 g	Kalbskopfmaske
150 g	Kalbsbries
1/2 kl.	Kalbszunge
8	Hahnenkämme
0,25 l	Weißwein
1	Zwiebel, mit 1 Lorbeerblatt und 2 Nelken gespickt
1	Möhre
1 St.	Lauch
1 St.	Knollensellerie
etwas Essig	
Olivenöl	
Salz, Pfeffer, Mehl	

für die Kräutervinaigrette:

2	gehackte Schalotten
1 TL	Senf
2 EL	Sherryessig
1 EL	Balsamessig
0,1 l	Fleischbrühe
4 EL	Olivenöl
1 EL	Walnussöl
2 EL	gehackte Kräuter der Saison
Salz, Pfeffer aus der Mühle	

für die Garnitur:
Blattsalate nach Wahl,
kleine Möhren und Zucchini,
einige Frühlingszwiebeln

Kalbskopf-
SALAT MIT HAHNENKÄMMEN

Vorspeisen

109

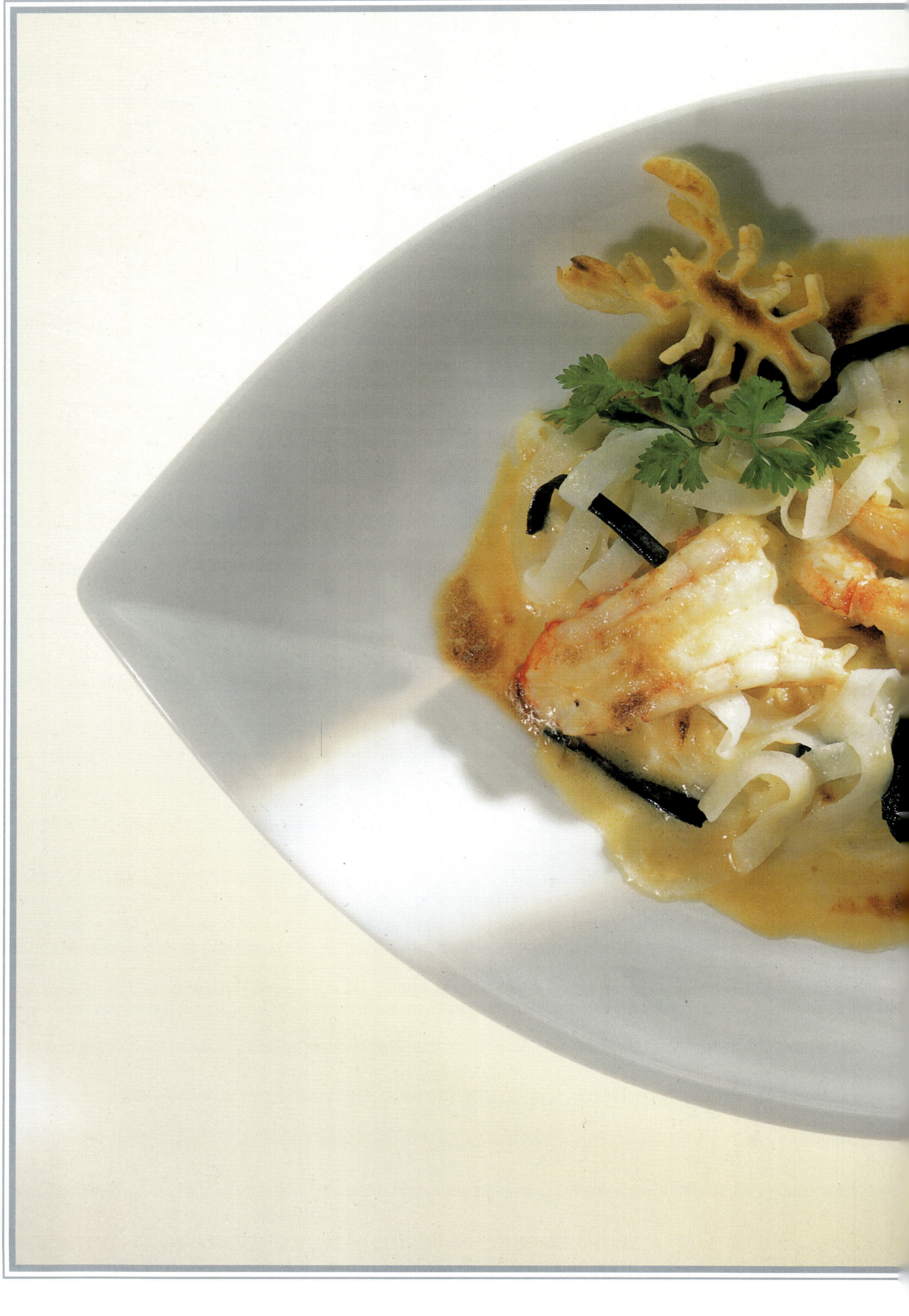

Gratin
VON FLUSSKREBSEN
AUF KOHLRABINUDELN

Der Flusskrebs

Weltweit gibt es etwa 300 Arten des mittlerweile geschützten Flusskrebses.

Das edle Fleisch verspricht höchsten Genuss und inspiriert Köche zu raffinierten Variationen.

Der nach innen gerollte Schwanz verrät, dass der Flusskrebs noch lebte, als er gekocht wurde, und ist somit untrügliches Zeichen seiner Frische.

Die Krebse in kochendem Salzwasser ca. 4 Minuten kochen, kalt abschrecken, Krebsschwänze und -scheren ausbrechen und in leicht gewürzten Fischfond legen.

Für die Sauce die Krebskarkassen etwas zerkleinern, in einem Topf mit Butter und Olivenöl gut anschwitzen. Gemüse, Schalotten und Knoblauch zerkleinern und mit anschwitzen. Tomatenmark und Kirschtomaten zugeben und leicht bräunen. Weißwein, Fischfond, Sahne, Crème fraîche und die Kräuter dazugeben und zum Kochen bringen. Ca. 20 Minuten kochen lassen, danach die Sauce durch ein Haarsieb passieren. Mit Noilly Prat, Cognac, Salz und Cayenne abschmecken und je nach Konsistenz mit etwas Mehlbutter (leicht temperierter Butter mit Mehl verrührt) abbinden.

Den Kohlrabi schälen, in ca. 1 cm dicke Scheiben schneiden und mit einem Sparschäler spiralförmig dünne Kohlrabistreifen schälen. Die Nudeln kurz blanchieren, in Butter erhitzen, mit Salz und Pfeffer abschmecken und mit etwas geschlagener Sahne binden.

Das Krebsfleisch im Fischfond warm stellen. Die Kohlrabinudeln auf Teller verteilen; die Krebsscheren und Schwänze auflegen. Die Krebssauce mit einem Stabmixer aufmixen und die geschlagene Sahne und die Trüffelstreifen unterheben. Das Krebsfleisch und die Gemüsenudeln damit überziehen und im Ofen auf Grillstufe überbacken.

Rezept für 4 Personen

Die Zutaten

1 kg	Flusskrebse
0,2 l	Fischfond (siehe Seite 251)
2	Kohlrabi
30 g	Butter
	Salz, Pfeffer

für die Krebssauce:

	Krebskarkassen
150 g	Staudensellerie
150 g	Fenchelknolle
100 g	Lauch
4	Schalotten
1	Knoblauchzehe
1/2 EL	Tomatenmark
150 g	Kirschtomaten
0,2 l	Weißwein
0,3 l	Fischfond (siehe Seite 251)
1	Thymianzweig
1	Rosmarinzweig
200 g	Crème fraîche
100 g	Sahne
6 cl	Noilly Prat
2 cl	Cognac
80 g	Butter
4 EL	geschlagene Sahne
10 g	Trüffelstreifen
1 Prise	Cayenne
	Olivenöl
	etwas Mehl
	Salz

GRATIN VON FLUSSKREBSEN AUF KOHLRABINUDELN

Zwischengerichte

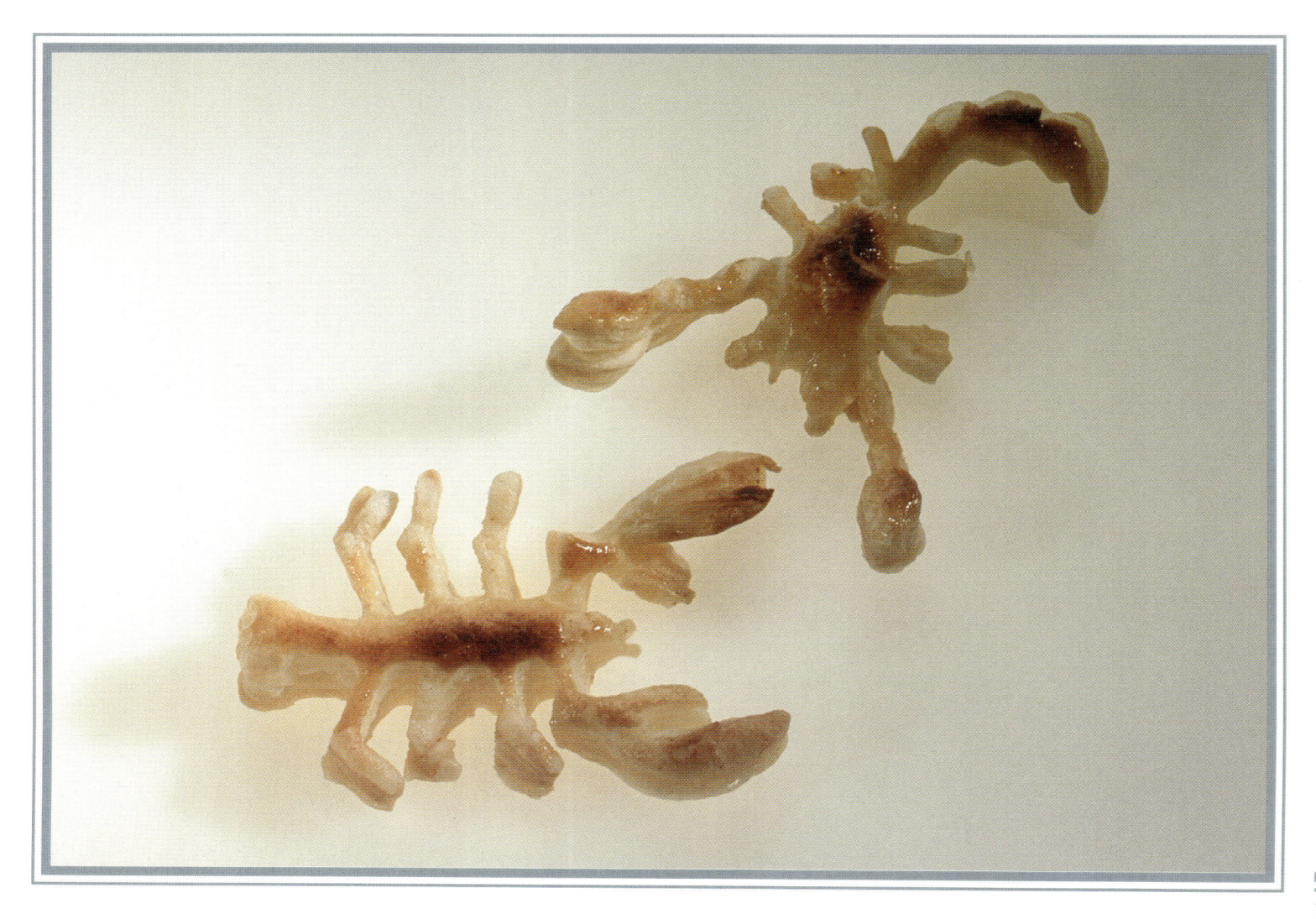

113

Schalotten und Knoblauch fein hacken und auf zwei Portionen verteilen. Gemüse waschen, in Streifen, Ringe oder Scheibchen schneiden. Die Tomaten kurz in kochendes Wasser tauchen, kalt abschrecken, häuten und in kleine Würfel schneiden. Das Olivenöl erhitzen, darin die Gemüse, eine Portion der Schalotten und des Knoblauchs sowie die Tomaten anschwitzen und mit Fischfond aufgießen. Bei niedriger Temperatur kochen.

Die Langustinen in ca. 2 cm große Stücke schneiden und in heißem Olivenöl unter Zugabe der restlichen Schalotten, des Knoblauchs, Rosmarin und Thymian anbraten. Mit Salz und Pfeffer würzen und mit Weißwein ablöschen. Die Langustinen in den Tomaten-Gemüseansatz geben, mit Parmesan, Cayennne und gehackter Petersilie abschmecken und beiseite stellen.

Die Spaghetti in reichlich Salzwasser mit 1 Esslöffel Öl al dente kochen, kurz abschrecken, abgießen und unter die vorbereitete Sauce geben. Auf tiefen Tellern anrichten.

Rezept für 4 Personen

Die Zutaten

400 g	Spaghetti
500 g	Langustinenschwänze ohne Schalen
2	Schalotten
2	Knoblauchzehen
150 g	Zucchini
100 g	Karotten
1 kl.	Fenchelknolle
1 Bd.	Lauchzwiebeln
4	Eiertomaten
0,1 l	Olivenöl
0,2 l	Fischfond (siehe Seite 251)
1	Rosmarinzweig
1	Thymianzweig
6 cl	Weißwein
1 EL	frisch geriebener Parmesan
1 Prise	Cayenne
1 EL	gehackte Petersilie
1 EL	Öl

Salz, Pfeffer aus der Mühle

Spaghetti MIT LANGUSTINEN

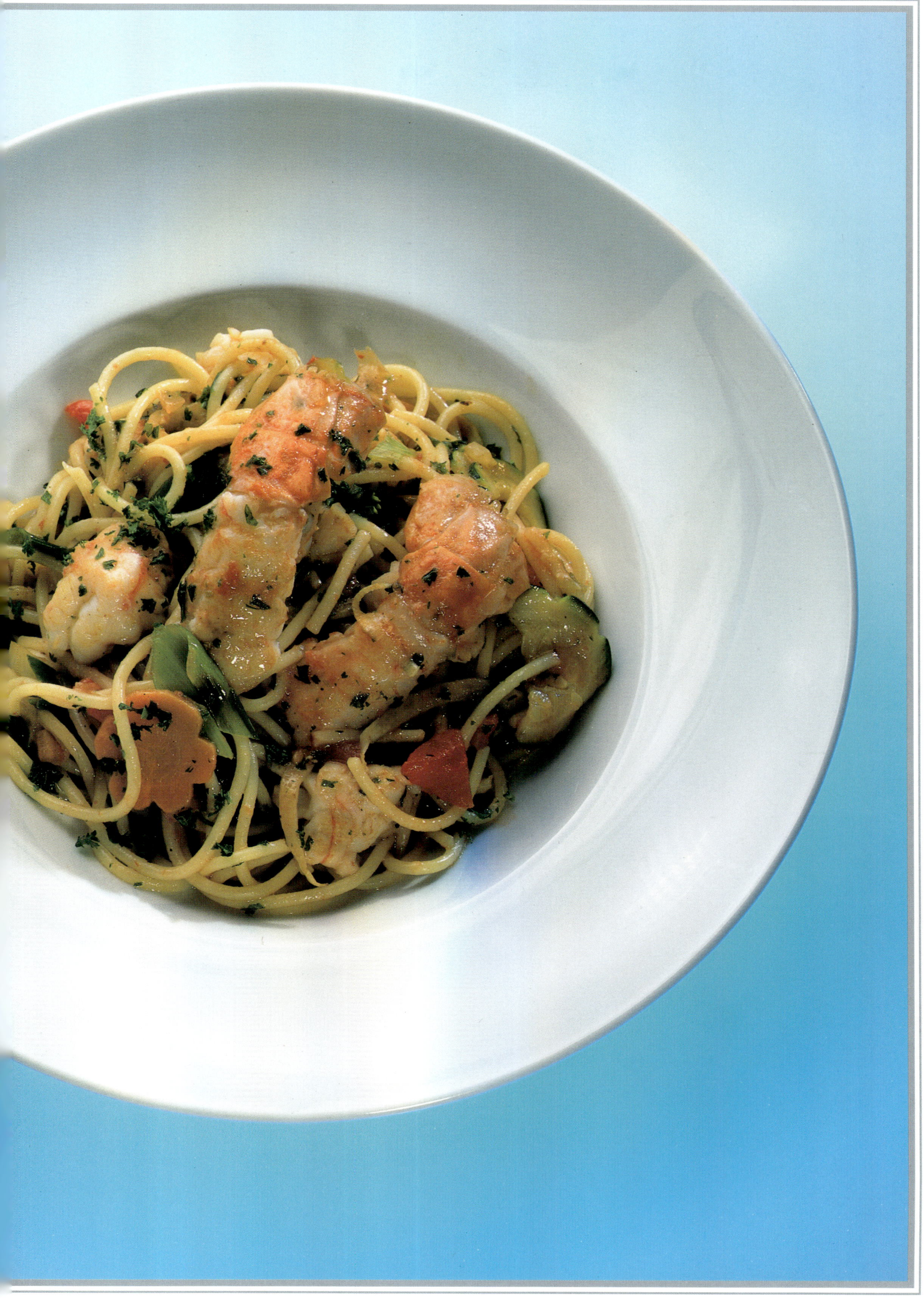

116

Rezept für 4 Personen

Die Zutaten

4	große Wachteln
50 g	Périgord-Trüffel
2 EL	gewürfelte Schalotten
5 cl	roter Portwein
120 g	gewaschener Risotto-Reis
80 g	Butter
0,1 l	trockener Weißwein
0,2 l	Geflügelbrühe
Salz, Pfeffer aus der Mühle	

für die Sauce:

	Wachtelknochen (bzw. -karkassen) und Wachtelkeulchen
5	Schalotten
1	Möhre
1 St.	Lauch
1 kl. St.	Knollensellerie
1/2 EL	Tomatenmark
0,2 l	kräftiger Côtes-du-Rhône (z.B. Hermitage)
0,4 l	Geflügelfond
3 EL	gutes Öl
1 kl.	Thymianzweig
Salz, Pfeffer aus der Mühle	

Die Wachtelbrüstchen vorsichtig mit einem scharfen Messer vom Knochen lösen und für die Sauce die Karkassen und Keulchen zerkleinern und in erhitztem Öl anbraten. Schalotten, Sellerie, Möhre und Porree in kleine Stücke schneiden und mit anbraten. Tomatenmark zugeben und mehrmals mit etwas Rotwein ablöschen. Zum Schluss mit dem Geflügelfond auffüllen, Thymianzweig zugeben, leicht würzen, auf die Hälfte reduzieren und passieren.

Trüffel schälen, die Schalen in Würfel schneiden und mit 1 Esslöffel fein gehackter Schalottenwürfel in etwas Butter anschwitzen. Mit Portwein ablöschen und mit dem Wachtelfond auffüllen. Auf ca. 0,1 l reduzieren. Die restlichen Schalottenwürfel in 40 g zerlassener Butter anschwitzen und den Reis zugeben. Gut umrühren und mit dem Weißwein ablöschen. Die erhitzte Geflügelbrühe zugeben und den Reis je nach Sorte 12 – 15 Minuten am Herdrand köcheln lassen.
Den geschälten Trüffel in 12 schöne Scheiben schneiden, den Rest würfeln. Die Würfel mit dem Rest der Butter unter den Reis geben.
Die Wachtelbrüstchen anbraten.
Den Reis in tiefe Teller geben. Darauf die Wachtelbrüstchen und die Trüffelscheiben verteilen und mit der Sauce nappieren.

RISOTTO MIT
Périgord-Trüffel
UND GEBRATENER WACHTEL

Für den Nudelteig alle Zutaten zu einem sehr festen Teig verkneten und diesen in Klarsichtfolie ca. 1 Stunde ruhen lassen.

Für das Tomatencoulis die Tomaten häuten, entkernen und in kleine Stücke schneiden. Zwiebeln und Knoblauch fein hacken, in Olivenöl anschwitzen, Tomatenwürfel zugeben und mit Salz, Pfeffer und 1 Prise Zucker abschmecken.

Für die Füllung Mascarpone, Eigelb, Weißbrotkrumen und die Käsewürfel gut verrühren, mit Salz und Pfeffer, etwas frisch geriebenem Muskat und einigen Tropfen Trüffelöl abschmecken.

Die Hälfte des Nudelteiges mit der Maschine oder einem Nudelholz sehr dünn ausrollen. Eiweiß mit etwas Wasser verquirlen und mit einem Pinsel den ausgerollten Teig damit bestreichen. Von der Käsemasse mit einem Kaffeelöffel kleine Nocken abstechen und diese in ca. 5 cm Abstand auf den Teig legen. Die zweite Hälfte des Teiges dünn ausrollen, auf die erste Nudelhälfte legen, um die Käsenocken herum leicht andrücken und dann mit einem Teigrad oder einem Ausstecher die Ravioli formen. Die Ravioli in reichlich Salzwasser 4 – 5 Minuten garen.

In einer sehr heißen Pfanne die Salzbutter bräunen und die Kräuter darin anbraten.

Etwas Tomatencoulis in tiefe Teller geben, die Ravioli darauf anrichten, Parmesan und die gebratenen Kräuter darüber geben und mit etwas brauner Butter nappieren.

Rezept für 4 Personen

Die Zutaten

175 g	Mascarpone
1	Eigelb
1 Scheibe	Toastbrot oder Weißbrotkrumen
100 g	Butterkäse mit 50 % Fett oder Gouda mit 48 % Fett, in kleine Würfel geschnitten

Salz, Pfeffer, Muskat
einige Tropfen Trüffelöl

1	Eiweiß
100 g	gesalzene Butter
100 g	Rucola
20 g	Basilikum
30 g	Blattpetersilie
1 EL	geriebener Parmesan
1	Thymianzweig

für den Nudelteig:

3	Eigelb (1 Eiweiß zum Bestreichen des Teiges aufheben)
1	Ei
300 g	Mehl
1 TL	Öl

Salz

für das Tomatencoulis:

2	Fleischtomaten
1 kl.	Zwiebel
1	Knoblauchzehe
2 EL	Olivenöl
1 Prise	Zucker

Salz, Pfeffer

MASCARPONE-
Ravioli MIT
GEBRATENEN KRÄUTERN

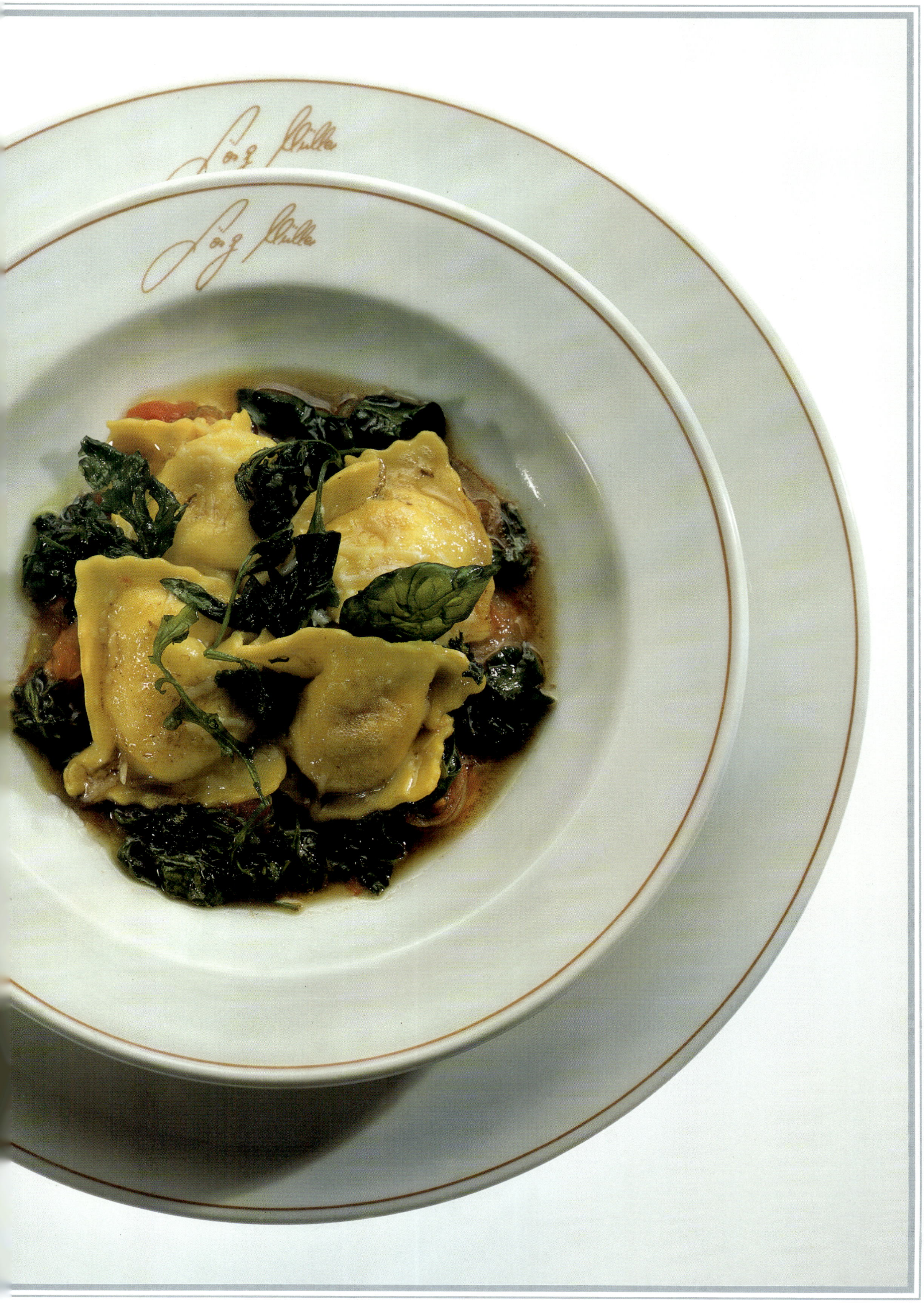

Zuerst die Kalbsnuss von groben Sehnen befreien und mit Salz und Pfeffer würzen. Jetzt das Olivenöl in einem breiten Topf erhitzen und das Fleisch von allen Seiten leicht anbraten. Das in Würfel geschnittene Gemüse dazugeben und kurz mit anschwitzen. Mit der Fleischbrühe und dem Weißwein aufgießen, Lorbeerblätter, Thymian, Rosmarin und das Thunfischfleisch hineingeben. Das Ganze zugedeckt im Ofen bei 180 Grad weich schmoren.
Das Fleisch entnehmen und kalt stellen. Den Schmorfond mit den Sardellenfilets und der Hälfte der Kapern pürieren. Durch ein feines Sieb passieren.

Eigelb mit Zitronensaft, Essig, Sherry und Senf unter Zugabe von Olivenöl zu einer Mayonnaise aufschlagen. Mit Kapernfond, Salz und Pfeffer abschmecken.
Den Schmorfond mit der Mayonnaise verrühren. Mit Zitronensaft, Weißweinessig, Sherry, Kapernfond, Salz und Pfeffer abschmecken und kalt stellen.

Zum Anrichten Teller mit Sauce bestreichen und die dünn aufgeschnittenen Fleischscheiben darauf legen. Mit der Sauce bedecken und mit Zitronenfilets, Kapern, Schnittlauch und Tomatenwürfeln garnieren.

Rezept für 4 Personen

Die Zutaten

1 kg	Kalbsnuss oder -schulter
5 EL	Olivenöl
150 g	Lauch (nur der weiße Teil der Stange)
100 g	Möhren
150 g	Zwiebeln
80 g	Knollensellerie
0,5 l	Fleischbrühe
0,25 l	Weißwein
2	Lorbeerblätter
1	Thymianzweig
1	Rosmarinzweig
150 g	Thunfisch
2	Sardellenfilets
20 g	Kapern in Lake
2	Eigelb
1 EL	Zitronensaft
2 EL	Weißweinessig
1 EL	Dry Sherry
1 TL	Senf
0,12 l	Olivenöl

Salz, Pfeffer aus der Mühle
Zirone, Schnittlauch und Tomaten für die Garnitur

VITELLO
Tonnato

Zwischengerichte

121

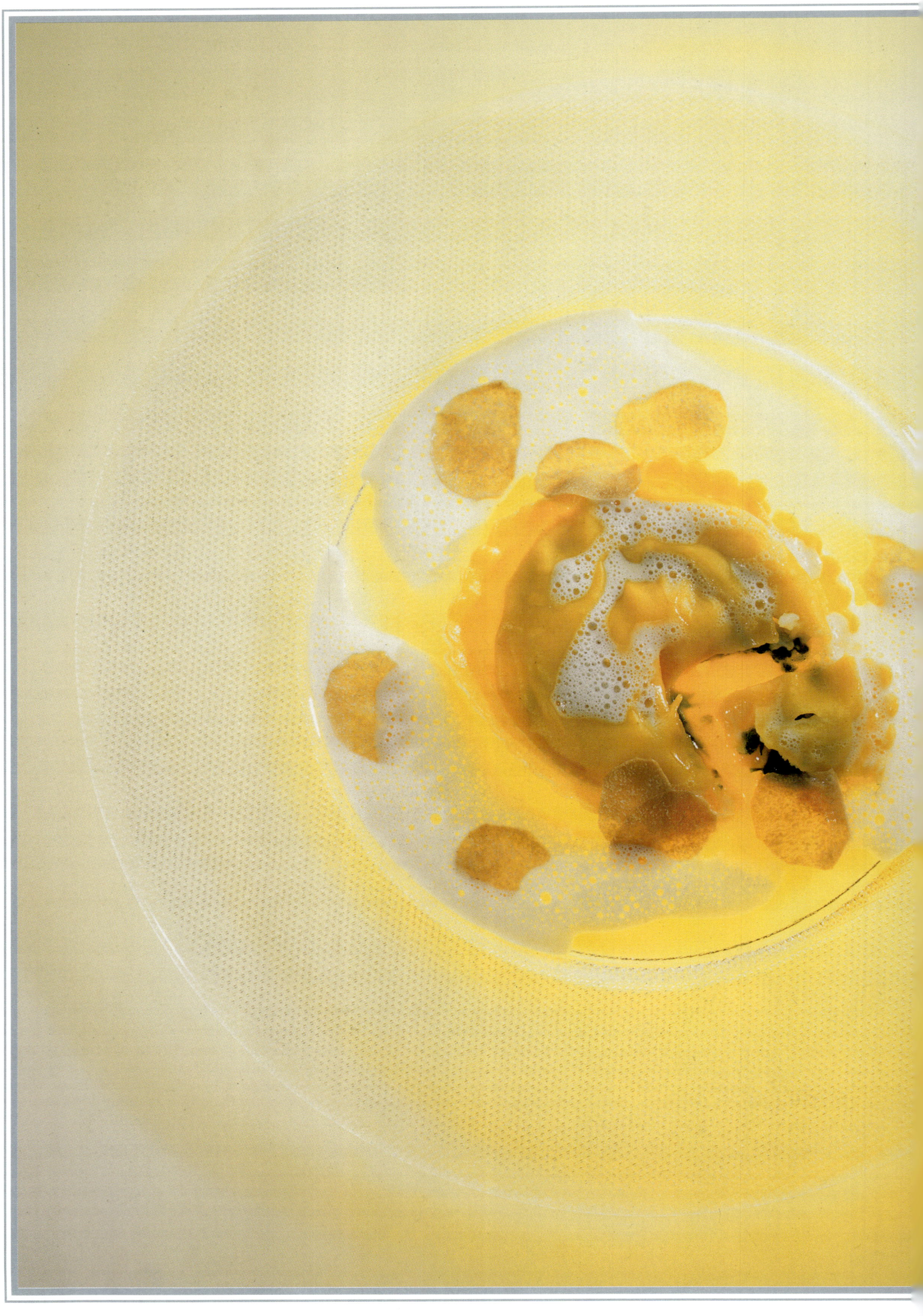

Rezept für 4 Personen

Die Zutaten

ca. 300 g Nudelteig
    (siehe Seite 118)
Spinat (siehe Seite 129)
4   Eigelb
Püree (siehe Seite 129)
1   Eiweiß
0,1 l   weiße Trüffelsauce
    (siehe Seite 255)
1 EL   Trüffelbutter
    (siehe Seite 255)
1 EL   frisch geriebener
    Parmesan
weißer Trüffel für die Garnitur

Den Nudelteig dünn ausrollen und mit einem Ausstecher 4 ca. 14 cm und 4 ca. 16 cm runde Teigblätter ausstechen. Auf die Kleineren in die Mitte 1 Esslöffel Spinat geben, etwas eindrücken und in die Vertiefung ein Eigelb geben. Mit Püree vorsichtig umhüllen.

Die Größeren mit etwas Eiweiß bestreichen und über die kleineren Teigblätter legen. Die Teigränder sorgfältig verschließen bzw. andrücken. Diese Ravioli auf ein Backtrennpapier legen, mit etwas flüssiger Butter bestreichen und bis zum Kochen kalt stellen.

Ravioli in reichlich Salzwasser etwa 4 Minuten kochen und heiß auf tiefen Tellern anrichten.

Die Trüffelsauce mit Trüffelbutter und Parmesan aufschäumen, über die Ravioli geben und mit Trüffelscheiben garnieren.

Ravioli
MIT WEISSEM TRÜFFEL

Trüffel gut waschen bzw. bürsten und trocken tupfen. Dünn schälen und bis zum Gebrauch in einem gut verschlossenen Glas mit etwas feuchtem Küchenpapier im Kühlschrank aufbewahren (ca. 5 bis 8 Tage haltbar).
Schalen und nicht so schöne Stücke für Trüffelbutter oder Sauce verarbeiten.

Den Nudelteig so dünn wie möglich ausrollen und in ca. 5 mm breite Streifen schneiden. In reichlich Salzwasser 1 – 2 Minuten kochen, kalt abschrecken und auf ein Sieb geben.
Die Trüffelsauce erhitzen, mit Parmesan und Trüffelbutter aufschäumen, die frisch gekochten Nudeln unterheben und auf tiefen Tellern anrichten.
Am Tisch werden die weißen Trüffel über die Tagliatelle gehobelt.

Rezept für 4 Personen

Die Zutaten

20 g	weißer Trüffel
300 g	Nudelteig (siehe Seite 118)
0,15 l	weiße Trüffelsauce (siehe Seite 255)
1 EL	frisch geriebener Parmesan
1 EL	Trüffelbutter (siehe Seite 255)

Tagliatelle
MIT WEISSEM TRÜFFEL

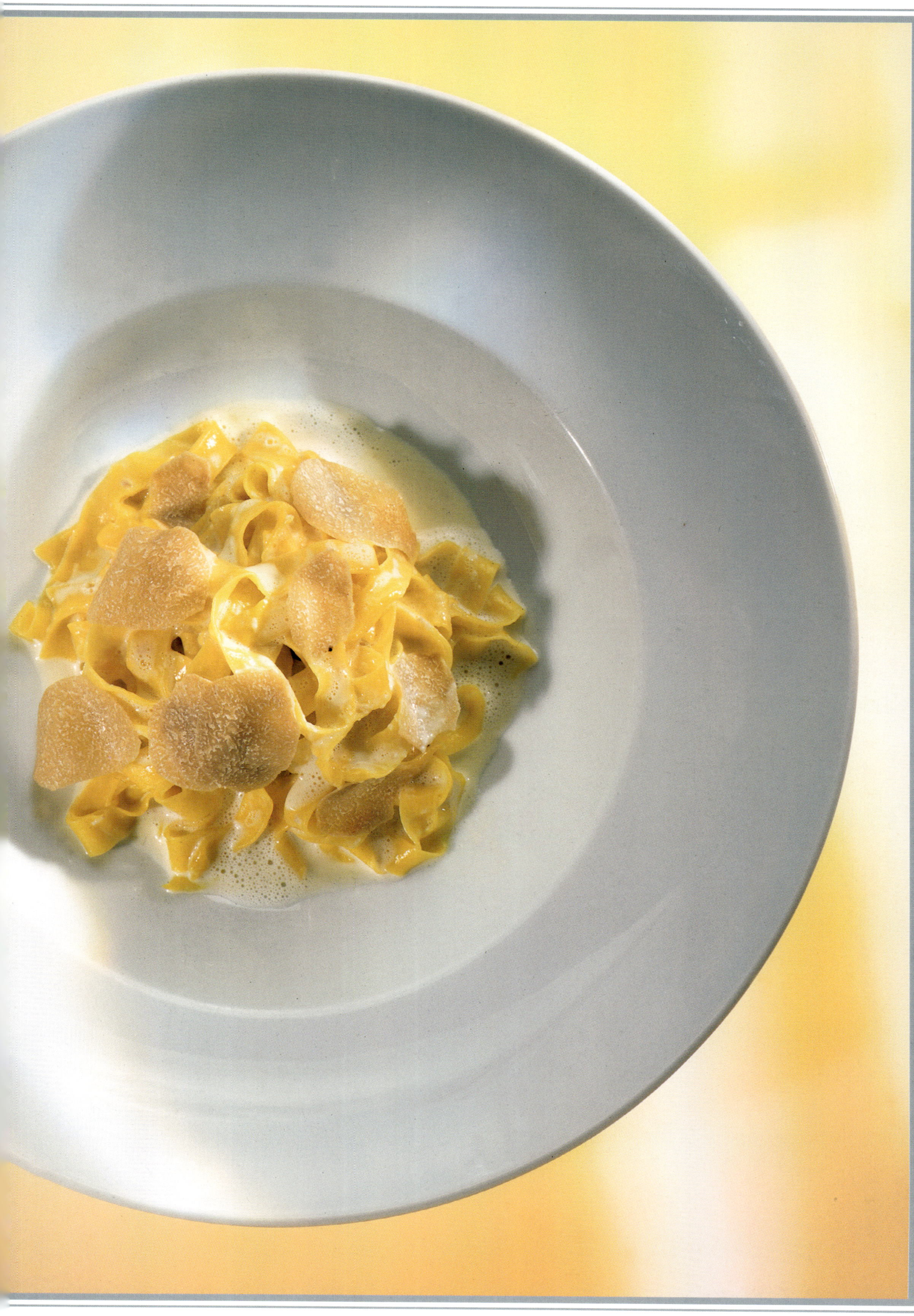

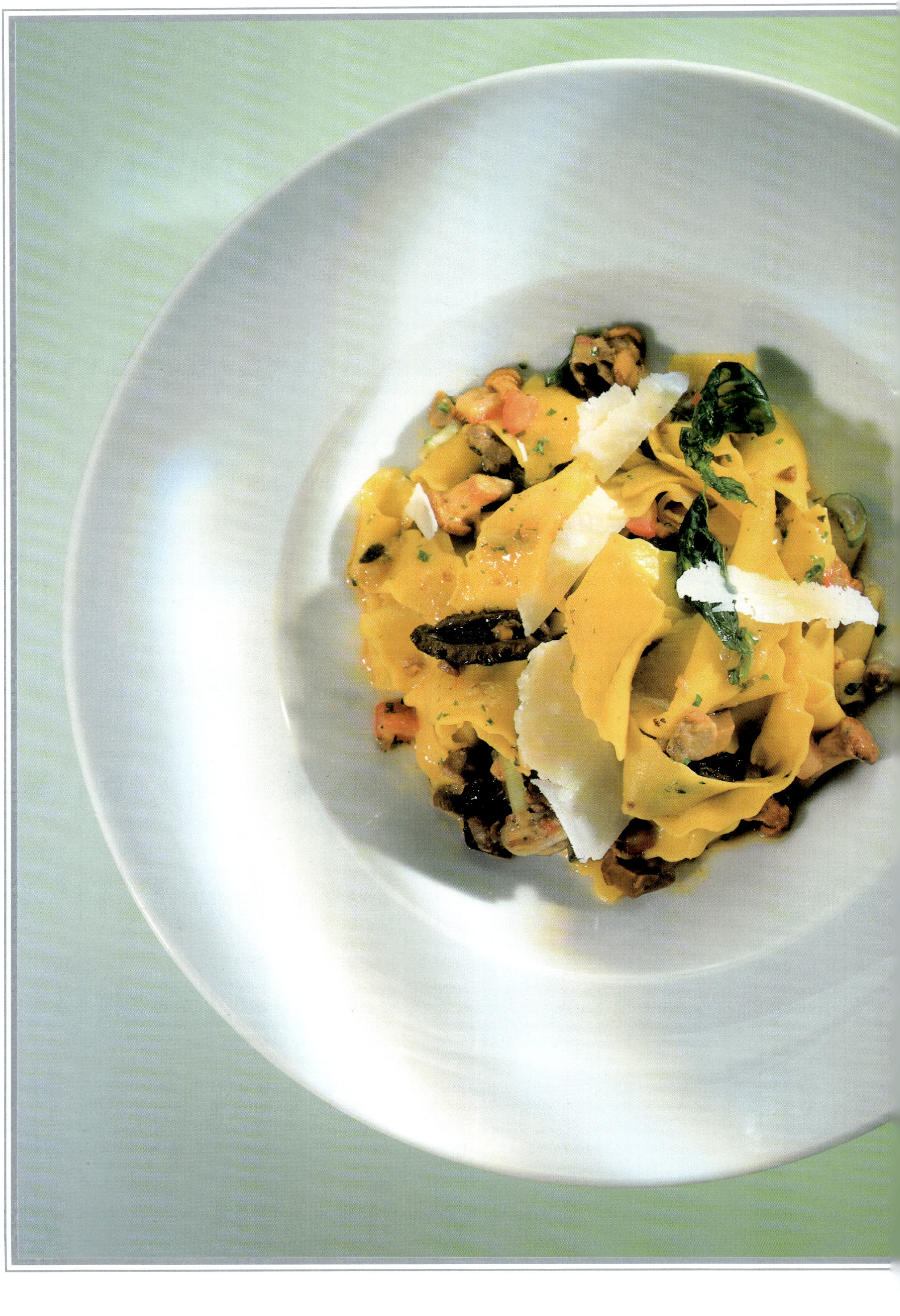

Rezept für 4 Personen

Die Zutaten:

450 g	Fasanenbrust oder Keule ohne Haut und Knochen
200 g	Pfifferlinge
300 g	Nudelteig (siehe Seite 118)
130 g	Schalotten
1	Knoblauchzehe
0,1 l	Weißwein
1 l	Geflügelbrühe
1	Thymianzweig
1	Rosmarinzweig
1	Lorbeerblatt
50 g	Karotten
50 g	Sellerie
50 g	Zucchini
2 St.	geschälte Tomaten
1/2 TL	Kartoffelstärke

geriebener Parmesan
1 EL gehackte Petersilie
etwas gehackter Thymian
Cayenne
Olivenöl
Salz, Pfeffer

Vom Fasan die Sehnen entfernen, das Fleisch in ca. 5 mm große Würfel schneiden und mit Salz und Pfeffer würzen. In Olivenöl anbraten. 120 g der Pfifferlinge in Würfel schneiden und dazugeben. Die schönen Pilze für die Garnitur aufbewahren. Schalotten und Knoblauch klein schneiden und mit anrösten. Mit Weißwein ablöschen und mit der Geflügelbrühe aufgießen. Den Thymian- und den Rosmarinzweig und das Lorbeerblatt zugeben und abgedeckt ca. 45 Minuten kochen lassen, bis das Fleisch weich ist. Thymian, Rosmarin und Lorbeerblatt entfernen.

Die Gemüse in 2 mm große Würfel schneiden und zugeben. Die geschälten und entkernten Tomaten würfeln, zum Ragout geben und nochmals 15 Minuten kochen. Mit etwas angerührter Kartoffelstärke binden und mit Parmesan, Petersilie und Cayenne abschmecken. Den Nudelteig dünn ausrollen und mit dem Teigrad unregelmäßige Streifen schneiden, in Salzwasser kurz kochen. In der Zwischenzeit die übrigen Pfifferlinge in Olivenöl anbraten. Mit Salz und Pfeffer würzen und etwas gehackten Thymian und Petersilie verfeinern. Die fertigen Pappardelle in das Fasanenragout geben, auf tiefen Tellern anrichten und mit den Pfifferlingen garnieren.

Pappardelle
MIT FASANENRAGOUT

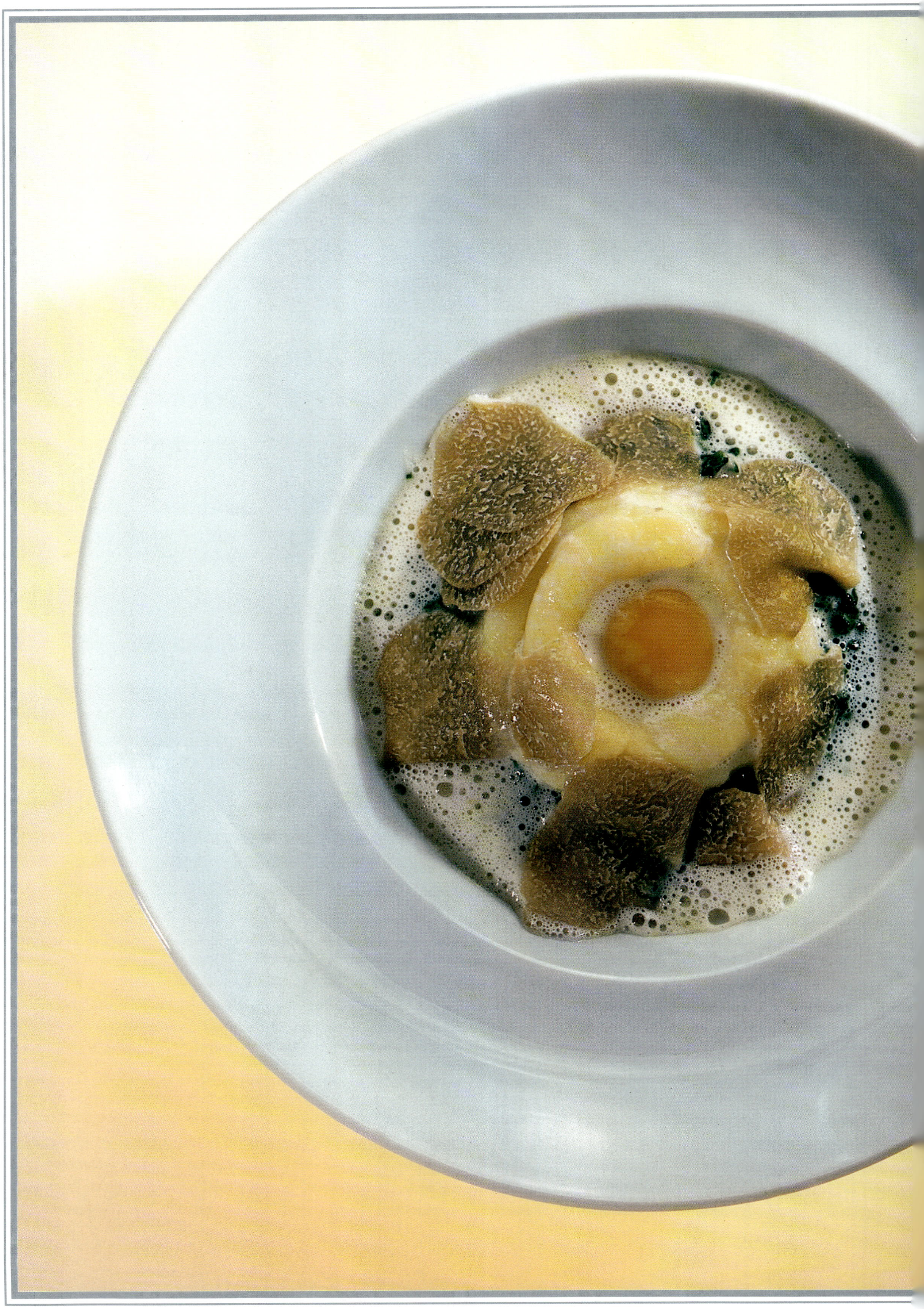

Rezept für 4 Personen

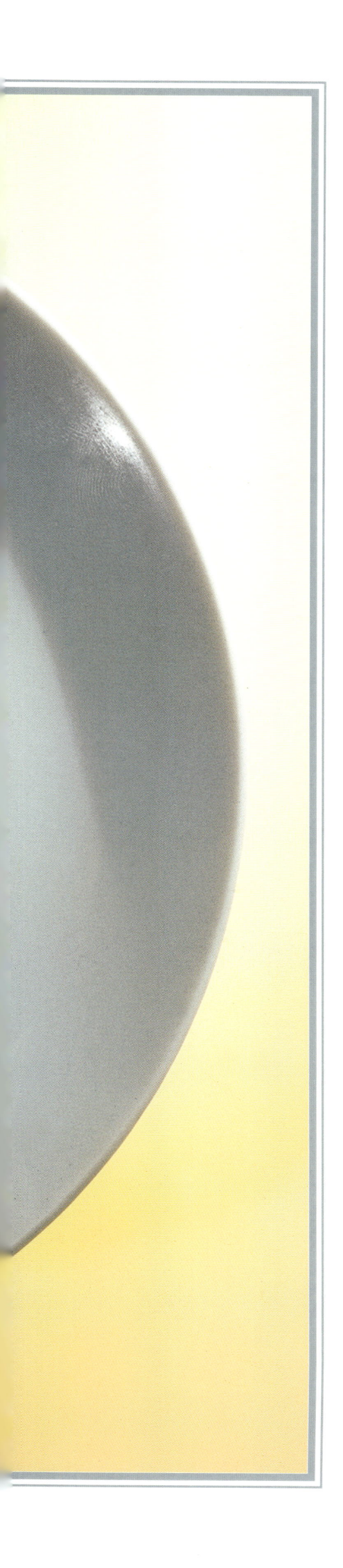

Die Zutaten

300 g	Kartoffeln
20 g	Butter
etwas Milch	
250 g	Blattspinat
1 EL	gehackte Schalotten
etwas Trüffelöl	
4	Eigelb
0,15 l	weiße Trüffelsauce (siehe Seite 255)
2 EL	Trüffelbutter (siehe Seite 255)
Parmesan	
Salz, Pfeffer	

Kartoffeln waschen, in Stücke schneiden und in Salzwasser kochen. Abgießen und unter Zugabe von etwas Butter und Milch ein feines Kartoffelpüree herstellen.
Den Spinat waschen, blanchieren, kalt abschrecken und auf ein Sieb geben, ausdrücken und grob hacken.
In einer Kasserolle die Schalotten in etwas Trüffelbutter und Öl anschwitzen. Den gehackten Spinat zugeben und mit etwas Trüffelöl sämig kochen.

Den Spinat in tiefe Teller geben, in der Mitte eine Vertiefung lassen und je 1 Eigelb hineingeben. Das heiße Püree in einen Spritzbeutel füllen und das Eigelb mit dem Püree umhüllen.
In der Zwischenzeit die Trüffelsauce erhitzen, mit Trüffelbutter und Parmesan aufschäumen, über das Püree gießen und mit Trüffelscheiben servieren.

Spinat
MIT WEISSEM TRÜFFEL

130

Rezept für 4 Personen

Die Zutaten

1,2 kg	Lammfleisch aus Schulter oder Nacken, in grobe Würfel geschnitten
2 EL	Currypulver
500 g	Zwiebeln, in kleine Würfel geschnitten
1/2	frische Ananas, in Stücke geschnitten
1	reife Banane, in Scheiben geschnitten
2	säuerliche Äpfel (z.B. Cox Orange), geschält und in Würfel geschnitten
0,2 l	Weißwein
ca. 0,5 l	Fleischbrühe
1 TL	grüne Currypaste (vom Asiashop)
2 EL	Mango Chutney
1 Becher Joghurt	
Öl zum Anbraten	
Salz, Pfeffer	

Fleisch mit Salz, Pfeffer und 1 Esslöffel Currypulver würzen. Öl in einem Bräter bzw. Topf erhitzen, darin die Fleischstücke anbraten, die Zwiebeln mit anschwitzen und das Obst dazugeben. Mit Weißwein ablöschen und der Fleischbrühe aufgießen. Mango Chutney, restliches Currypulver und die grüne Currypaste dazugeben und abgedeckt bei kleiner Flamme köcheln lassen oder bei 180 Grad im Backrohr weich garen. Die Fleischstücke aus der Sauce nehmen und in einem Topf warm stellen. Die Sauce im Mixer unter Zugabe von Joghurt fein pürieren, über die Fleischstücke geben und kurz erhitzen. Mit Basmatireis servieren.

als Beilage:
Basmatireis

Lammcurry
MIT BASMATIREIS

Ca. 1,5 l Wasser mit Zwiebel, Lorbeerblatt, Nelken, Salz, Thymian und weißem Balsamico zum Kochen bringen. Die Lammkutteln in Streifen schneiden und darin ca. 20 Minuten weich kochen. Im Sud abkühlen lassen.

Die Calamaretti putzen und in gleichgroße Streifen schneiden (sie sollten die Größe der Kutteln haben).

Schalottenwürfel und Knoblauch in Butter glasig dünsten; mit Mehl bestäuben und mit Weißwein ablöschen. Mit Kalbsfond und Sahne auffüllen. Die Sauce etwas reduzieren, mit einem Stabmixer pürieren, durch ein Sieb passieren, mit Salz, Pfeffer und etwas Muskat abschmecken und warm stellen.

Calamaretti und Kutteln in einer beschichteten Pfanne in ein wenig Olivenöl leicht anbraten. Die Gemüsestreifen und Petersilie zugeben und würzen. Ca. 1 Minute angehen lassen und auf einem vorgewärmten Teller anrichten. Die Sauce mit einem Stabmixer aufschäumen und über die Kutteln geben.

Rezept für 4 Personen

Die Zutaten

400 g	Lammkutteln, geputzt
200 g	Calamaretti
1 kl.	Zwiebel
1	Lorbeerblatt
2	Nelken
1	Thymianzweig
0,1 l	weißer Balsamico
50 g	Schalottenwürfel
1/2	Knoblauchzehe
50 g	Butter
1 EL	Mehl
0,1 l	Weißwein
0,2 l	heller Kalbsfond (siehe Seite 253)
200 g	Sahne
je 50 g	Gemüsestreifen von Karotte, Fenchel, Sellerie und Lauch
1 EL	gehackte Blattpetersilie

Olivenöl
Salz, Pfeffer aus der Mühle
Muskat

LAMM-
Kutteln
MIT CALAMARETTI
UND KLEINEN GEMÜSEN

Zwischengerichte

Das Gemüse waschen, in Stücke schneiden, in einen Topf geben und mit Wasser, Wein und Gewürzen zum Kochen bringen. Die Hälfte der Krebse darin ca. 4 Minuten kochen und in kaltem Salzwasser abkühlen. Danach die andere Hälfte kochen und abkühlen. Die Krebsschwänze und Scheren sorgfältig ausbrechen, den Darm entfernen und kühl stellen.
Die Krebskörper für Suppen oder Saucen aufbewahren.

Für die Kaltschale die Cantaloup-Melonen sternförmig aufschneiden, die Honigmelonen halbieren. Kerne entfernen und für die Garnitur bzw. Einlage aus dem Fruchtfleisch mit einem Parisienne-Ausstecher kleine Kugeln formen und diese kühl stellen. Das restliche Fruchtfleisch mit einem Löffel aus den Melonenschalen lösen. Die sternförmig geschnittenen Melonen kühl stellen (dienen als Schale). Das Melonenfleisch im Mixer unter Zugabe von Portwein, Cognac, Essig, Zitronensaft, Crème fraîche und Walnussöl fein pürieren. Mit etwas Salz, Zucker und Cayenne abschmecken. Kalt stellen.

Die Kaltschale in die vorbereiteten Melonenhälften füllen und mit den ausgestochenen Melonenbällchen und dem Krebsfleisch garnieren.

Rezept für 4 Personen

Die Zutaten

1,5 kg	Flusskrebse
1	Karotte
1 St.	Lauch
1 St.	Knollensellerie
1/2	Fenchelknolle
ca. 3 l	Wasser
0,25 l	Weißwein
1	Lorbeerblatt
1 TL	Pfefferkörner
1 TL	Koriander
1 EL	Salz

für die Melonenkaltschale:

2	mittelgroße Cantaloup-Melonen
1 kl.	Honigmelone oder 1 Stück einer Wassermelone
200 g	Crème fraîche
6 cl	weißer Portwein
2 cl	Cognac
2 cl	weißer Balsamico
	Walnussöl
	Saft von 1/2 Zitrone
1 Prise	Salz
1 Prise	Zucker
1 Prise	Cayenne

MELONEN-
Kaltschale
MIT FLUSSKREBSEN

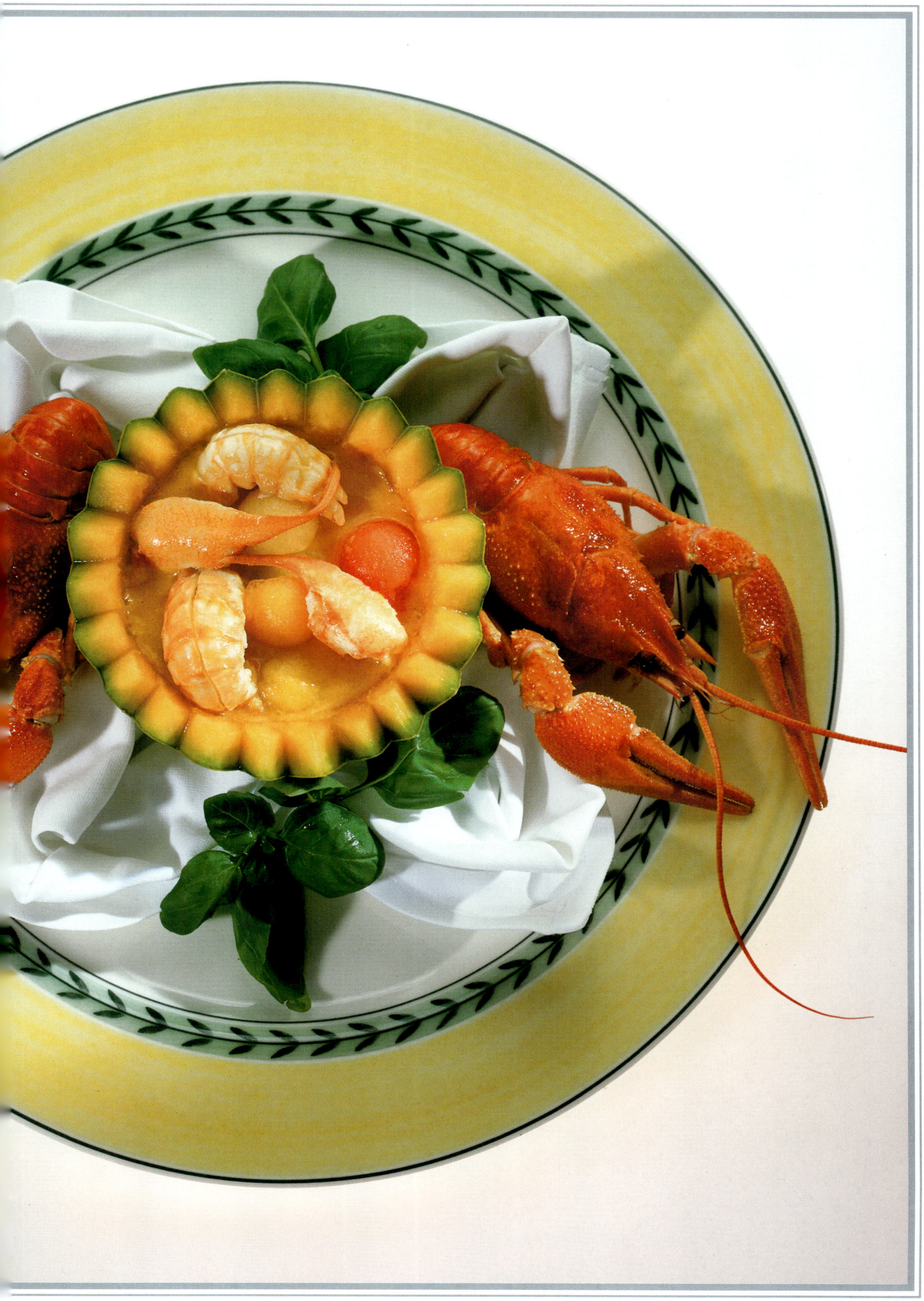

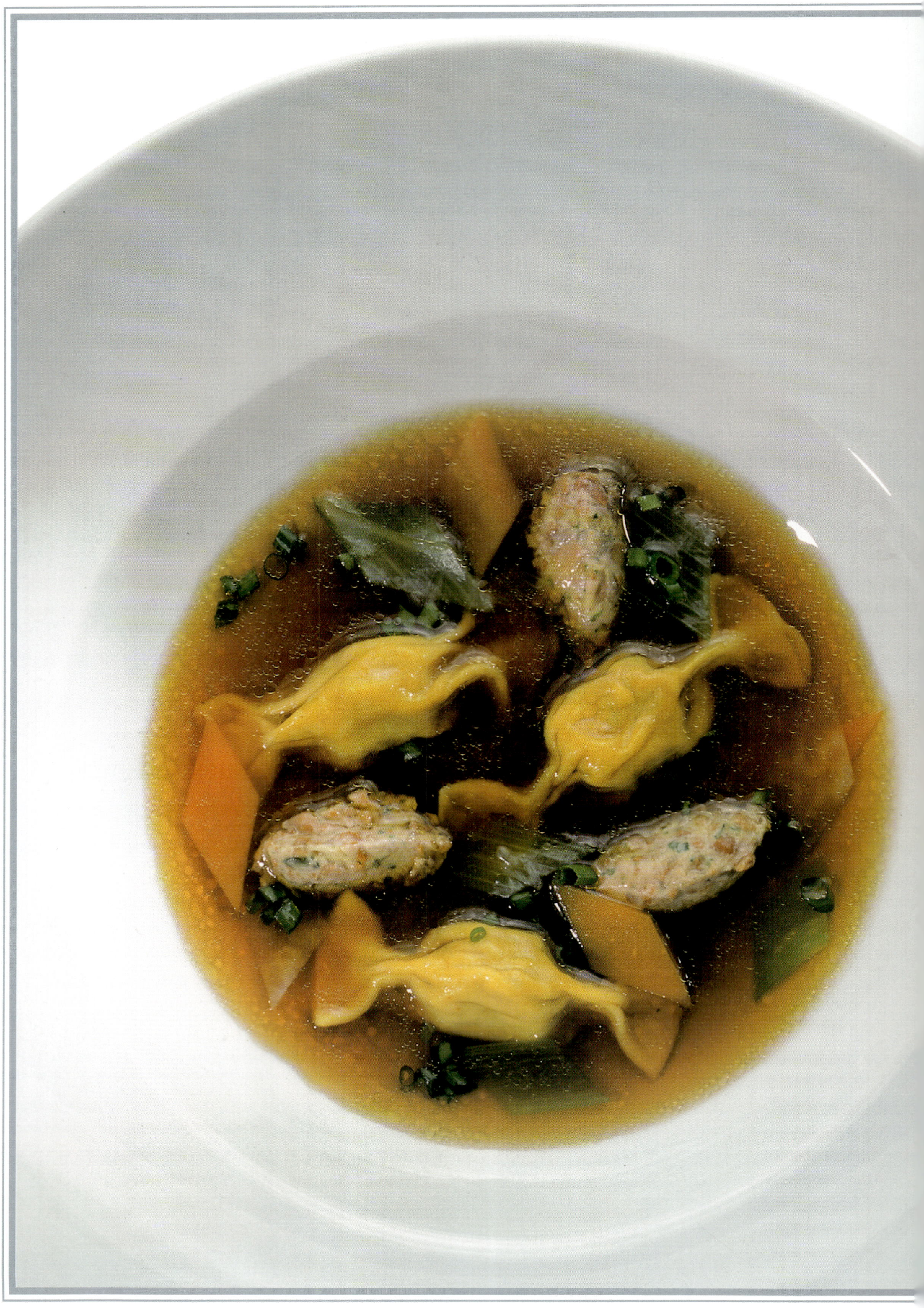

Das Perlhuhn

Der zierliche Hühnervogel mit dem hübschen Gefieder liefert dunkles Fleisch mit einem leichten Wildgeschmack. Da dieses schnell austrocknet, wird es nie ganz durchgebraten und außerdem gut gespickt oder mit Speckscheiben umwickelt.

PERLHUHNESSENZ MIT
Perlhuhn-
NOCKEN UND BONBONS

Für die Essenz die kleingehackten Karkassen und Abschnitte mit Fett in einem flachen Topf auf dem Herd langsam anbraten. Das Gemüse hinzugeben und alles zusammen hellbraun anbraten, bis sich das Fett klar absetzt. Karkassen mit etwas Geflügelbrühe angießen, einkochen (glacieren) und Tomate und Tomatenmark zugeben. Sobald der Ansatz erneut glänzt, mit dem Rotwein ablöschen, nochmals reduzieren und mit der restlichen Geflügelbrühe aufgießen.
Das Kräutersträußchen beigeben und ca. 1,5 Stunden langsam kochen lassen. Durch ein feines Haarsieb passieren und kalt stellen.

Tipp:
Die passierten Karkassen nochmals mit etwas Wasser aufkochen und passieren. Der Fond kann für die nächste Brühe oder Sauce verwendet werden.

Das Perlhuhnfleisch in kleine Würfel schneiden, mit Salz und Pfeffer würzen, Eiweiß zugeben und auf Eis stellen. Unter Zugabe von der gut gekühlten Sahne in der Moulinette eine Farce herstellen.
Die Pfifferlinge in kleine Würfel schneiden und in etwas Olivenöl kurz anbraten, kalt stellen. Die Gemüsewürfel blanchieren, kalt abschrecken, auf ein Tuch geben, gut ausdrücken und kalt stellen.
Die Pfifferling- und Gemüsewürfel mit den Kräutern in die Farce geben. Von einem Teil der Farce kleine Klößchen abstechen, den Rest in dünn ausgerollten Nudelteig füllen und zu Ravioli oder Bonbons formen. Beides in etwas Brühe oder Salzwasser garen.

Zum Klären der Essenz die Perlhuhnkeule und die Gemüse durch den Fleischwolf drehen (bei mittlerer Scheibe), mit Eiweiß und den Gewürzen gut vermischen und in einen Topf geben. Mit dem kalten Perlhuhnfond vermengen und zum Kochen bringen. Von Zeit zu Zeit vorsichtig umrühren, damit nichts am Topfboden ansetzen kann. Sobald der Fond aufschäumt, das Eiweiß stockt und die Brühe klar wird, die Flamme zurücknehmen und die Essenz 25 – 30 Minuten ziehen lassen. Danach vorsichtig durch ein Passiertuch oder Haarsieb geben, mit Madeira, Sherry, Salz, Zucker abschmecken und auf tiefen Tellern mit Klößchen, Ravioli und Gemüse oder Pilzen nach Wahl servieren.

PERLHUHNESSENZ MIT PERLHUHNNOCKEN UND BONBONS

Rezept für 4 Personen

Die Zutaten

für die Essenz:
Von 2 – 3 Perlhühnern die Karkassen und Abschnitte (Haut und Fett)
100 g Karottenwürfel
100 g Selleriewürfel
150 g Zwiebelwürfel
1,5 l Geflügelbrühe
0,1 l Rotwein
1 EL Tomatenmark
1 weiche, kleingeschnittene Tomate
1 Kräutersträußchen (Petersilie, Lorbeerblatt, Thymianzweig, Knoblauchzehe)
2 cl Madeira
1 cl Sherry
1 Prise Zucker
Salz, Pfeffer, Muskat

für das Klärfleisch:
400 g Perlhuhnkeule ohne Knochen
1 – 2 Eiweiß
100 g Lauch
100 g Karotten
40 g Petersilie
1 weiche Tomate
1 Lorbeerblatt
Salz, Pfeffer, Muskat

für die Farce:
150 g Perlhuhnbrust ohne Haut und Sehnen
1 Eiweiß
100 g Sahne
80 g Pfifferlinge, geputzt und gewaschen
1 EL Olivenöl
1 EL Karottenwürfel
1 EL Kohlrabiwürfel
1 EL Selleriewürfel
1 EL Lauchwürfel
etwas gehackter Thymian und Petersilie
Salz, Pfeffer

Nudelteig (siehe Seite 118)

Suppen, Kaltschalen

Den Steinbutt waschen und säubern. Kopf und Flossen mit einem Sägemesser abschneiden, danach den Steinbutt der Länge nach durch das Rückgrat teilen. Die Steinbutthälften nun in ca. 2 cm dicke kotelettartige Scheiben schneiden und kalt stellen.

Die Steinbuttbäckchen mit einem spitzen Messer aus dem Kopf lösen und für eine Suppe oder zum Braten aufbewahren, die Kiemen entfernen. Kopf, Flossen, Bauchlappen und Abschnitte kurz wässern, auf ein Sieb geben, mit Küchenkrepp trocken tupfen und in Olivenöl in einem Topf anbraten. Die äußeren Blätter der Fenchelknolle entfernen. Aus dem Fenchelherz ca. 3 mm dicke Scheiben schneiden und abgedeckt beiseite stellen.

Die äußeren Blätter des Fenchels sowie Kirschtomaten, Schalotten und Gemüse grob zerkleinern und zu den Steinbuttkarkassen geben. Kurz anschwitzen. Tomatenmark, Kräuter und Weißwein und Wasser zugeben, gut durchrühren und für ca. 20 Minuten bei 180 Grad in den Backofen stellen. Von Zeit zu Zeit umrühren. Den Saucenansatz aus dem Ofen nehmen, vorsichtig durch ein Passiertuch oder ein Haarsieb geben, mit Pernod, Noilly Prat, Salz und der Prise Cayenne abschmecken und je nach Konsistenz mit etwas angerührter Kartoffelstärke leicht binden.

Die Steinbuttkotelett würzen, in Olivenöl von beiden Seiten anbraten und für 3 – 4 Minuten bei 180 Grad in den Backofen stellen.

In der Zwischenzeit die Fenchelscheiben leicht salzen und in einer beschichteten Pfanne in Olivenöl goldbraun braten. Den Fenchel auf Teller verteilen, mit dem Rosmarinjus angießen und die Steinbuttkoteletts darauf verteilen. Mit Kartoffeln oder Kartoffelpüree servieren.

Rezept für 4 Personen

Die Zutaten:

1	Steinbutt 1,8 – 2 kg, wie gewachsen
2	Fenchelknollen
300 g	Kirschtomaten
2	Schalotten
120 g	Karotten
100 g	Staudensellerie
100 g	Stange Lauch (nur der weiße Teil)
1 EL	Tomatenmark
8 cl	Olivenöl
0,3 l	Weißwein
1 l	Wasser
6 cl	Noilly Prat
1 cl	Pernod
1	Thymianzweig
1 kl. Bd.	Rosmarin
1 Prise	Cayenne
1/2 TL	Kartoffelstärke
Salz	

STEINBUTTKOTELETT AUF

Fenchel

MIT ROSMARINJUS

Fische, Krustentiere

141

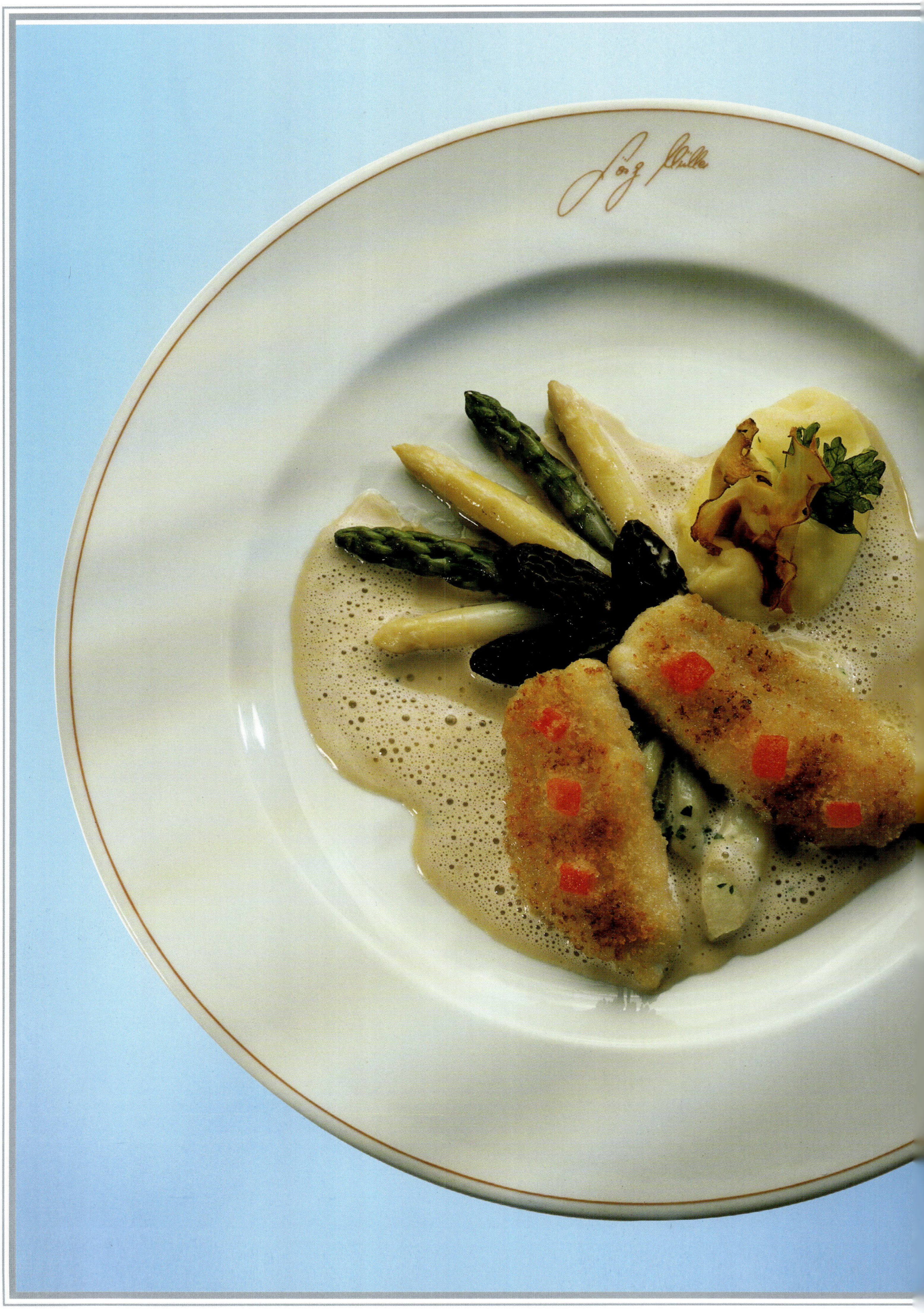

Rezept für 4 Personen

Die Zutaten

12	Seezungenfilets à 50 – 60 g
1 gr. Tasse	Weißbrotkrumen
100 g	halbflüssige Butter
0,1 l	Weißwein
1 kg	Spargel
	Zucker
20 g	Butter
	Salz

für die Sauce:

50 g	getrocknete Spitzmorcheln
1	gehackte Schalotte
50 g	Butter
200 g	Sahne
2 cl	Weinbrand
1 EL	Mehl
2 EL	geschlagene Sahne
1	Schuss trockener Sekt

Für die Sauce die Spitzmorcheln in ca. 0,5 l lauwarmem Wasser 1 Stunde einweichen. Aus dem Wasser nehmen, ausdrücken und je nach Größe längs halbieren und mehrere Male gut waschen. Das Einweichwasser vorsichtig ohne Sandreste in einen Topf gießen und auf ein Drittel einkochen. Die gehackten Schalotten in Butter anschwitzen, das Mehl zugeben, mit dem Morchelsud, der Sahne und dem Weinbrand ablöschen, glatt rühren und ca. 10 Minuten am Herdrand köcheln lassen.
Morcheln in Butter anschwitzen, mit Salz und Pfeffer würzen, in die Sauce geben. Kurz vor dem Anrichten mit geschlagener Sahne und dem Sekt verfeinern.

Die Seezungenfilets würzen, die Innenseite mit flüssiger Butter bestreichen. Die gebutterte Seite auf die Brotkrumen setzen, leicht andrücken und mit den Krumen nach oben in eine gebutterte, feuerfeste Form legen. Über die Filets einige Butterflocken geben, etwas Weißwein angießen und unter dem Grill bei starker Oberhitze garen.
Den Spargel schälen, in Salzwasser mit etwas Zucker und 20 g Butter nicht zu weich kochen.
Sauce auf die Teller verteilen, Seezungenfilets darauf anrichten und mit Spargel und Petersilienkartoffeln servieren.

ÜBERBACKENE
Seezungenfilets
MIT SPARGEL
AUF MORCHELRAHMSAUCE

144

Rezept für 4 Personen

Die Zutaten

4	Tranchen vom Steinbuttrücken à 250 g
2 l	Wasser für den Sud
0,3 l	Weißwein
4 cl	Champagneressig
3 cl	weißer Balsamico
1 kl.	Zwiebel, mit 1 Lorbeerblatt und 3 Nelken gespickt
Salz	
einige Pfeffer- und Korianderkörner	

für das Nage-Gemüse:

1 St.	Staudensellerie
1	Karotte
1	Zucchini
1	Stange Lauch

für die Sauce:

0,2 l	Fischgrundsauce (siehe Seite 251)
30 g	Butter
6 cl	Champagner
1 EL	geriebener Meerrettich

Für den Sud Wasser, Wein, Essig, die gespickte Zwiebel und die Gewürze zum Kochen bringen und mit Salz würzen. Die Gemüse waschen. Karotte schälen, Lauch in Ringe, den Staudensellerie häuten und in längliche Scheibchen schneiden. In Karotte und Zucchini mit einem Ziseliermesser längliche Kerben einritzen. Die beiden Gemüse in 3 mm dicke, sternförmige Scheiben schneiden. Die Steinbuttstücke salzen, in den kochenden Sud legen und abgedeckt ohne zu kochen ziehen lassen. Nach 8 Minuten die vorbereiteten Gemüse (außer Zucchini) zugeben und weitere 6 Minuten garen. Kurz vor dem Anrichten die Zucchini dazugeben.
Den Fisch herausnehmen und mit dem Gemüse garnieren.
Die Fischgrundsauce erhitzen, Meerrettich und Butter mit einem Stabmixer unterrühren und mit Champagner abschmecken. Die Sauce zum Fisch servieren.

Beilagenvorschlag:
Petersilienkartoffeln oder Wildreis.

POCHIERTER
Steinbuttrücken
AUF NAGE-GEMÜSE
MIT MEERRETTICH-CHAMPAGNER-SAUCE

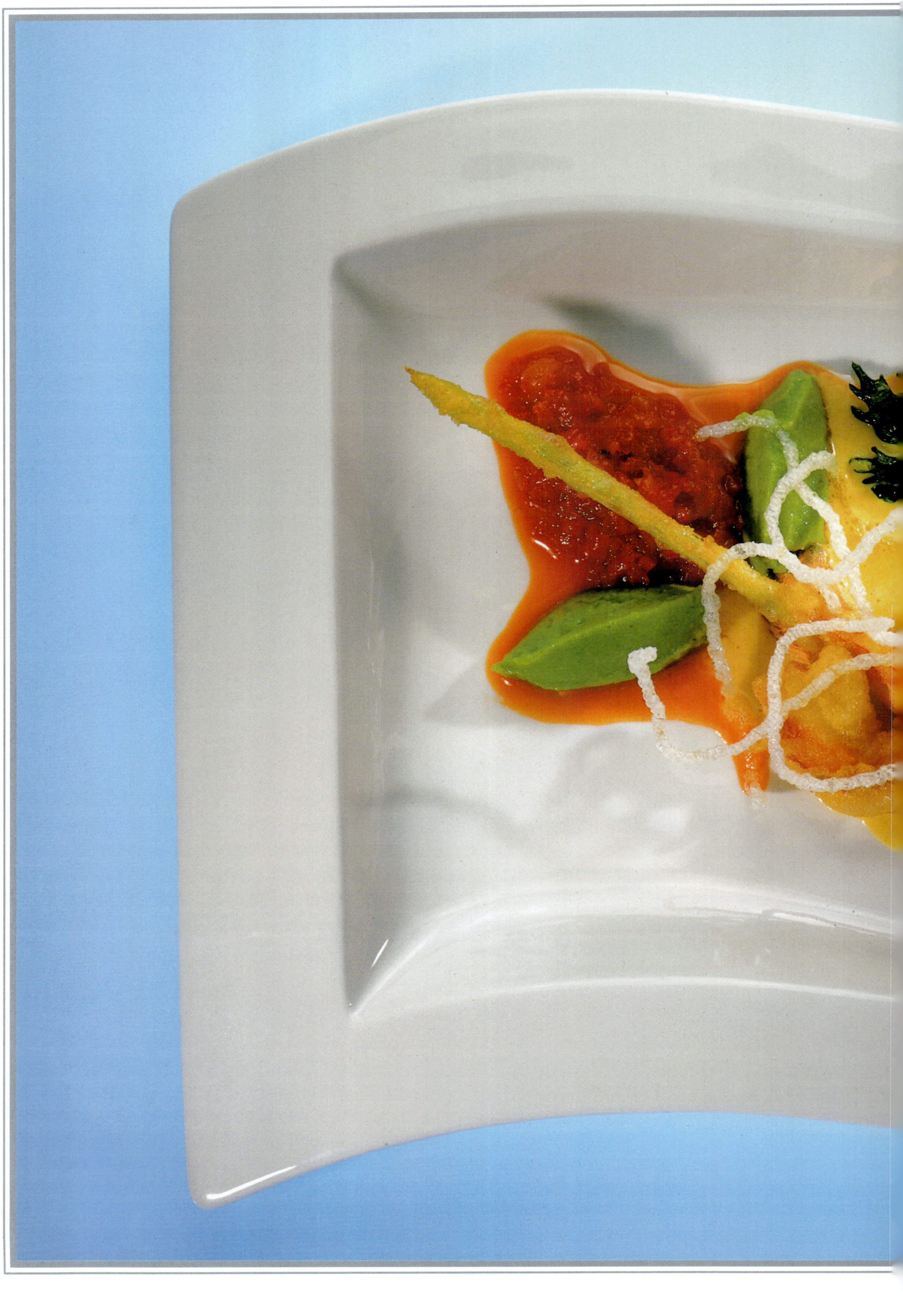

SEETEUFELRÜCKEN UND GEBACKENE *Garnelen* **AUF ZITRONENGRASSAUCE**

SEETEUFELRÜCKEN UND GEBACKENE GARNELEN AUF ZITRONENGRASSAUCE

Für das Zuckererbsenpüree die Schalotten in Butter glasig anschwitzen, die Zuckererbsen zugeben und mit der Sahne gut verkochen. Die Masse in der Moulinette fein pürieren, durch ein Haarsieb streichen, würzen und warm stellen.

Für das Paprikakompott die Paprika in Segmente schneiden, entkernen und mit einem Sparschäler dünn schälen.
In kleine Würfel schneiden und in Olivenöl anschwitzen. Mit etwas weißem Portwein ablöschen, würzen und abgedeckt weich garen.

Vom Zitronengrasbund 4 schöne Halme für den Garnelenspieß beiseite legen, den Rest in kleine Stücke schneiden. Die Zitronenblätter in Streifen schneiden. Schalotten in feine Würfel, Apfel, Ananas und Pfirsich in Stücke schneiden.
Schalotten und Zitronengras in Olivenöl anschwitzen, die Früchte zugeben und mit Curry abschmecken. Orangensaft, Geflügelfond und Kokosmilch aufgießen und 10 – 12 Minuten kochen.
Crème double zugeben und im Mixer fein pürieren, durch ein Haarsieb streichen und mit Salz und Cayenne würzen.

Seeteufel in 8 Medaillons schneiden, würzen und mehlieren und in Olivenöl von beiden Seiten 2 – 3 Minuten anbraten. Die Garnelen halbieren, auf die Zitronengrasspieße stecken, leicht mehlieren und durch den Tempurateig ziehen. In schwimmendem Fett knusprig ausbacken.
Die Reisnudeln im schwimmenden Fett kurz ausbacken und leicht salzen.
Die Petersilienblätter ebenfalls ausbacken und beides auf ein Küchenkrepp legen.

Die Zitronengrassauce aufschäumen, auf Teller nappieren und mit Paprikakompott und Erbsenpüree garnieren.
Seeteufel und Garnelenspieß mit den gebackenen Reisnudeln darauf anrichten.

Rezept für 4 Personen

Die Zutaten

700 g	Seeteufelmedaillon ohne Haut und Sehnen
8	Garnelenschwänze
100 g	Reisnudeln
1 kl. Bd.	Blattpetersilie
	Tempurateig für die Garnelen (siehe Seite 255)
	Mehl

für die Zitronengrassauce:

1 kl. Bd.	Zitronengras
1 – 2	Zitronenblätter
1 – 2	Schalotten
1 kl.	Apfel
1	Pfirsichhälfte
1	Scheibe Ananas
	Saft von 1 Orange
0,2 l	heller Geflügelfond
5 cl	Kokosmilch aus der Dose
100 g	Crème double
1 TL	Currypulver
1 Prise	Cayenne
	Olivenöl
	Salz

für das Zuckererbsenpüree:

250 g	Zuckererbsen
1 EL	gehackte Schalotten
50 g	Butter
60 g	Sahne
1 Prise	Salz

für das Paprikakompott:

2	reife rote Paprika
2 EL	Olivenöl
6 cl	weißer Portwein
	Salz, Pfeffer

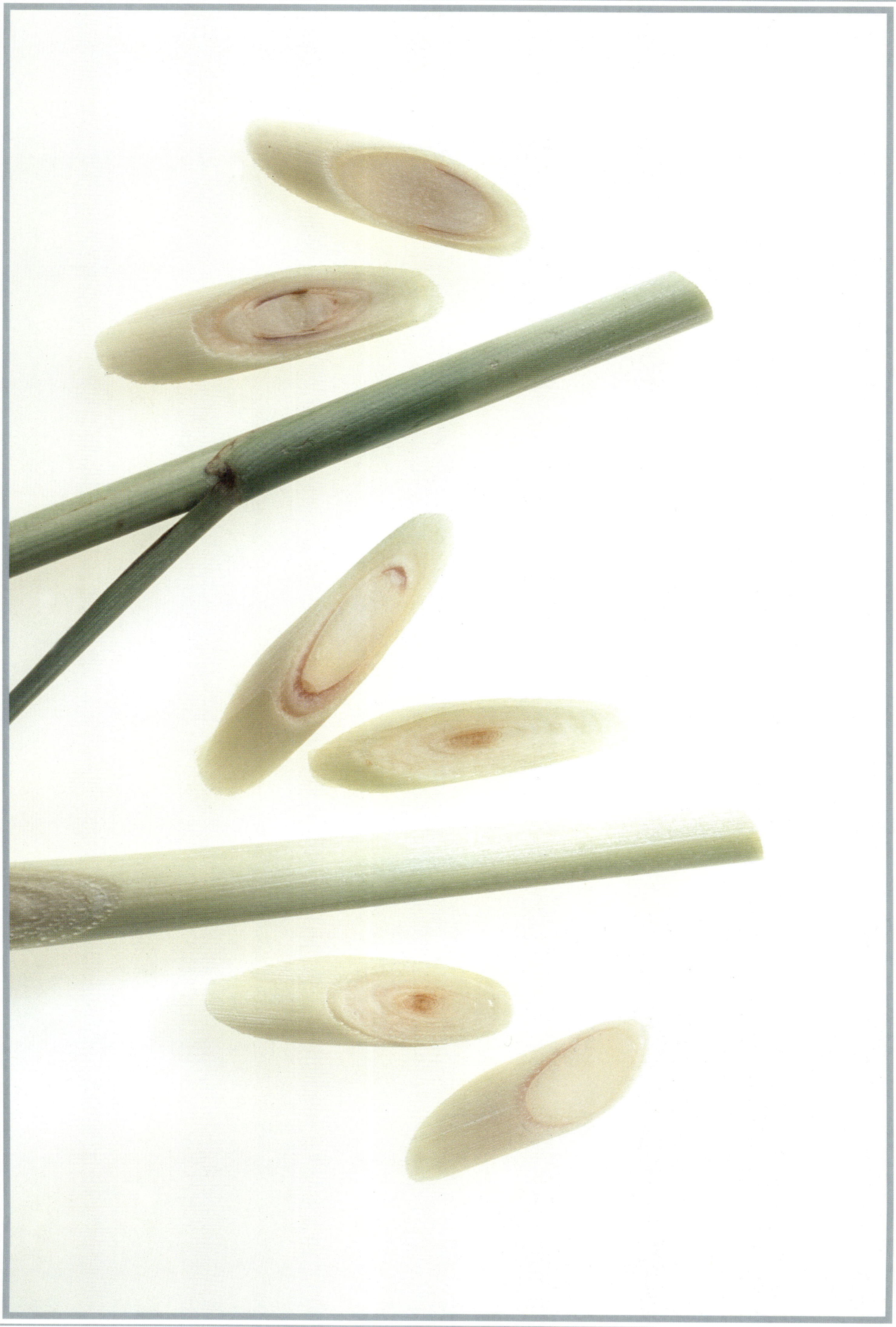

Die Flossen der Rotbarben mit einer Küchenschere abtrennen und die Schuppen mit einem Messerrücken entfernen. Die Fische ausnehmen, Köpfe abschneiden und die Bauchhöhle auswaschen. Anschließend die Rotbarben vom Rücken aus filetieren. Die Gräten mit einer Pinzette sorgfältig entfernen. Den Fisch kalt stellen.

Brunnenkresse und Kopfsalat putzen und waschen. Von der Kresse die Blätter und vom Kopfsalat die grünen Blätter zupfen. Die gezupften Blätter in kochendem Salzwasser kurz blanchieren, in Eiswasser kurz abschrecken und anschließend in einem Tuch gründlich ausdrücken. Die Blätter in der Moulinette fein pürieren und durch ein Sieb streichen.

Die jeweils zusammengehörenden Rotbarbenfilets salzen und wieder zusammensetzen. Diese Filets in eine mit Olivenöl ausgefettete Pfanne geben und für ca. 4 – 5 Minuten bei 180 Grad in den Backofen schieben.
Während dieser Zeit die Hälfte der Weißweinsauce aufkochen.
Das Kopfsalat-Kresse-Püree zugeben, Sauce Hollandaise sowie die geschlagene Sahne unterheben und mit Salz und Pfeffer abschmecken. Den Kopfsalat-Kresse-Schaum auf Teller verteilen und die gegarten Rotbarben aufsetzen.
Die restliche Fischgrundsauce erhitzen, mit der Butter und mit dem Champagner verfeinern und mit dem Stabmixer sorgfältig aufschäumen.
Die Champagnersauce um den Kresse-Schaum verteilen.

Rezept für 4 Personen

Die Zutaten

4	Rotbarben à ca. 200 g
1	Kopfsalat
1 Bd.	Brunnenkresse
0,2 l	Fischgrundsauce (siehe Seite 251)
0,1 l	Sauce Hollandaise (siehe Seite 254)
50 g	geschlagene Sahne
1	Schuss Champagner

kalte Butterwürfel
Olivenöl
Salz, Pfeffer

Rotbarbe
AUF KOPFSALAT-KRESSE-SCHAUM

Fische, Krustentiere

151

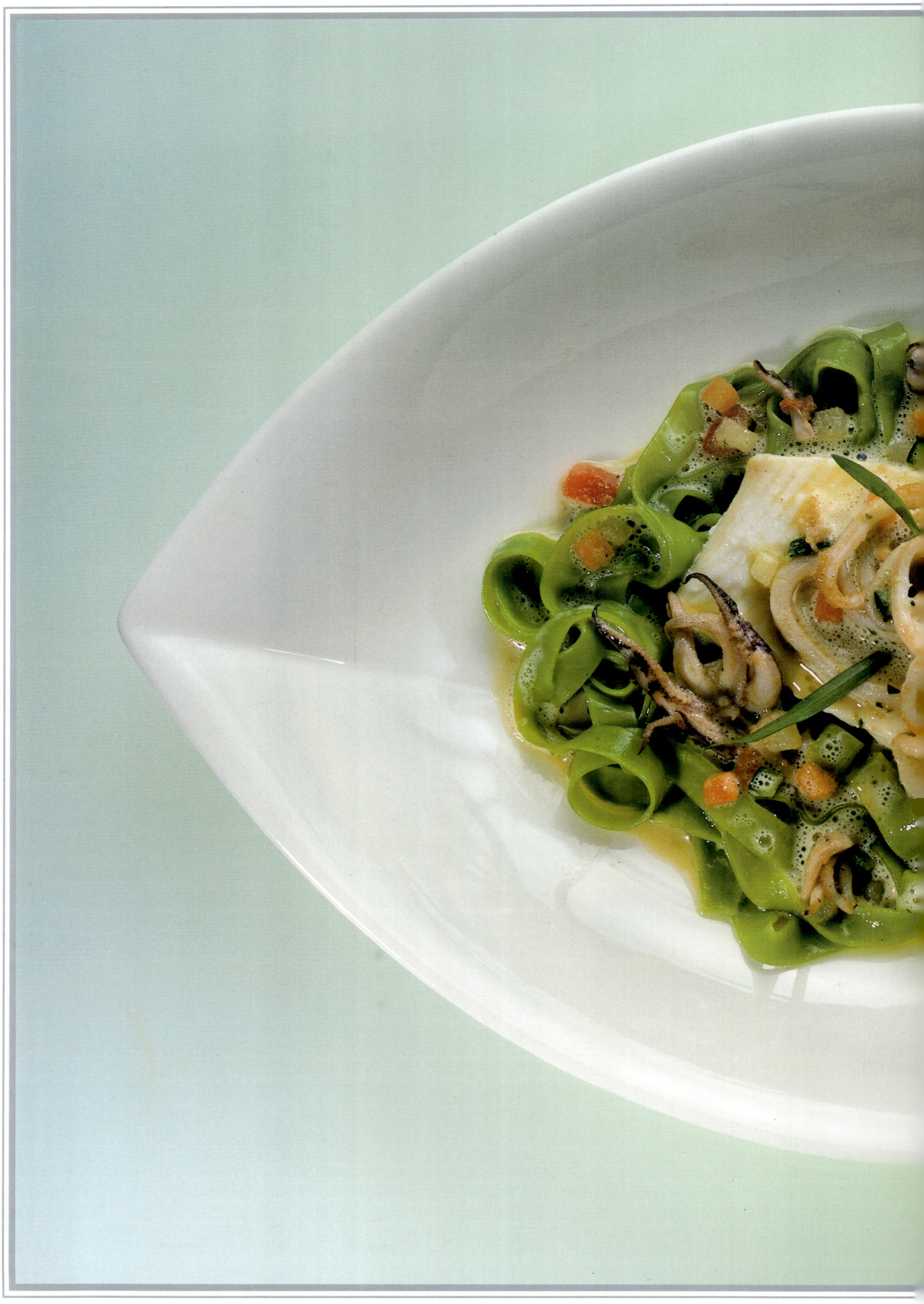

WEISSER
Heilbutt
**MIT CALAMARETTI
IN ESTRAGON-SUD**

WEISSER HEILBUTT MIT CALAMARETTI IN ESTRAGON-SUD

Die Calamaretti putzen, den Kopf mitsamt den Fangarmen mit einer drehenden Bewegung aus dem Körper ziehen. Das durchsichtige Skelett muss mit entfernt werden. Mit einem scharfen Messer die Fangarme hinter den Augen abtrennen und das Gebiss herausschneiden.

Die tubenförmigen Tintenfischkörper gut waschen, die schwarze Haut entfernen und mit Küchenpapier trocken tupfen. Die Tuben in feine Ringe schneiden und die Fangarme in einzelne Arme zerteilen. Beides mit Olivenöl, dem Rosmarin, Thymian sowie dem Knoblauch zugedeckt marinieren.

Die Gemüse waschen, putzen bzw. schälen, in ca. 3 – 4 mm starke Würfelchen schneiden und in Salzwasser getrennt bissfest blanchieren.

Die Tomaten in kochendes Wasser tauchen, häuten, Kernhaus entfernen und das Fruchtfleisch ebenfalls in Würfel schneiden. Die Petersilie waschen, fein hacken und den Schnittlauch in feine Ringe schneiden.

Aus dem Nudelteig mit Hilfe einer Nudelmaschine Bandnudeln herstellen und auf einem bemehlten Blech kurz antrocknen lassen.

Für den Estragon-Sud die Schalotten schälen, in feine Streifen schneiden und in Butter glasig anschwitzen. Den Estragon waschen und klein schneiden, einige schöne Spitzen für die Garnitur zurücklegen. Den Estragon zu den Schalotten geben, ebenfalls mit angehen lassen; danach mit Noilly Prat und Weißwein ablöschen. Die Flüssigkeit fast vollständig einkochen und mit dem Fischfond aufgießen. Den Schalotten-Estragon-Ansatz bei kleiner Flamme auf 0,2 l reduzieren, durch ein Haarsieb passieren, mit dem Stabmixer kalte Butterwürfel unterrühren. Mit Salz und Pfeffer abschmecken.

Die Nudeln in Salzwasser weich kochen. In der Zwischenzeit das Heilbuttfilet in vier Stücke teilen, salzen und im gewürzten Fischfond 3 – 5 Minuten glasig pochieren.

Die Calamaretti in einer sehr heißen Pfanne kurz und scharf anbraten. Gemüse, Tomatenwürfel und Kräuter zugeben, schwenken und mit Salz und Pfeffer würzen.

Die gekochten Nudeln auf ein Sieb geben, abtropfen lassen und in Butter schwenken. Auf die vorgewärmten Teller verteilen. Den Estragon-Sud mit einem Stabmixer aufschäumen und über die Nudeln verteilen. Die Heilbuttfilets darauf setzen und mit den Calamaretti und Estragonspitzen garnieren.

Rezept für 4 Personen

Die Zutaten

500 g	weißes Heilbuttfilet
250 g	Calamaretti
	Olivenöl
1	Thymianzweig
1	Rosmarinzweig
2	Knoblauchzehen
1	Karotte
1	Zucchini
2	Stangen Sellerie
2	Tomaten
1 Bd.	Schnittlauch
1 Bd.	Blattpetersilie
	grüner Nudelteig (siehe Seite 252)
ca. 150 g	Schalotten
50 g	Butter
1 Bd.	Estragon
5 cl	Noilly Prat
0,1 l	Weißwein
0,3 l	Fischfond (siehe Seite 251)
100 g	kalte Butter
	Salz, Pfeffer
	etwas Sherry
0,5 l	Fischfond zum Pochieren (siehe Seite 251)

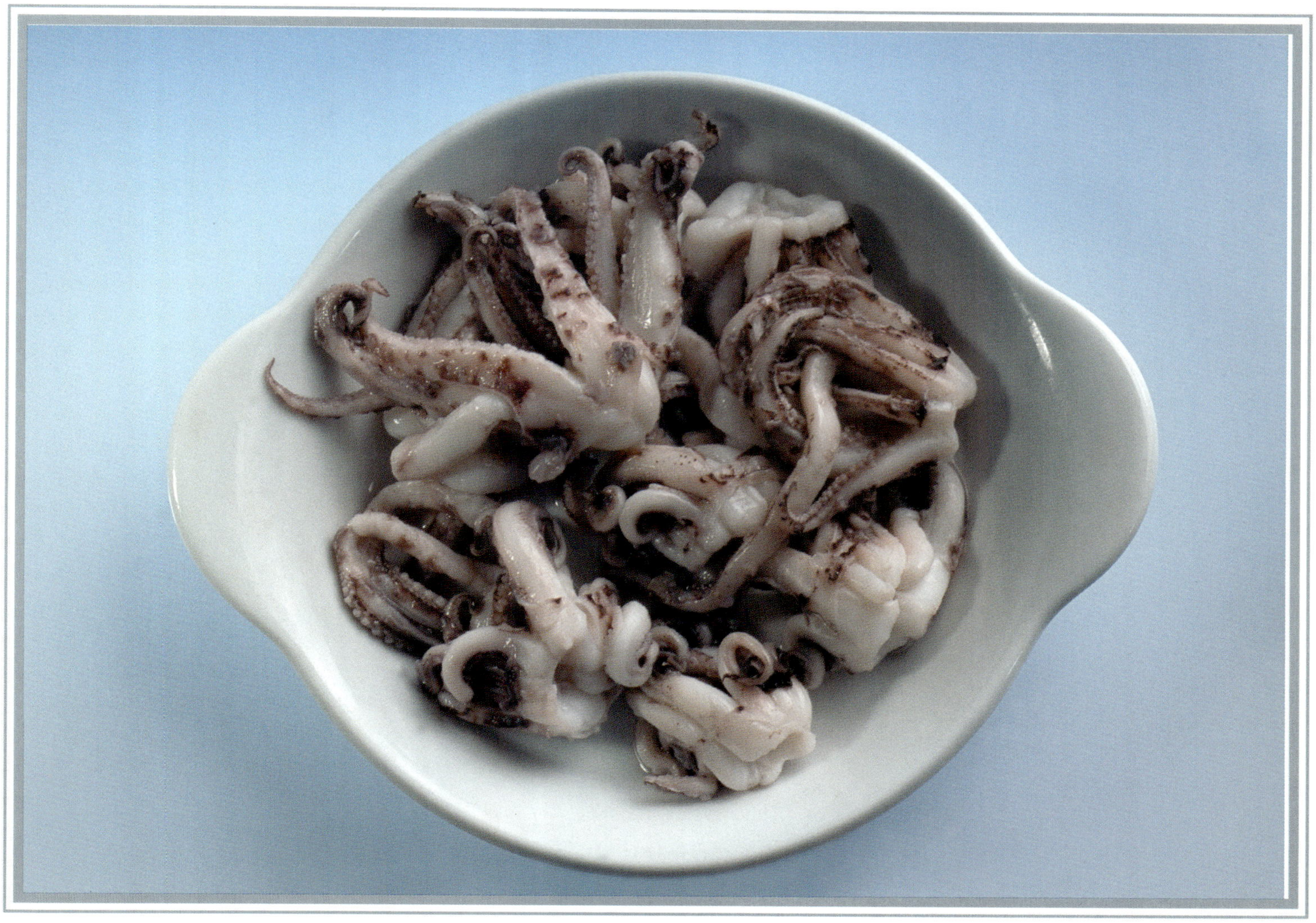

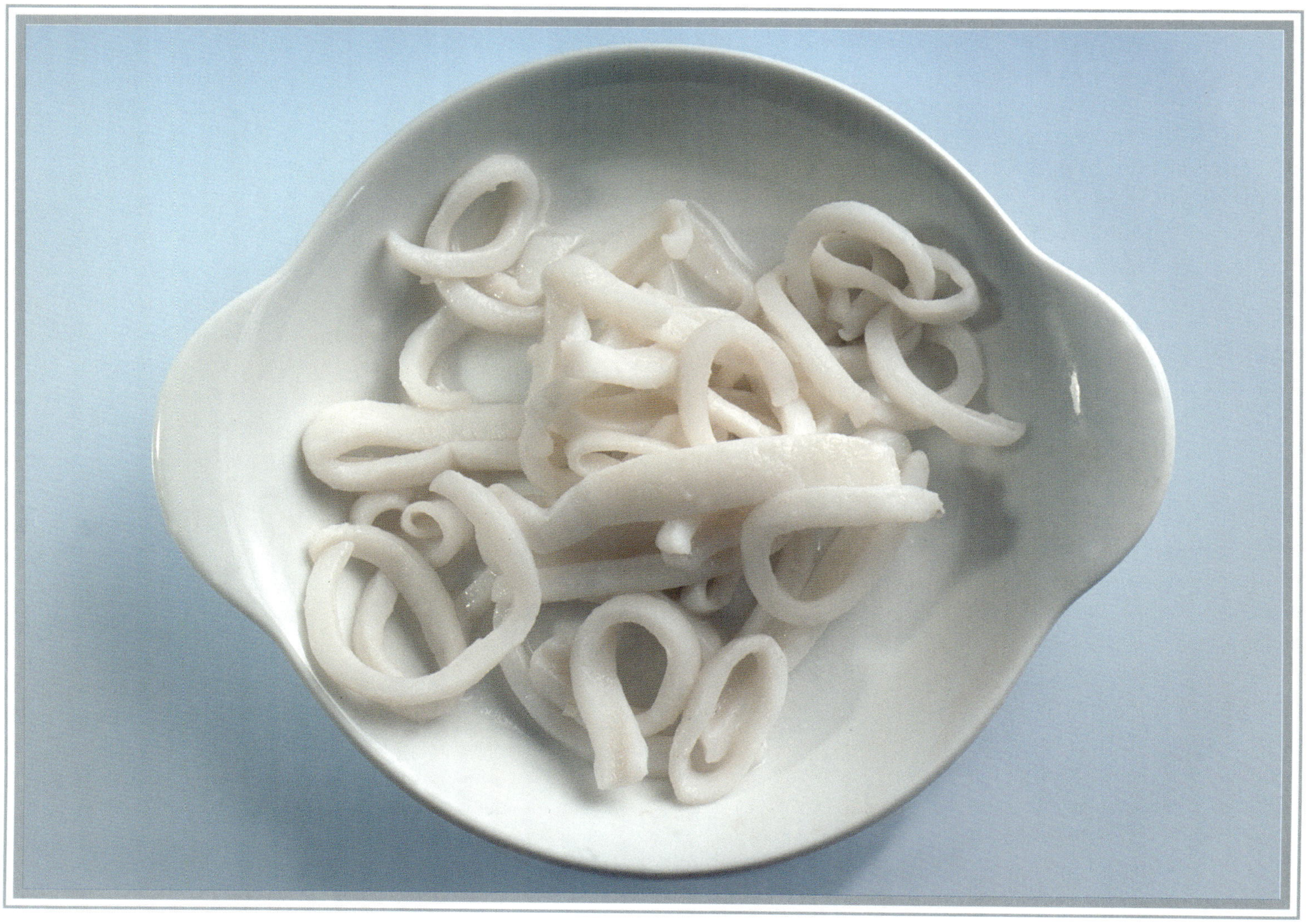

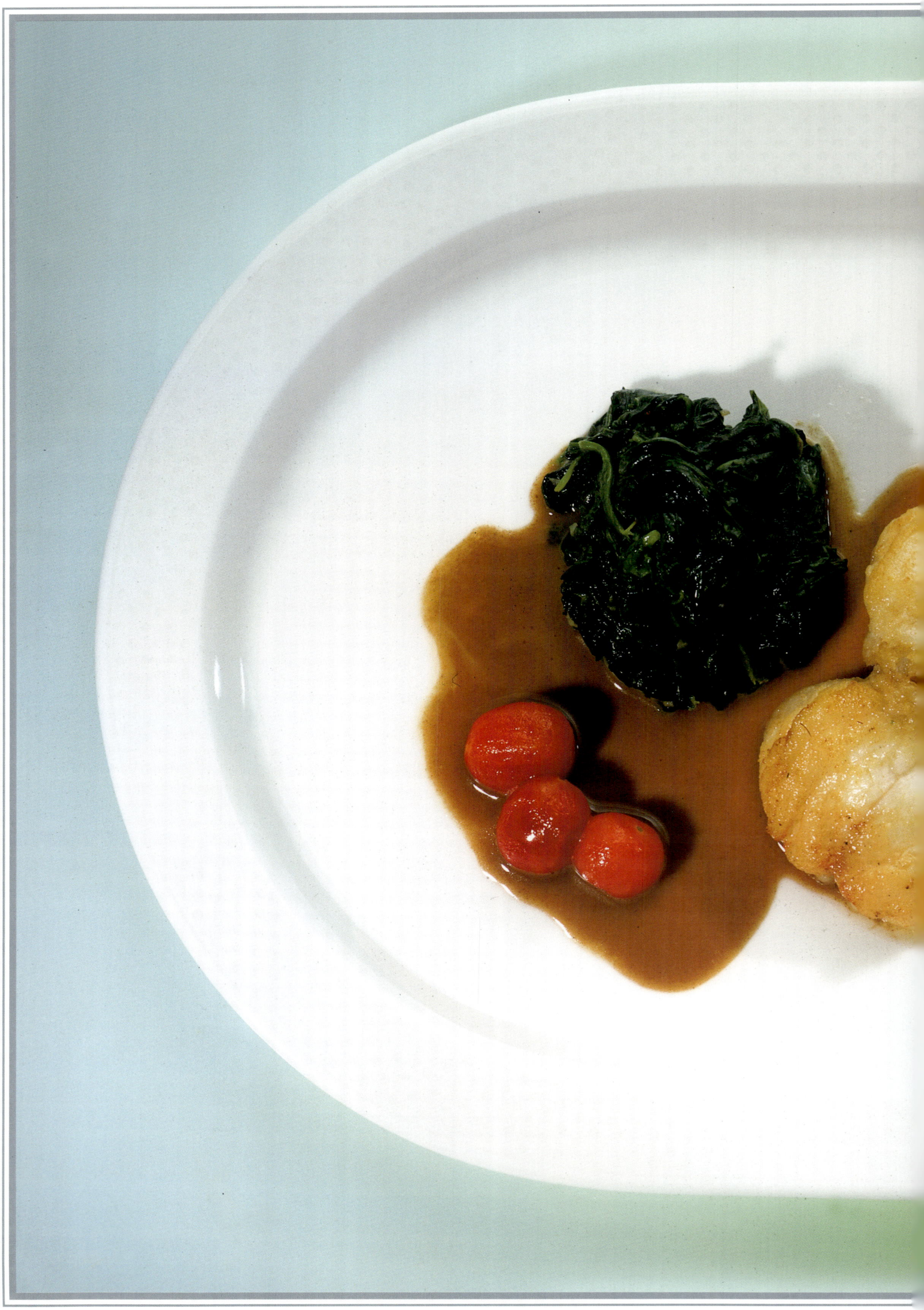

SEETEUFEL-
Kotelett
IN BALSAMICO-BUTTER

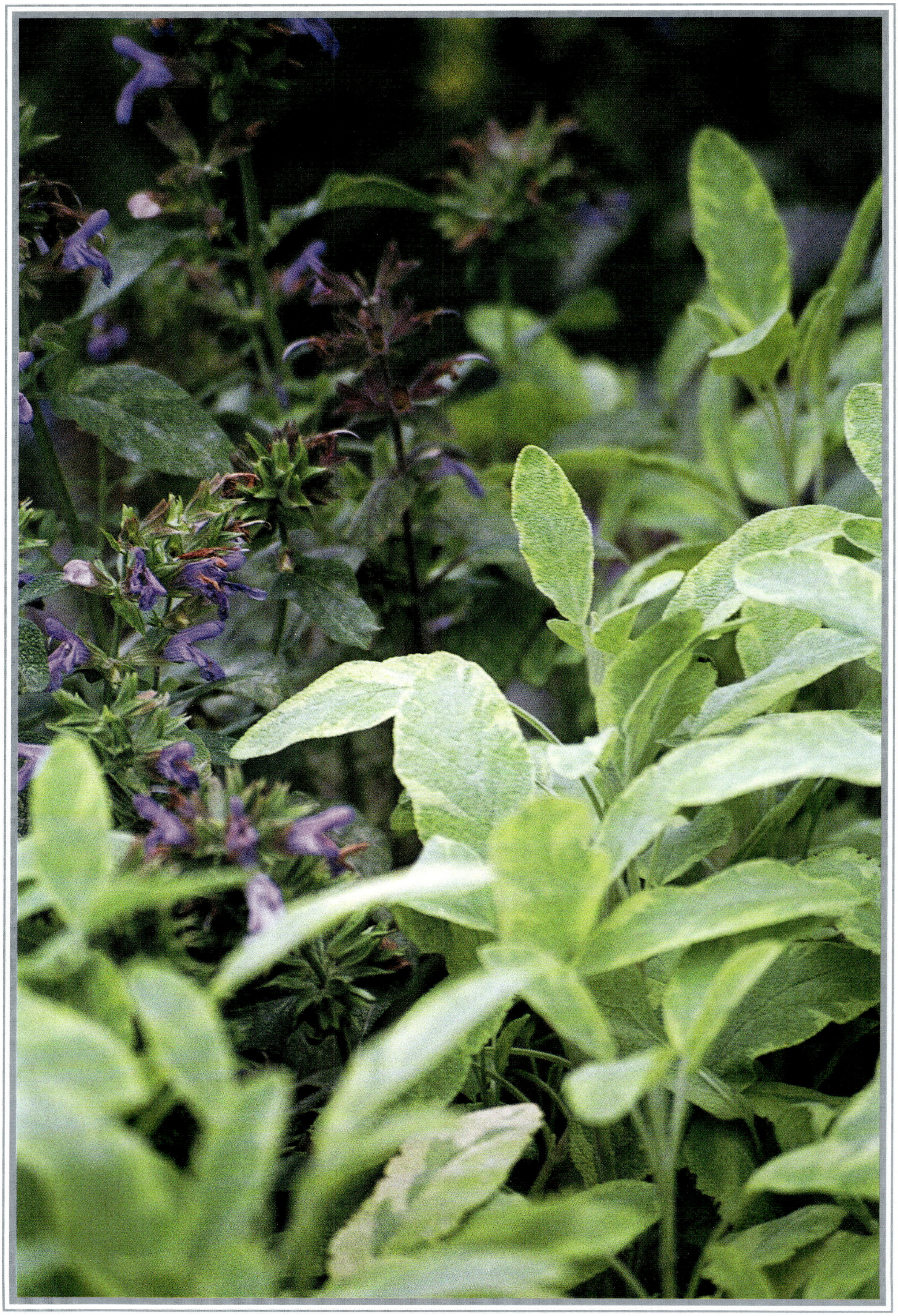

Der Seeteufel

Der atlantische Seeteufel, eigentlich Lotte de mer, ist wohl der hässlichste unter den Speisefischen, weshalb er hierzulande meist kopflos serviert wird. Aus der Bauchspeicheldrüse des wohlschmeckenden Knochenfischs mit dem ausgezeichneten Schwanzfleisch wurde übrigens 1921 das erste Insulin gewonnen.

Kräuter

In fast allen Kulturen sind Kräuter schon seit Jahrtausenden Heil-, Würz- und Lebensmittel. Gourmets können mit diesem Aromengeschenk der Natur ihrer Würzfantasie freien Lauf lassen. Entscheidend für den jeweiligen Geschmack sind neben der Kräuterart auch Menge und Zeitpunkt der Zugabe.

Das beste Aroma entfalten Kräuter frisch geerntet, außerdem enthalten sie dann auch die meisten Wirkstoffe. Doch auch in getrockneter Form bewahren die Kräuter ihre Würzkraft.

Rezept für 4 Personen

Die Zutaten

800 g	gehäuteter Seeteufelrücken
0,1 l	Weißwein
0,3 l	Fischfond (siehe Seite 251)
100 g	temperierte Butter
2	zerkleinerte Knoblauchzehen
3	Thymianzweige
1	Rosmarinzweig
4	Salbeiblätter
2 – 3 EL	alter Balsamico
50 g	kalte Butterwürfel
1 Prise	Zucker
	Salz, Pfeffer
	etwas Mehl

Übrigens haben wir viele unserer Küchenkräuter Karl dem Großen zu verdanken, der verfügte, dass die Kräuter, die er auf seinen Reisen in den Küchen fremder Länder genießen durfte, in seinem Reich angebaut werden sollten.

Den Seeteufel in 4 Tranchen schneiden und mit Salz und Pfeffer würzen. Weißwein und Fischfond auf ca. ein Drittel reduzieren.
Einen Topf stark erhitzen und die weiche Butter darin bräunen.
Die Fischstücke mehlieren und in der braunen Butter anbraten.
Knoblauchzehen und Kräuter zugeben und alles im Backofen bei ca. 180 Grad 5 Minuten garen. Die Fischstücke herausnehmen und abgedeckt warm stellen. Den Bratensatz mit Balsamico und dem reduzierten Fischfond ablöschen, kurz aufkochen und durch ein Haarsieb passieren. Die Sauce abschmecken. Mit einem Stabmixer die kalte Butter unterrühren (zur Bindung) und die Sauce zum Fisch servieren.

Beilage:
Blattspinat und Kartoffeln oder Wildreis.

SEETEUFEL-KOTELETT IN BALSAMICO-BUTTER

Jakobsmuscheln
IN NOILLY PRAT

Fische, Krustentiere

Die Jakobsmuschel

Die Jakobsmuschel ist neben der Auster die wohl schmackhafteste Muschel. Sie zeichnet sich durch ihr sehr sättigendes, besonders festes Fleisch, weiße Nuss genannt, aus. Es wird zusammen mit dem orangefarbenen bis tiefroten Corail, dem Rogen, verzehrt. Aus ihrer schönen, fächerartigen Schale, die gerne als "Teller" für Ragouts und Salate verwendet wird, soll einst Aphrodite dem Meer entstiegen sein.

JAKOBSMUSCHELN IN NOILLY PRAT

Rezept für 4 Personen

Die Zutaten

2,5 kg	frische Jakobsmuscheln in der Schale oder 340 g Jakobsmuschelfleisch	0,2 l Crème fraîche	
50 g	Butter	120 g kalte Butterwürfel	
0,1 l	Fischfond (siehe Seite 251)	1 Spritzer Limonensaft	
0,1 l	Noilly Prat	1 Prise Cayenne	

0,2 l   Crème fraîche
120 g   kalte Butterwürfel
1   Spritzer Limonensaft
1 Prise Cayenne
1   Schuss Champagner oder Sekt
Salz, Pfeffer aus der Mühle

für die Garnitur:

1 EL   Karottenwürfel
1 EL   Lauchwürfel
1 EL   Staudenselleriewürfel
etwas Schnittlauch

Die Muscheln aufbrechen, das Fleisch mit Rogen herauslösen, den zähen Muskel entfernen, waschen. Das weiße Muschelfleisch in 4 mm dicke Scheiben schneiden, mit Salz und Pfeffer würzen. Die Rogen kurz in kochendem Salzwasser garen. Etwas Butter in einer Stielkasserolle erhitzen, Muschelfleisch zugeben, mit Fischfond und Noilly Prat auffüllen und am Herdrand abgedeckt 1 Minute ziehen lassen. Die glasig pochierten Muscheln herausnehmen, auf einen Teller geben und abdecken.

Den Muschelkochfond auf ein Drittel reduzieren, Crème fraîche zugeben. Die Butterwürfel mit dem Stabmixer unterrühren, mit Limonensaft, etwas Salz, Cayenne und Champagner abschmecken.

Die noch warmen Muscheln auf heiße Suppenteller verteilen, darüber die leichte, schaumig geschlagene Noilly-Prat-Sauce geben und mit den knackig gegarten Gemüsewürfeln, den Rogen und dem Schnittlauch garnieren.

Aus den Abschnitten von Zander und Lachs, Eiweiß und Sahne in der Moulinette eine Fischfarce herstellen. Die Gemüsewürfelchen in Salzwasser kurz garen, kalt abschrecken und auf einem Tuch gut abtropfen lassen, unter die Farce geben und abschmecken.

Die Kartoffeln waschen, schälen und in 2 cm große und 2 mm dicke Rauten schneiden. Lauch waschen und die grünen Blätter ebenfalls in gleich große Rauten schneiden. Getrennt in Salzwasser garen, in kaltem Wasser abschrecken und auf ein Sieb geben.

Die Spinatblätter in kochendem Salzwasser kurz blanchieren, kalt abschrecken und auf einem Tuch zu einer 40 x 30 cm großen Matte auslegen.

Das Lachsfilet würzen und auf einer Seite mit der Farce ca. 1 cm dick bestreichen. Anschließend mit der bestrichenen Seite auf die Mitte der Spinatmatte legen, das Zanderfilet würzen, darauf legen und nochmals mit Farce bestreichen.

Die Filets mit Spinat umhüllen und zu einer Roulade formen. Mit Alufolie einwickeln und 10 Minuten pochieren. Aus dem Wasser nehmen und 4 Minuten abgedeckt ruhen lassen.

Für die Sauce in einer Kasserolle die Butter mit Mehl anschwitzen, den Fischfond, Weißwein und Sahne sowie Crème fraîche darin glatt rühren und auf ca. 0,3 l einkochen. Die Sauce mit dem Rührstab aufschäumen, mit Noilly Prat, Pernod und Champagner oder Sekt abschmecken.

Die Kartoffel- und Lauchrauten in die Sauce geben und erhitzen und auf vorgewärmte Teller verteilen.

Die Lachsroulade aus der Folie nehmen, in ca. 1 cm dicke Scheiben schneiden und auf dem Kartoffel-Lauch-Ragout servieren.

Die Zutaten

240 g	Zanderfilet ohne Haut und Gräten
240 g	Lachsrückenfilet ohne Bauchlappen, Haut und Gräten
500 g	Kartoffeln
1	Stange Lauch
250 g	Spinatblätter ohne Stiele

für die Farce:

ca. 180 g	Zander- und Lachsabschnitte ohne Haut und Gräten
1	Eiweiß
150 g	Sahne
2 EL	Gemüsewürfel (Lauch, Karotte, Staudensellerie)

Salz, Pfeffer aus der Mühle

für die Sauce:

etwas Butter	
1 TL	Mehl
0,25 l	Fischfond
0,1 l	trockener Weißwein
100 g	Sahne
100 g	Crème fraîche
1	Schuss Champagner oder Sekt
1	Spritzer Noilly Prat
1	Spritzer Pernod

LACHS-ZANDER-
Roulade
AUF KARTOFFEL-LAUCH-RAGOUT

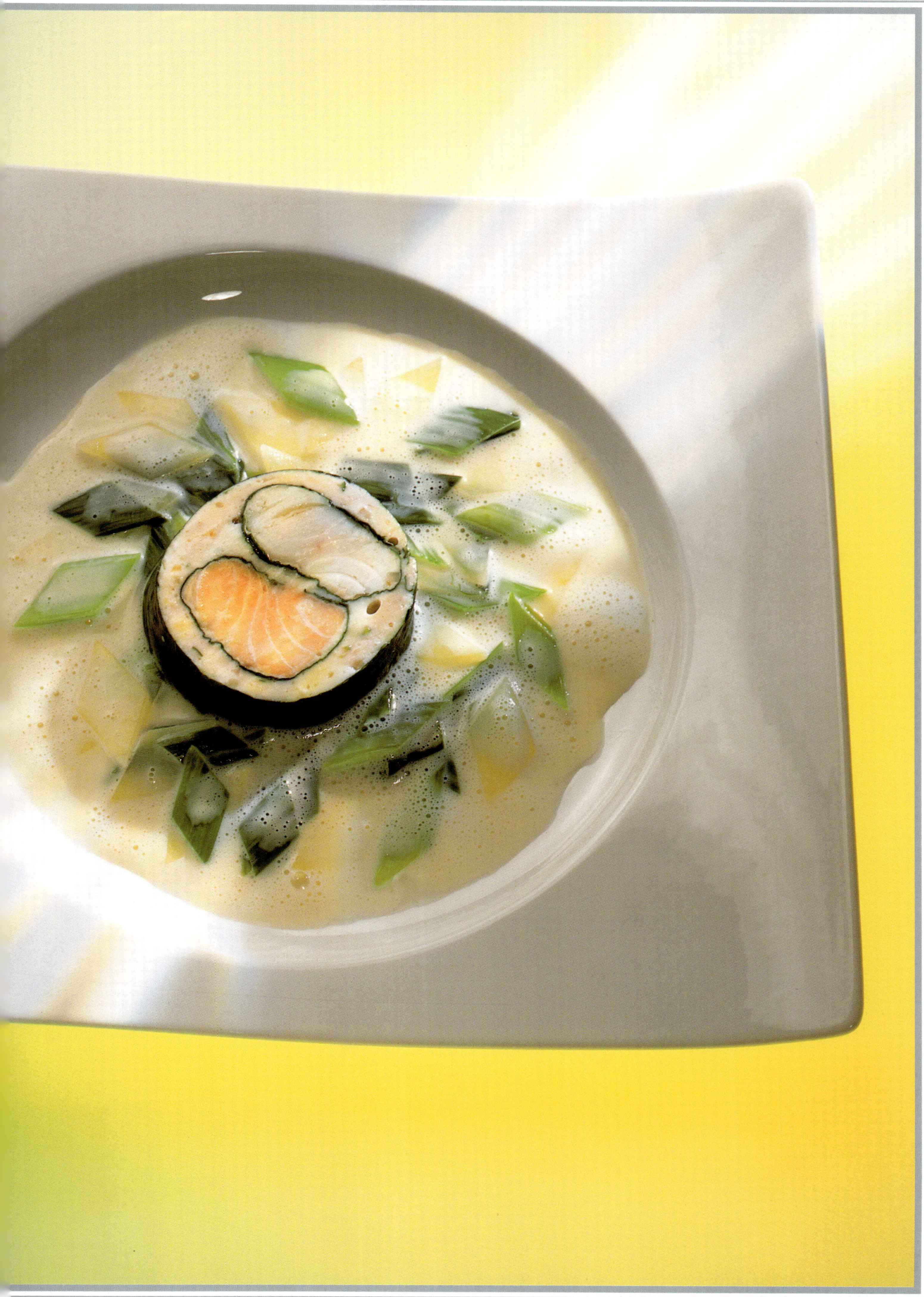

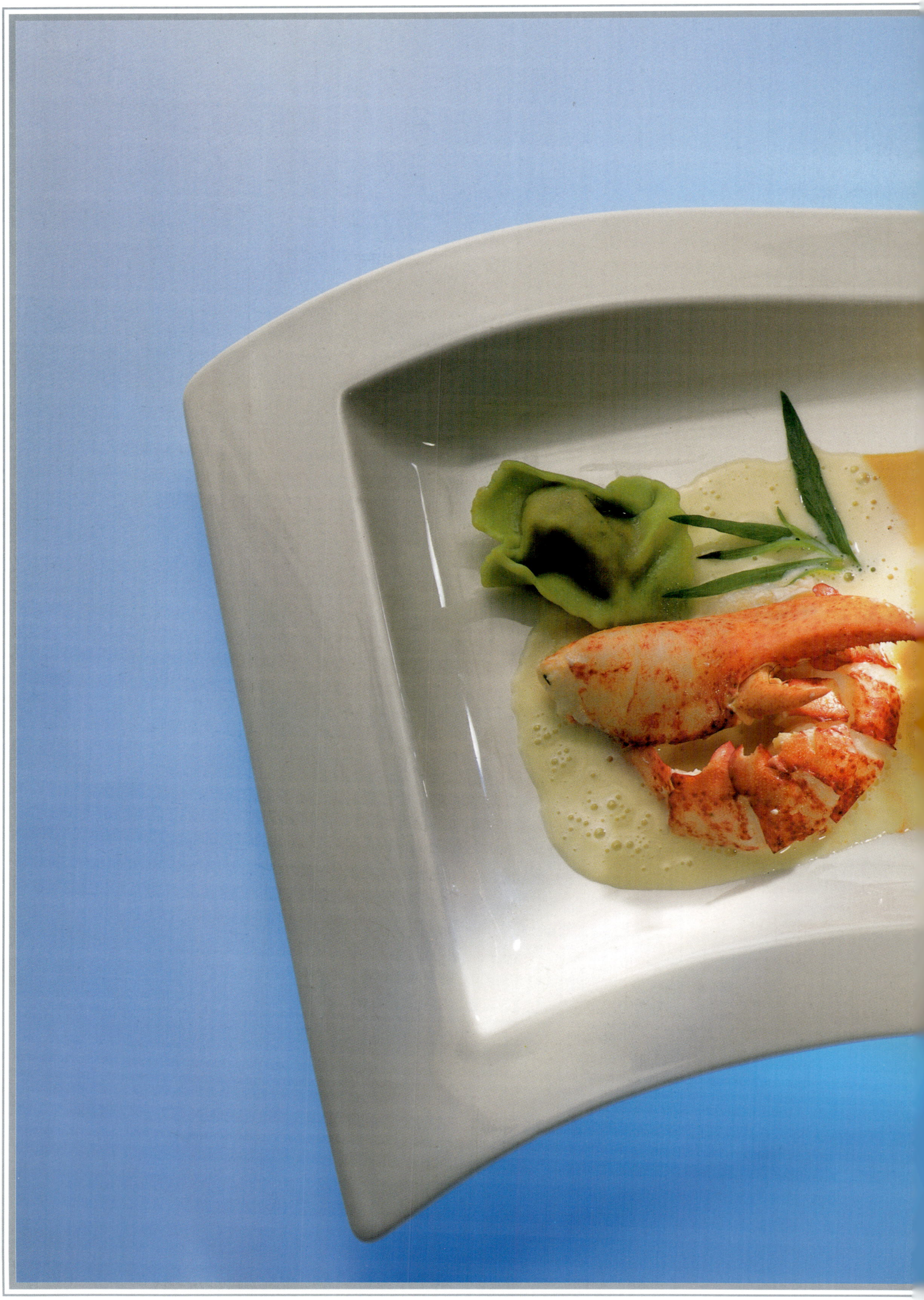

STEINBUTT UND
Hummer
IN ZWEI SAUCEN

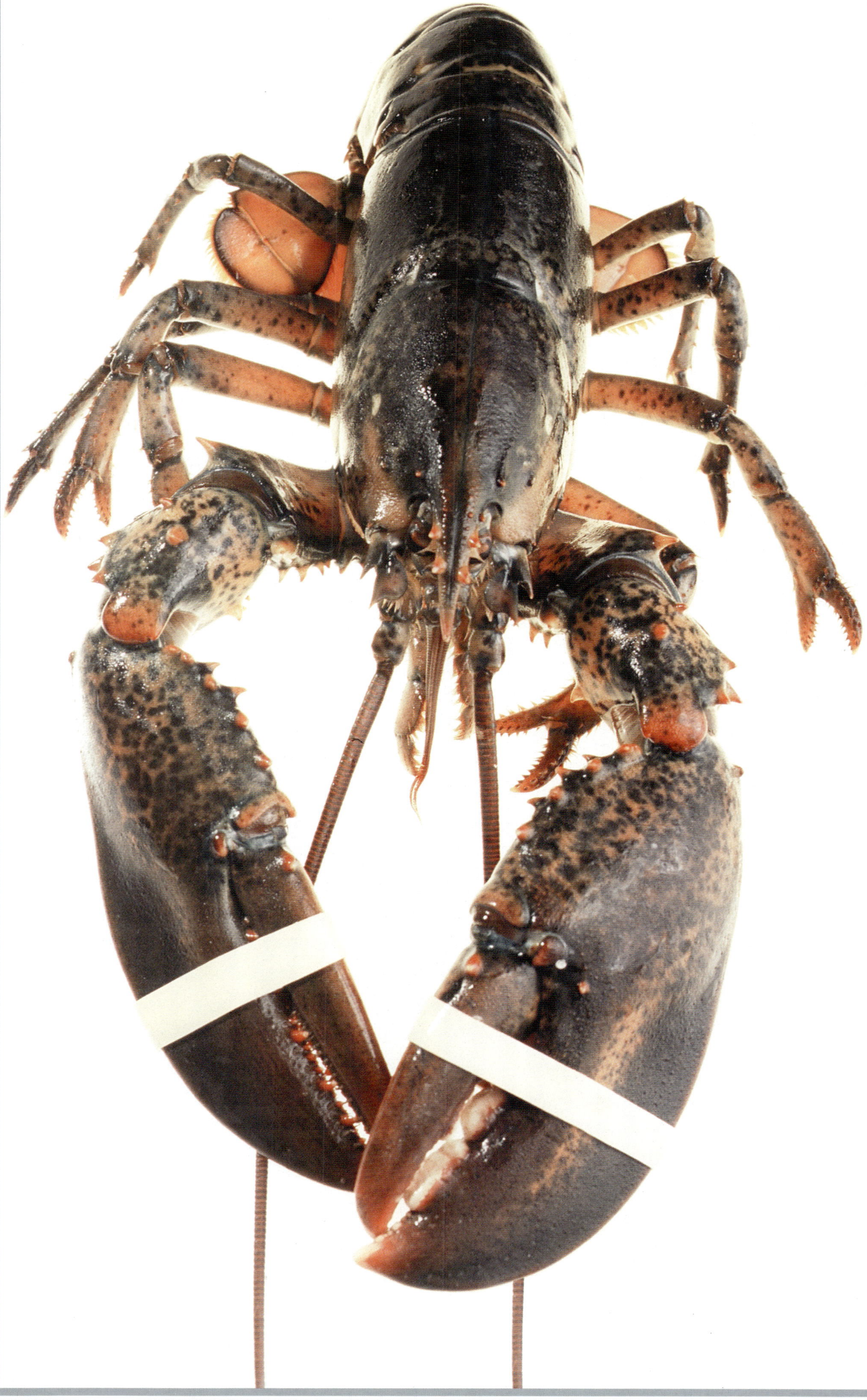

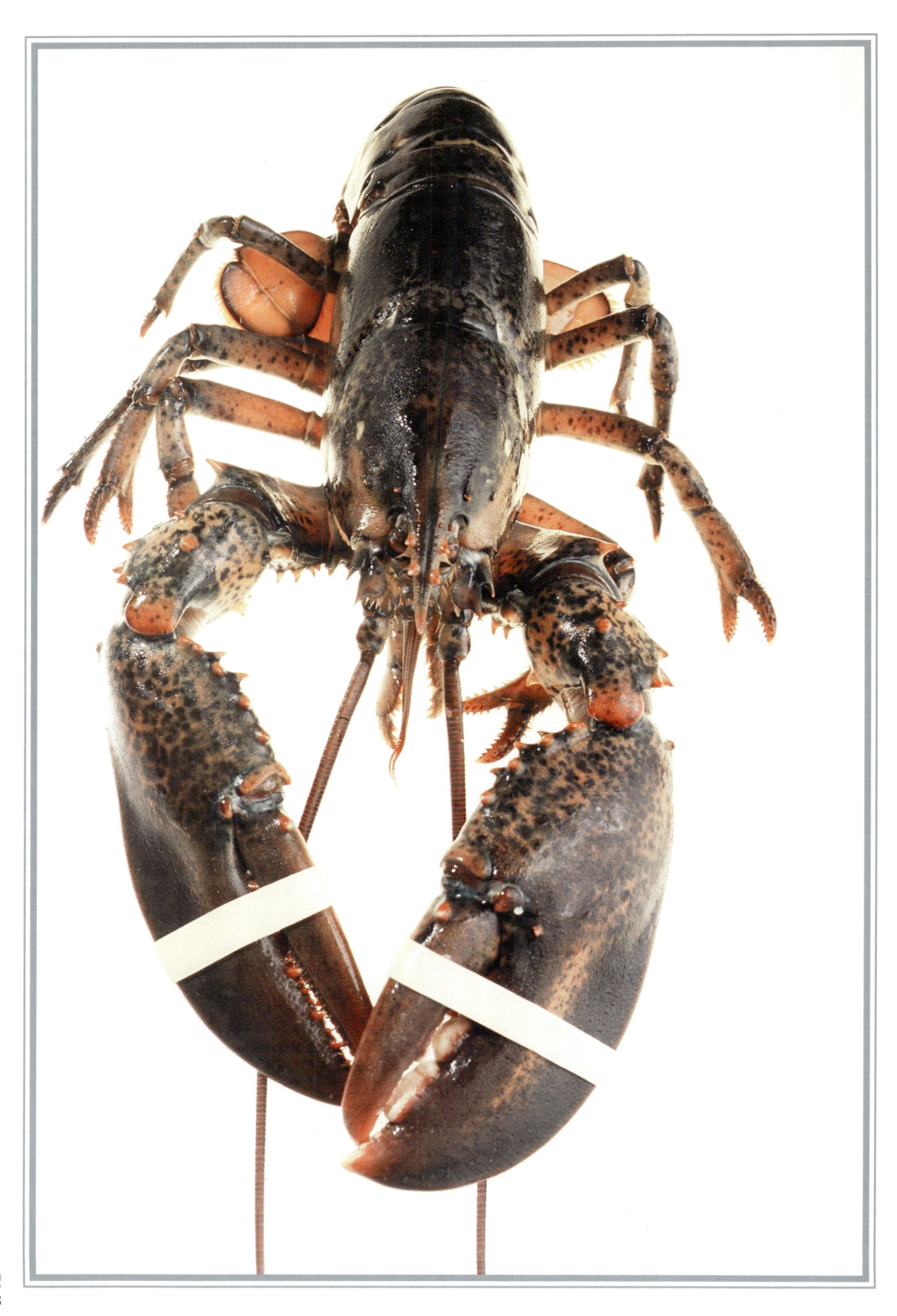

Der Hummer

Der Hummer ist eine Delikatesse aus der Familie der Krebse. Eigentlich ein Zehnfüßer, dessen erstes Beinpaar sich aber zu Scheren entwickelte.

Er kann über 30 Jahre alt und dabei 70 cm groß und bis zu 9 kg schwer werden.

Am schmackhaftesten ist das feste Fleisch, das in den Zangen steckt, die beim männlichen Hummer wesentlich fleischiger sind.

Einige Gourmets bevorzugen jedoch die weiblichen Schwanzteile, obwohl der weibliche Hummer eigentlich gar nicht gefangen werden darf.

Rezept für 4 Personen

Die Zutaten

2	Hummer à 500 g
440 g	Steinbuttfilet

für die Hummersauce:

1 kl.	Karotte
1 kl.	Stange Staudensellerie
1 kl.	Stange Lauch
2 kl.	Schalotten
1	Knoblauchzehe
1 TL	Tomatenmark
1	Thymianzweig
1	Rosmarinzweig
4 cl	Cognac
0,1 l	Weißwein
0,2 l	Fischfond
100 g	Crème fraîche
6 cl	Sahne
60 g	Hummerbutter

Salz, Pfeffer aus der Mühle

für die Champagnersauce:

0,1 l	Fischfond (siehe Seite 251)
8 cl	Champagner
100 g	Sahne
100 g	Crème fraîche
60 g	kalte Butterwürfel
1	Spritzer Champagner

Salz, Pfeffer aus der Mühle

Den Hummer in stark kochendes Salzwasser geben und 7 Minuten auf kleiner Flamme garen. Herausnehmen, kalt abschrecken und das Fleisch ausbrechen. Mit Klarsichtfolie gut abdecken und beiseite stellen.

Für die Hummersauce die Hummerkarkassen zerkleinern. Karotte, Sellerie, den weißen Teil des Lauchs, Schalotten und Knoblauch in kleine Würfel schneiden. Karkasse und Gemüse in Hummerbutter unter Zugabe von Thymian, Rosmarin und Tomatenmark gut anbraten. Mit Cognac, Weißwein, Fischfond, Crème fraîche und Sahne ablöschen und 10 Minuten kochen. Passieren, mit Salz und Pfeffer abschmecken.

Das Steinbuttfilet würzen, in eine gebutterte Pfanne legen, mit Fischfond und Champagner angießen, mit Alufolie abdecken und auf kleiner Flamme 2 – 3 Minuten pochieren. Filets herausnehmen und abgedeckt warm stellen. Den Hummer ebenfalls warm stellen. Den Pochierfond des Steinbutts, Sahne und Crème fraîche auf ca. die Hälfte reduzieren, mit Butterstückchen montieren, abschmecken, vor dem Anrichten mit dem Stabmixer schaumig rühren und 1 Spritzer Champagner zugeben.

Vorgewärmte Teller je zur Hälfte mit Hummer- und Champagnersauce ausgießen. Hummer und Fisch auflegen, mit wildem Reis und kleinem Gemüse garnieren.

STEINBUTT UND HUMMER IN ZWEI SAUCEN

STEINBUTT UND
gebratene Austern
IN KALBSJUS MIT PARISER KARTOFFELN

Fische, Krustentiere

Der Steinbutt

Die leicht gepanzerte Haut, die mit steinartigen Verknöcherungen übersät ist, gab dem Steinbutt seinen Namen. Seiner Schönheit wegen wird er aber auch "Fasan der Meere" genannt.

Kulinarisch macht ihn sein besonders feines Fleisch so beliebt, das auf den Punkt durchgegart sein muss.

Erkennungszeichen des Steinbutts ist der Knochenhöcker an der Augenseite – fehlt er, wurde "nur" ein Butt serviert.

Die Zucchiniblüte

Die Blüte der Zucchini, die der Kürbisblüte sehr ähnlich ist, eignet sich hervorragend zum Füllen, Frittieren und andere Zubereitungsarten. Genau wie Stiefmütterchen oder Kapuzinerkresse schmeckt sie äußerst aromatisch und belebt Fleischgerichte mit einer interessanten Note.

Die Austern vorsichtig aufbrechen, in etwas gesalzenem Wasser spülen, Kalkreste entfernen. Das Austernfleisch aus der Schale lösen, auf ein Tuch oder Küchenkrepp legen und in kleine Stücke schneiden.
Den Steinbutt in gleichmäßige Tranchen portionieren.

Die Lauchzwiebeln waschen, in Ringe schneiden, kurz in kochendem Salzwasser blanchieren, kalt abschrecken und auf ein Sieb geben.

Die Kartoffeln schälen, mit einem Parisienne-Ausstecher kleine runde ca. kirschgroße Bällchen ausstechen und diese in Salzwasser kochen.

Den Steinbutt würzen und in Olivenöl von beiden Seiten kurz anbraten. Auf einer vorgewärmten Platte warm stellen. In die Steinbuttpfanne etwas Butter geben, die gehackten Schalotten darin anschwitzen. Kurz bevor sie Farbe nehmen, die Austern zugeben, kurz durchschwenken, mit Kalbsjus ablöschen und mit Petersilie bestreuen.
Die Lauchzwiebeln in Butter anschwitzen, mit Salz und Pfeffer abschmecken und auf Tellern verteilen. Darauf den Steinbutt anrichten und mit dem Austernragout garnieren.
Für die Garnitur die Zucchiniblüten mit Fischfarce füllen und in Salzwasser pochieren.

Rezept für 4 Personen

Die Zutaten

500 g	Steinbuttfilet ohne Haut und Gräten
16 – 20	Austern "Sylter Royal"
2 Bd.	Lauchzwiebeln
600 g	Kartoffeln
50 g	Butter
0,1 l	Kalbsjus (reduzierter dunkler Kalbsfond, siehe Seite 253)
1 EL	feingehackte Schalotten
1 EL	gehackte Petersilie

Zucchiniblüten
Fischfarce (siehe Seite 250)
Salz, Pfeffer aus der Mühle

STEINBUTT UND GEBRATENE AUSTERN IN KALBSJUS MIT PARISER KARTOFFELN

Fische, Krustentiere

173

Steinbeißer in ca. 50 g schwere Medaillons schneiden.
Tomaten kurz in kochendes Wasser tauchen, eiskalt abschrecken, häuten, entkernen und das Tomatenfleisch würfeln.
Schalottenwürfel und gehackten Knoblauch in Olivenöl und etwas Butter anschwitzen, je 1 Thymian- und Rosmarinzweig, Lorbeer und die Tomatenwürfel zugeben. Einige Minuten gut durchkochen lassen, mit etwas Tomatenmark binden, mit Salz und etwas Zucker abschmecken.

Steinbeißerfilets würzen, leicht mehlieren und in nicht zu heißem Olivenöl anbraten. Öl abgießen, Butter, je 1 Thymian- und Rosmarinzweig, halbierte Knoblauchzehe und Oliven in die Pfanne geben. Filets nochmals wenden und mit gehackter Petersilie bestreuen.

Spinat waschen, blanchieren und in Eiswasser abkühlen und auf ein Sieb geben.
Butter in einem Topf braun werden lassen; darin gehackte Schalotten und Knoblauch anschwitzen, mit Noilly Prat ablöschen und den Spinat darin erhitzen.
Zucchini in dünne Scheiben schneiden, mit Salz und Pfeffer würzen, leicht mehlieren und in Olivenöl anbraten.

Spinat und Zucchinischeiben auf dem Teller anrichten, Fischfilets auf Tomatencoulis platzieren, mit etwas Bratfond überziehen. Mit Oliven garnieren und dazu Petersilienkartoffeln servieren.

Rezept für 4 Personen

Die Zutaten

600 g	Steinbeißerfilet
500 g	Fleischtomaten
1 EL	gehackte Schalotten
1	gehackte Knoblauchzehe
1	Zucchini
1 EL	Tomatenmark
2	Thymianzweige
2	Rosmarinzweige
1	Lorbeerblatt
3 EL	Olivenöl
50 g	Butter

schwarze und grüne Oliven
1   Knoblauchzehe
1 EL   gehackte Petersilie
Salz, Zucker, Mehl
Pfeffer aus der Mühle

für den Spinat:
500 g   Spinat
50 g   Butter
1 EL   gehackte Schalotten
1   gehackte Knoblauchzehe
4 cl   Noilly Prat
Salz, Pfeffer aus der Mühle
etwas geriebener Muskat

GEBRATENER

Steinbeißer

PROVENCALE

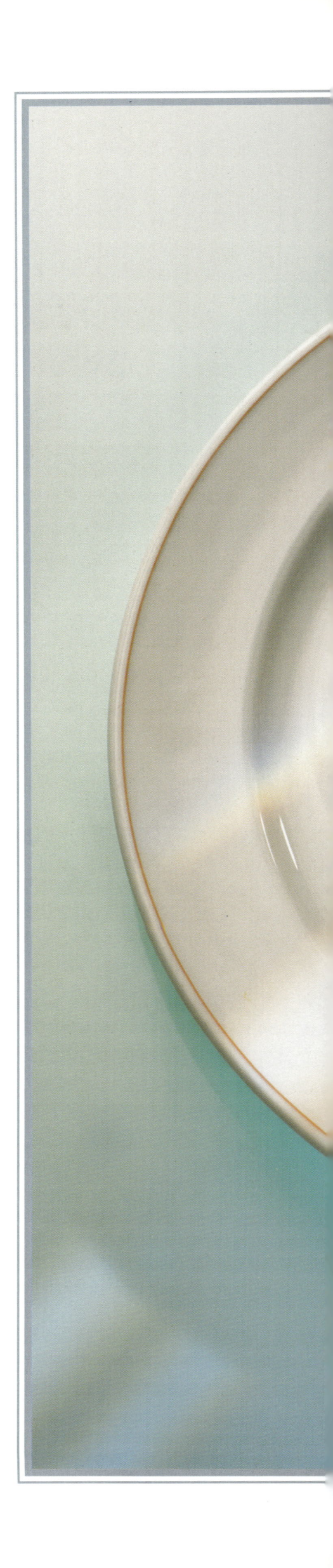

Fische, Krustentiere

LOUP DE MER IN
Salzteig-
KRÄUTERKRUSTE

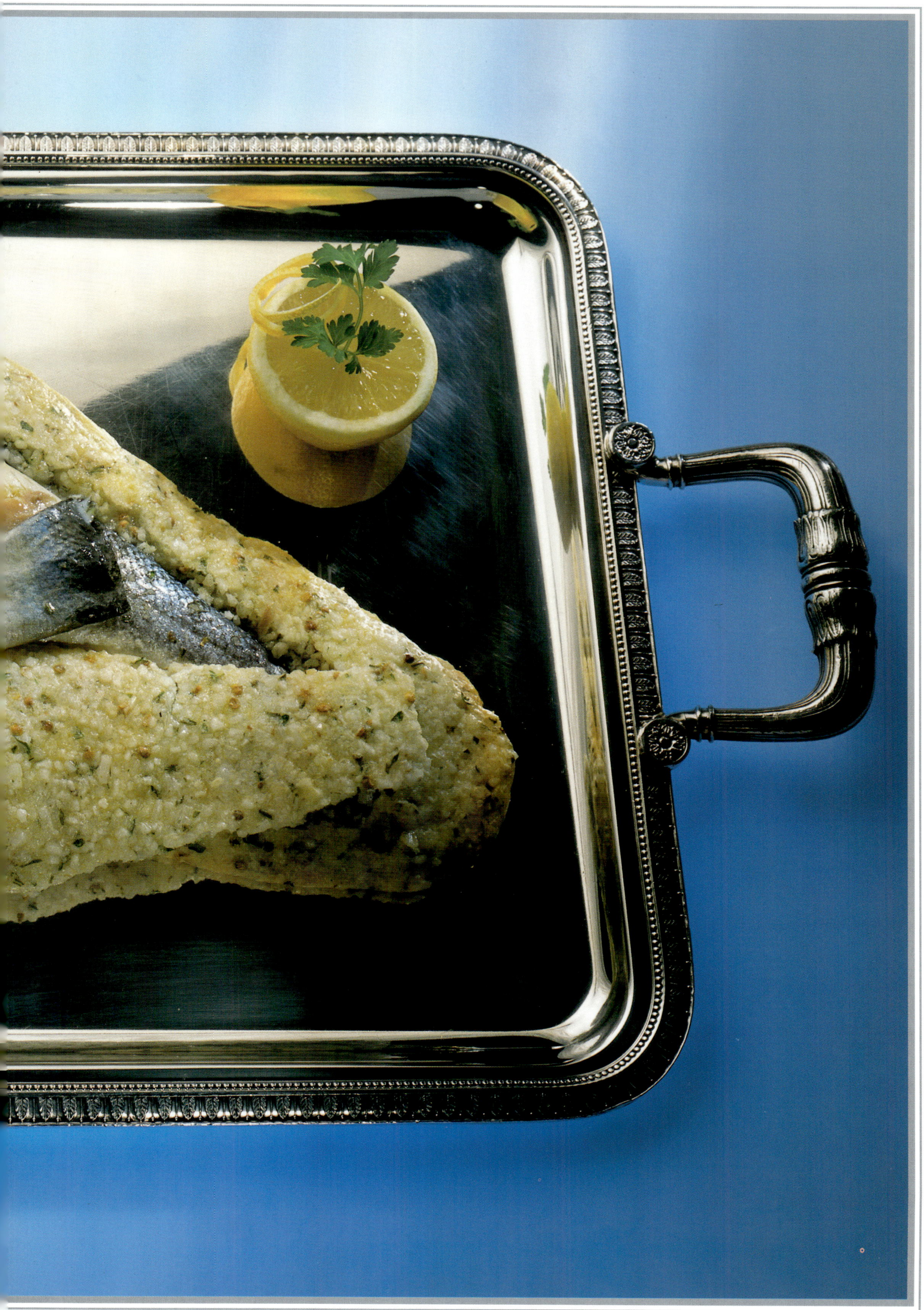

Loup de mer

Der bis zu 1 m lange Edelfisch hat besonders mageres, festes und weißes Fleisch mit wenigen Gräten. Am besten schmeckt er, wenn er mit seiner Haut gebraten oder aber im Salzmantel gegart wird.

**LOUP DE MER
IN SALZTEIG-KRÄUTERKRUSTE**

Rezept für 4 Personen

Die Zutaten

1	Loup de mer, ca 1 kg oder 4 Portionsfische à 300 g
150 g	Fenchel
80 g	Staudensellerie
1 kl. Bd.	Petersilie
	Olivenöl

für den Salzteig:

3	Eiweiß
1 kg	grobes Meersalz
1 – 2 EL	Speisestärke
1 EL	Kräuter der Provence

Für den Salzteig das Eiweiß leicht schaumig schlagen und mit den restlichen Zutaten gut verkneten.

Den Fisch schuppen, säubern und trocken tupfen. Fenchel, Sellerie und Petersilie waschen, klein schneiden und in die Bauchöffnung des Fisches verteilen.

Backtrennpapier auf ein Backblech legen, darauf fischförmig ein Drittel des Salzteigs ausbreiten.

Den vorbereiteten Fisch mit Olivenöl bepinseln, auf das Salzbett legen und mit dem restlichen Salzteig gut einpacken.
Im Backofen bei 200 Grad ca. 18 Minuten garen (portionierte Fische etwas kürzer) und weitere 10 Minuten ruhen lassen.
Mit Limonenvinaigrette (siehe Seite 253) oder einer Sauce Bèarnaise (siehe Seite 254) servieren.

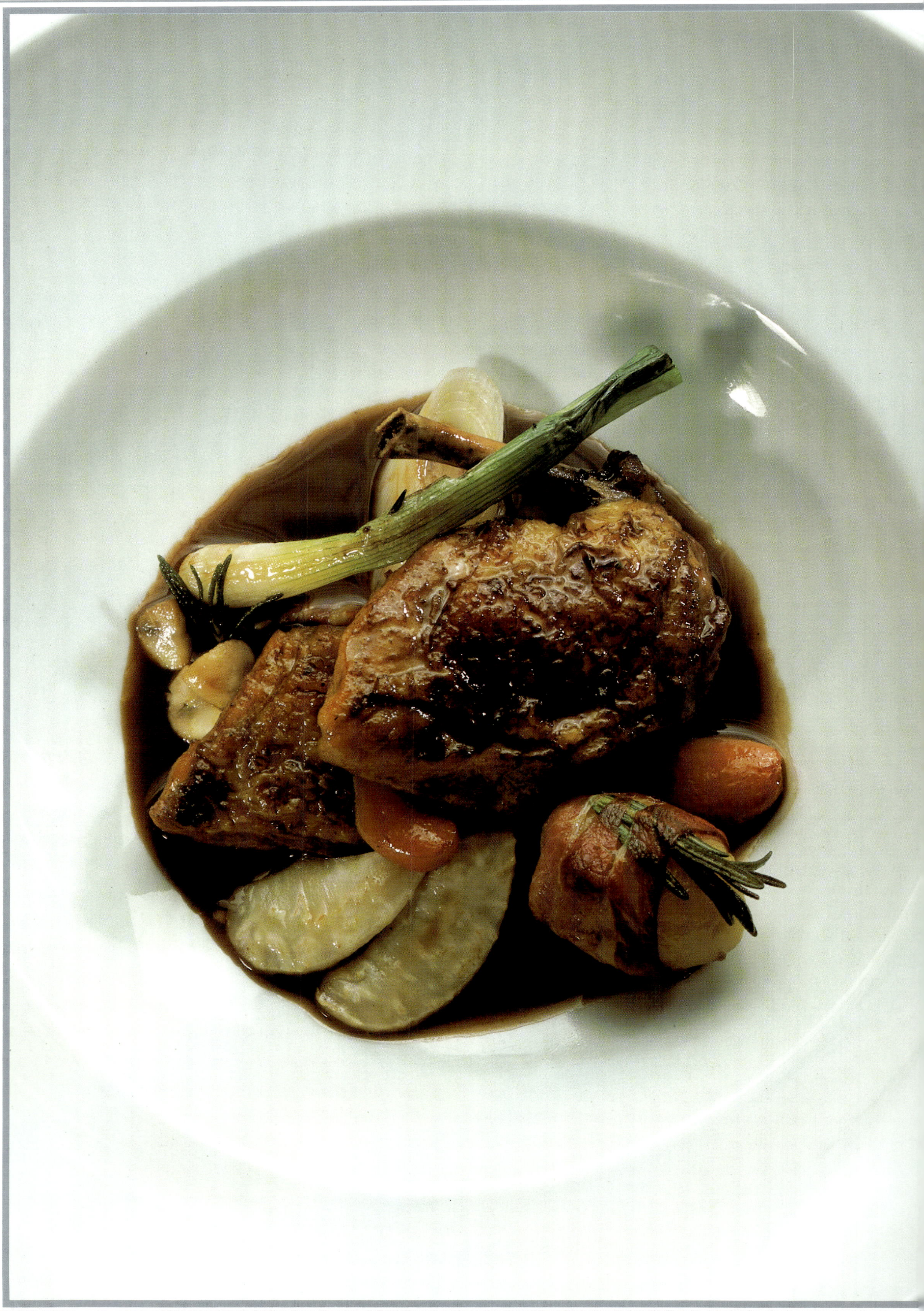

Rezept für 4 Personen

Die Zutaten

1	Bauernhahn, ca. 1,8 kg
200 g	Schalotten oder Perlzwiebeln
2	Karotten
1 kl.	Stange Lauch
1/2 kl.	Sellerieknolle
1	Knoblauchzehe
500 g	kleine Kartoffeln
2	Rosmarinzweige
1	Lorbeerblatt
1	Thymianzweig
0,2 l	Geflügelbrühe
0,5 l	Rotwein (Côtes du Rhône)
1/2 EL	Tomatenmark
0,1 l	gutes Olivenöl
60 g	Butter
80 g	magerer Bauchspeck
100 g	dünn geschnittener magerer Bauchspeck

Salz, Pfeffer aus der Mühle
etwas Paprikapulver
etwas Mehl

Schale der Schalotten entfernen, Lauch waschen. Karotten und Sellerie waschen, schälen und in gleichmäßige Stücke schneiden. Die Kartoffeln waschen, in leicht gesalzenem Wasser weich kochen und pellen.

Den Bauernhahn waschen und trocken tupfen. Das Fleisch von der Karkasse entfernen und in ca. 6 cm große Stücke schneiden. Flügel und Keulen nur im Gelenk trennen.
Das Fleisch mit Salz, Pfeffer und etwas Paprika würzen, in Mehl wenden und in heißem Olivenöl von allen Seiten gut anbraten. Schalotten, Tomatenmark, magerer Bauchspeck einen der Rosmarinzweige, Lorbeer und Thymian dazu geben, kurz mit anschwitzen und mit Brühe und Rotwein ablöschen. Im Backofen bei 200 Grad ca. 20 – 25 Minuten schmoren.

Karotten, Sellerie und Lauchstücke in kochendem Wasser kurz blanchieren, danach in einer Pfanne mit Butter fertig garen. Kartoffeln mit Rosmarinzweig und einer dünnen Speckscheibe umhüllen, in Butter und Olivenöl leicht anbraten und mit Salz würzen. Das Fleisch auf Tellern anrichten und mit dem Gemüse und den Kartoffeln garnieren.

Bauernhahn

IN ROTWEIN MIT

KLEINEM GEMÜSE

UND ROSMARINKARTOFFELN

Kalbsbäckchen parieren (von Fett, Sehnen und Haut befreien – die Abschnitte beiseite stellen), mit Salz und Pfeffer würzen und in einer Kasserolle in heißem Öl von allen Seiten gut anbraten, herausnehmen und warm stellen.

Die Abschnitte zugeben und scharf anbraten. Die Gemüse und Schalotten zugeben und alles gut anbraten. Dann das Tomatenmark beigeben, mit Rotwein ablöschen, reduzieren, und mit der Brühe aufgießen. Die Kräuter zugeben und mit Salz und Pfeffer würzen.

Die angebratenen Bäckchen in die Sauce geben und ca. 1,5 Stunden schmoren lassen.

Den Wirsing in kleine Würfel oder Streifen schneiden, in Salzwasser kurz blanchieren und kalt abschrecken. Die Schalotten- und Speckwürfel in Butter anschwitzen, Mehl zugeben, mit der Sahne aufgießen und glatt rühren. Den Wirsing leicht ausdrücken, zugeben und gut durchkochen.

Die weich geschmorten Kalbsbäckchen aus dem Fond nehmen und warm stellen. Die Sauce durch ein Haarsieb geben und je nach Konsistenz mit etwas angerührter Speisestärke abbinden. Das Fleisch zurück in die Sauce legen. Die Gänseleber in Würfel schneiden und in heißem Öl kurz anbraten.

Die Kalbsbäckchen auf dem Wirsing anrichten, die Sauce darüber geben und die Gänseleberwürfel darüber streuen.

Die Zutaten

1 kg	Kalbsbäckchen
4 EL	Öl
je 200 g	klein geschnittener Sellerie, Lauch und Karotten
300 g	gehackte Schalotten
2 EL	Tomatenmark
0,75 l	Rotwein
2 l	Fleischbrühe
1	Thymianzweig
1	Rosmarinzweig
1	Lorbeerblatt
1 TL	Speisestärke
100 g	frische Gänseleber
Salz	
grob gestoßener Pfeffer	

für den Wirsing:

1/2	Wirsingkopf
2 EL	Schalottenwürfel
1 EL	Speck, in Würfel geschnitten
50 g	Butter
200 g	Sahne
1 TL	Mehl

GESCHMORTES
Kalbsbäckchen

MIT GÄNSELEBER
UND GESTOWTEM WIRSING

Fleisch, Geflügel, Wild

183

184

Entenbrust
AUF CHICORÉE UND ORANGENSAUCE

ENTENBRUST AUF CHICORÉE UND ORANGENSAUCE

Rezept für 4 Personen

Die Zutaten

4	Entenbrüste
600 g	Chicorée
0,1 l	Kräuteressig
0,3 l	frischer Orangensaft
0,2 l	heller Geflügelfond (siehe Seite 252)
0,1 l	dunkler Geflügelfond (siehe Seite 252)
2 cl	Grand Marnier
80 g	Butter

Salz, Pfeffer aus der Mühle
Olivenöl
geklärte Butter (siehe Seite 252)

für die Kartoffelplätzchen:

300 g	mehlig kochende Kartoffeln
1	Ei
1 TL	Kartoffelstärke
1 EL	Crème fraîche

Salz, Pfeffer
etwas Muskat

Vom Chicorée die äußeren Blätter entfernen, längs vierteln und in gesalzenem Essigwasser 5 – 7 Minuten kochen, kalt abschrecken und zum Abtropfen auf ein Tuch legen.

Orangensaft und den hellen Geflügelfond in einem kleinen Topf erhitzen und um die Hälfte reduzieren. Die Chicoréespalten in etwas geklärter Butter von beiden Seiten anbraten und in eine feuerfeste Form legen. Mit der Orangenreduktion aufgießen und abgedeckt ca. 15 Minuten bei 180 Grad im Backofen garen.

Den dunklen Geflügelfond etwas reduzieren. Vom Chicorée den Orangensud abnehmen, mit dem reduzierten dunklen Geflügelfond sämig kochen und mit Grand Marnier abschmecken. Mit einem Stabmixer die Butter unterrühren.

Die Entenbrüste mit Salz und Pfeffer würzen und in Olivenöl ca. 6 Minuten anbraten, herausnehmen und ca. 10 Minuten an einem warmen Ort ruhen lassen.

Für die Kartoffelplätzchen die Kartoffeln schälen, in Stücke schneiden und in leicht gesalzenem Wasser weich kochen. Kartoffeln fein pürieren, Ei, Kartoffelstärke, Crème fraîche, Salz, Pfeffer und Muskat zugeben und glatt rühren.
In einer gebutterten Pfanne kleine Plätzchen ausbacken.

Vor dem Anrichten die Entenbrüste nochmals in geklärter Butter anbraten, in dünne Scheiben schneiden und auf dem glacierten Chicorée zusammen mit den Kartoffelplätzchen anrichten.

Chicorée

Die Chicorée ist ein Ableger der Zichorie, die jedoch im Dunkeln gezogen wird und deshalb fast kein Blattgrün und auch weniger des Bitterstoffs Intybin entwickelt.

Beim Zubereiten muss immer der innere Kern herausgeschnitten werden, außerdem mildert die Zugabe von Zitronensaft den etwas bitteren Geschmack.

Fleisch, Geflügel, Wild

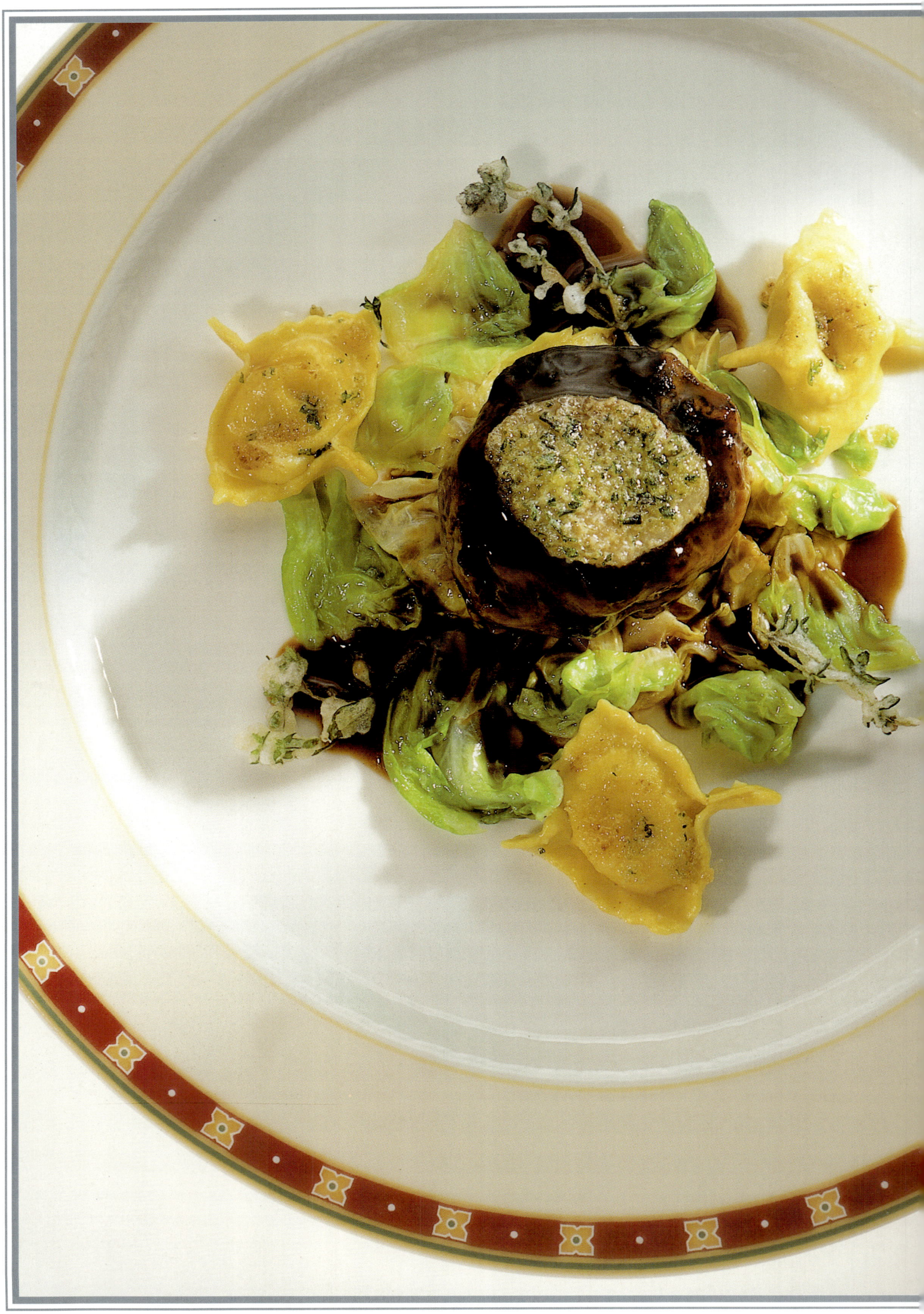

Der Burgunder

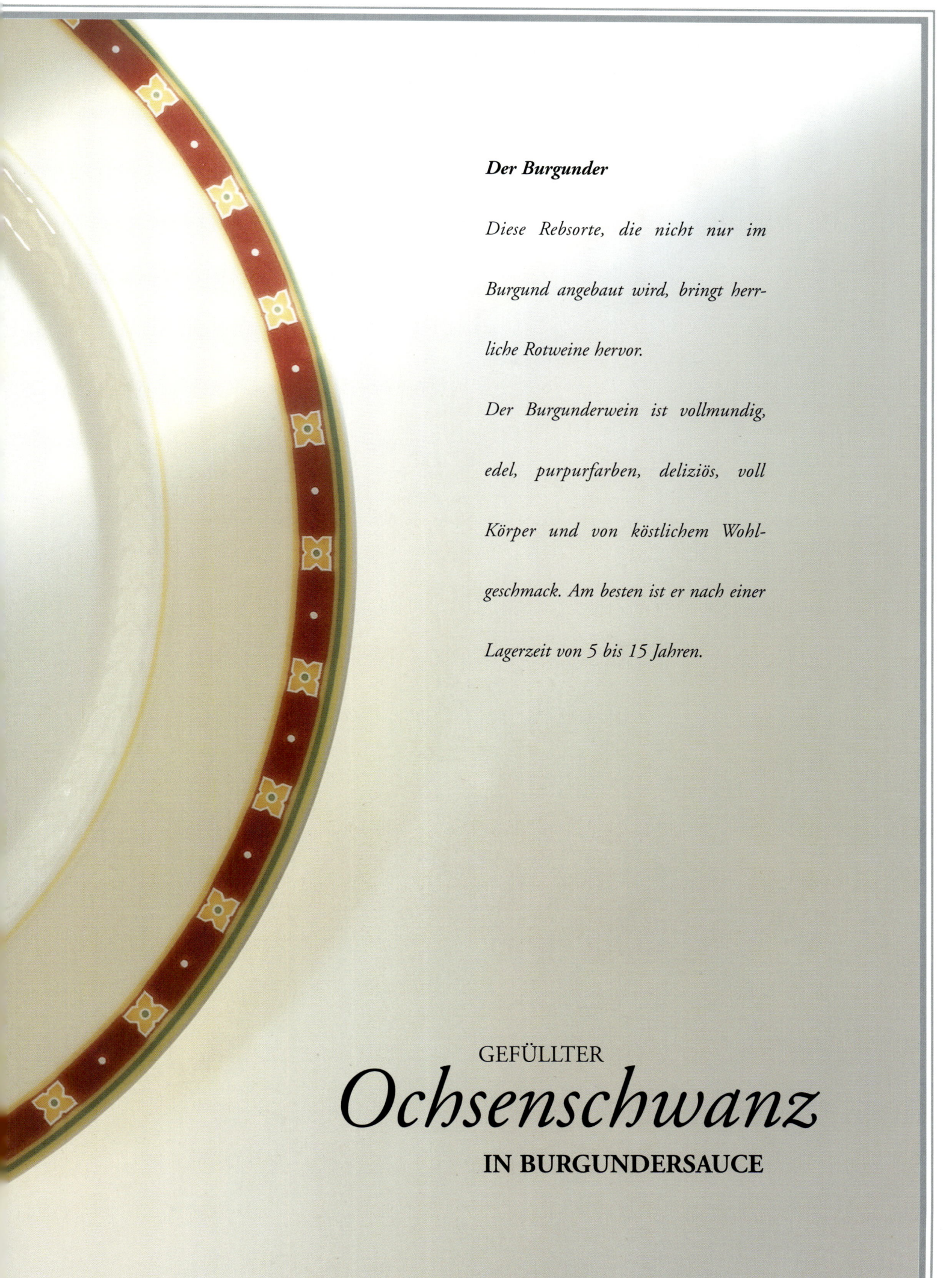

Diese Rebsorte, die nicht nur im Burgund angebaut wird, bringt herrliche Rotweine hervor.

Der Burgunderwein ist vollmundig, edel, purpurfarben, deliziös, voll Körper und von köstlichem Wohlgeschmack. Am besten ist er nach einer Lagerzeit von 5 bis 15 Jahren.

GEFÜLLTER
Ochsenschwanz
IN BURGUNDERSAUCE

Für die Füllung die Brötchen in dünne Scheiben schneiden. Die Milch erhitzen und über die Brötchen gießen.
Die Pilze putzen, säubern und zerkleinern.
Die Butter schmelzen und die Speck- sowie die Schalottenwürfel darin andünsten.
Die Pilze dazugeben und mitdünsten, würzen und abkühlen lassen. Sobald die Pilze und Brötchen abgekühlt sind, beides mit dem Ei und der Petersilie vermengen. Mit Pfeffer und Salz abschmecken.

Die Ochsenschwanzstücke mit Salz und grobem Pfeffer würzen. In heißem Öl rundherum anbraten. Möhren, Sellerie, Lauch, Zwiebeln und Knoblauch in Stücke schneiden und zu den Ochsenschwanzstücken geben und mitbraten. Das Tomatenmark zugeben und alles mit dem Rotwein ablöschen. Etwas einkochen lassen, Lorbeerblatt, Thymian und Rosmarin zugeben und mit der Fleischbrühe auffüllen. Aufkochen lassen und bei 180 Grad im Backofen zugedeckt ca. 1,5 Stunden weich schmoren.

Anschließend die Ochsenschwanzstücke aus der Sauce nehmen und in kaltem, leicht gesalzenem Wasser abschrecken.

Die Sauce durch ein Sieb gießen und mit etwas angerührter Speisestärke binden, falls sie zu flüssig ist.
Das Fleisch von den Knochen lösen, dabei Fett und Knorpel entfernen.
Aus der Füllmasse ca. 50 g schwere Bällchen formen und die Fleischstücke so um die Knödel legen, dass wieder die ursprüngliche Ochsenschwanzform entsteht. Fest andrücken. Jedes gefüllte Ochsenschwanzstück dünn in Schweinenetzstücke einrollen und in heißem Butterschmalz rundherum anbraten.
Die Sauce darüber gießen und zugedeckt nochmals ca. 15 Minuten bei geringer Hitze köcheln lassen.
Den Kohl in Streifen schneiden, in kochendem Salzwasser kurz blanchieren und auf ein Sieb geben. Schalotten und Speckwürfel in Olivenöl anschwitzen, den Kohl zugeben, würzen und alles gut andünsten. Mit Fleischbrühe und Weißwein ablöschen und mit der Butter verfeinern.

Den Spitzkohl auf Teller geben, den Ochsenschwanz darauf anrichten und mit der Sauce übergießen.

GEFÜLLTER OCHSENSCHWANZ IN BURGUNDERSAUCE

Rezept für 4 Personen

Die Zutaten

1,8 kg	Ochsenschwanz, in Stücke geteilt
200 g	geputzte Möhren
150 g	Sellerie
200 g	geputzter Lauch
2	mittelgroße Zwiebeln
1	Knoblauchzehe
2 EL	Tomatenmark
0,5 l	Rotwein (Roter Burgunder)
1	Thymianzweig
1	Rosmarinzweig
1	Lorbeerblatt
2 l	Fleischbrühe
1	Schweinenetz
2 EL	geklärte Butter oder Butterschmalz
evtl.	etwas Speisestärke

Salz, grob gestoßener Pfeffer

für die Füllung:

2	Brötchen vom Vortag
0,1 l	Vollmilch
150 g	Champignons oder Pfifferlinge
60 g	Butter
20 g	gewürfelter Speck
1	gewürfelte Schalotte
1	Ei
1 EL	gehackte Petersilie

Salz, Pfeffer aus der Mühle

für den Spitzkohl:

600 g	Spitzkohl oder junger Weißkohl
2 EL	gehackte Schalotten
50 g	geräucherter Bauchspeck, in Würfel geschnitten
0,1 l	Fleischbrühe
1	Schuss Weißwein
50 g	Butter

Salz, Pfeffer aus der Mühle
etwas Olivenöl

Fleisch. Geflügel. Wild

Die Taubenbrüste salzen, pfeffern und kurz anbraten. Nachdem sie ausgekühlt sind, die Haut entfernen. Die Taubenherzen und -lebern in kleine Würfel schneiden und anbraten.
Das gut gekühlte Keulen- und Geflügelfleisch würzen, mit dem Eiweiß mischen und in der Moulinette unter Zugabe der Crème double zu einer Farce verarbeiten. Die Farce mit Armagnac und Portwein abschmecken. Die Gänseleber grob würfeln und mit den abgekühlten Taubeninnereien in die Farce geben.

Die Spinatblätter blanchieren, abtropfen lassen, zu einer ca. 30 x 40 cm großen Matte auslegen und mit der Farce bestreichen. Je eine Taubenbrust darauf setzen und in die Spinatmatte einwickeln.

Die Taubencrepinettes von allen Seiten in geklärter Butter kurz ohne Farbe anbraten und bei ca. 160 Grad im Backofen 6 – 8 Minuten garen.
Den Geflügelfond um ca. ein Drittel reduzieren und mit etwas rotem Portwein abschmecken.
Den Lauch der Länge nach halbieren und gut waschen. In gleichmäßige, ca. 3 cm lange Rauten schneiden, diese in Salzwasser kurz blanchieren, kalt abschrecken. Die Trüffelwürfel und Lauchrauten in Butter anschwitzen und auf den Tellern anrichten. Die Taubencrepinettes schräg anschneiden und auf den Lauch setzen, mit dem Geflügelfond übergießen.

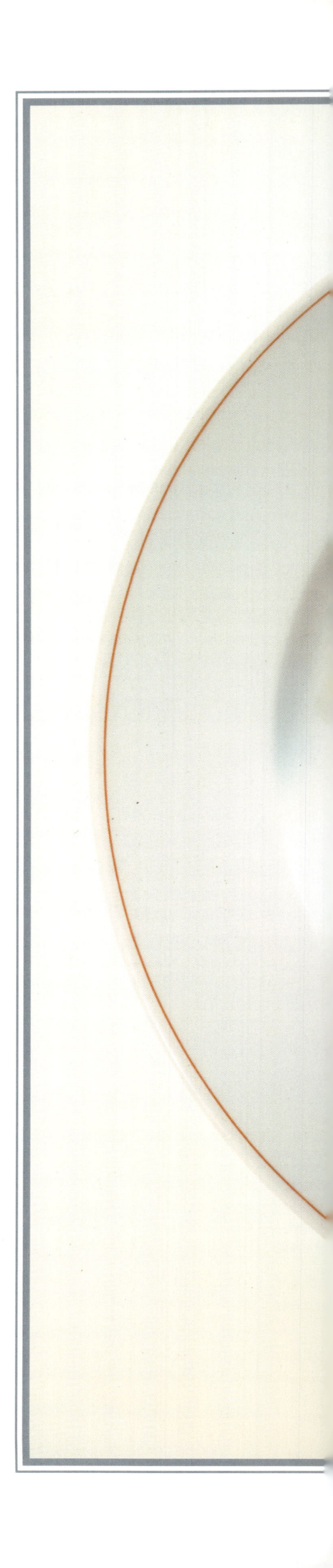

Rezept für 4 Personen

Die Zutaten

4	Taubenbrüste (Etouffé-Tauben)
	Herzen und Lebern der Tauben
80 g	Taubenkeulenfleisch (entbeint und enthäutet)
80 g	Geflügel- oder Poulardenfleisch
1	Eiweiß
150 g	Crème double
1 EL	Armagnac
1 EL	roter Portwein
60 g	Gänsestopfleber
150 g	Spinatblätter
40 g	geklärte Butter (siehe Seite 252)
0,1 l	dunkler Geflügelfond (siehe Seite 252)
1	Spritzer Portwein
600 g	Lauch
20 g	Trüffelstreifen oder -würfel
50 g	Butter
Salz, Pfeffer aus der Mühle	

CREPINETTES VON DER
Taube
AUF TRÜFFELLAUCH

Fleisch, Geflügel, Wild

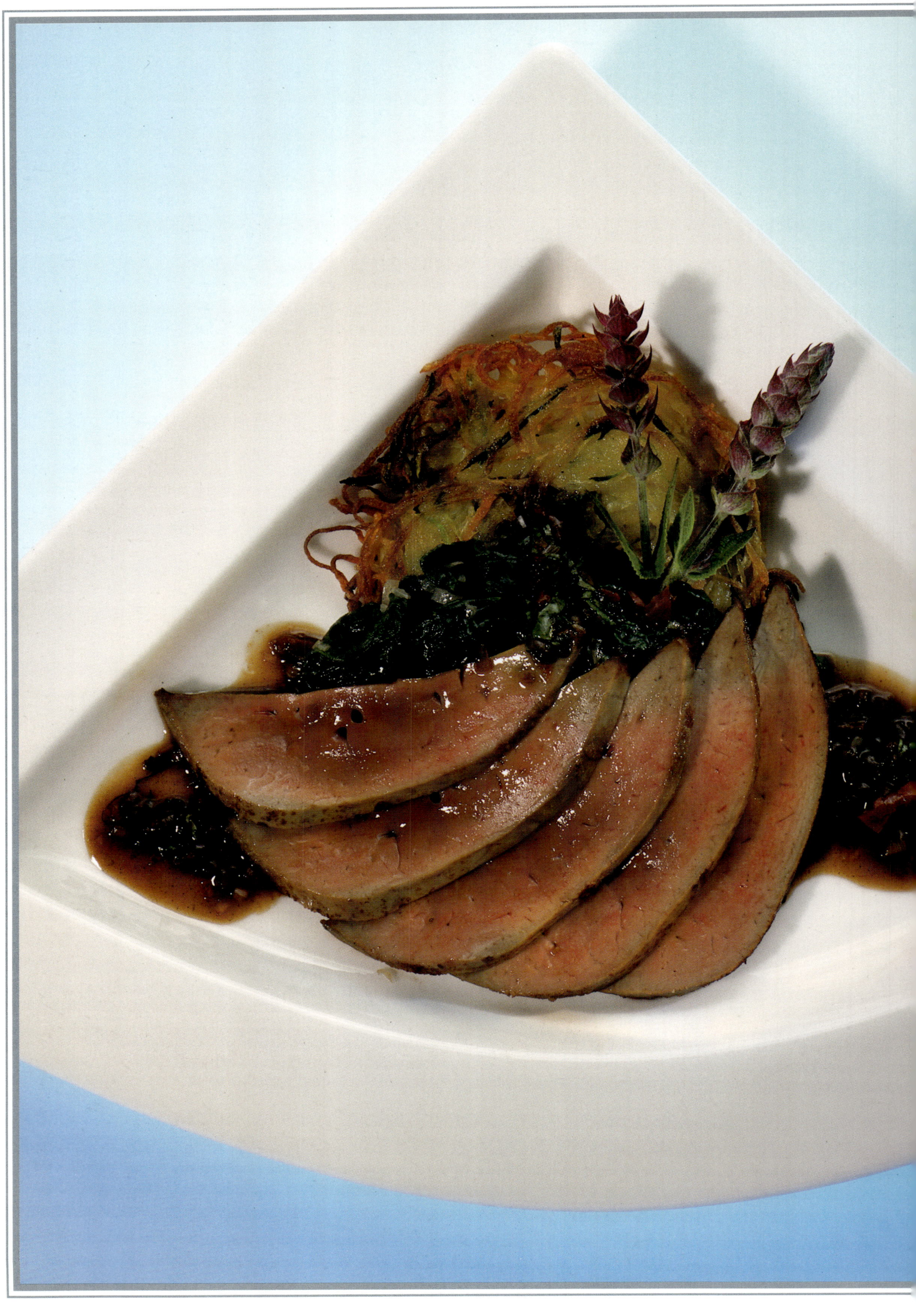

Rezept für 4 Personen

Die Zutaten

380 g	Zickleinleber
300 g	Blattspinat
1	Fleischtomate
	geklärte Butter (siehe Seite 252)
1 EL	gehackte Schalotten
4 cl	alter Balsamico
0,1 l	Kalbsjus (reduzierter Kalbsfond, siehe Seite 253)
1 EL	Basilikumstreifen
30 g	Butter

Salz, Pfeffer, Muskat

für die Gemüserösti:

300 g	Kartoffeln
je 50 g	Lauch-, Karotten- und Selleriestreifen
	etwas Eiweiß
1/2 TL	Kartoffelstärke

Salz, Pfeffer

Für die Rösti die Kartoffeln schälen, zuerst in dünne Scheiben, dann in Streifen schneiden. Gemüsestreifen, Eiweiß und Stärke zugeben, mit Salz und Pfeffer würzen; alles gut mischen und in heißem Öl kleine Rösti ausbacken.

Den Spinat blanchieren, kalt abschrecken und auf ein Sieb geben. Die Tomate kurz in kochendes Wasser tauchen, kalt abschrecken, häuten und in kleine Würfel schneiden.

Die Zickleinleber häuten und grobe Adern entfernen. Mit Salz und Pfeffer würzen und in geklärter Butter anbraten; herausnehmen und einige Minuten abgedeckt warm stellen. In der gleichen Pfanne die gehackten Schalotten und Tomatenwürfel anschwitzen, mit Balsamico ablöschen und mit Kalbsjus auffüllen. Kurz reduzieren.
Spinat in Butter erwärmen, mit etwas Salz und Muskat abschmecken.
Leber in Scheiben schneiden, auf dem Spinat anrichten. Die Basilikumstreifen unter die Sauce rühren, diese über die Leber gießen und mit den Gemüserösti servieren.

Zickleinleber
AUF BLATTSPINAT
MIT GEMÜSERÖSTI

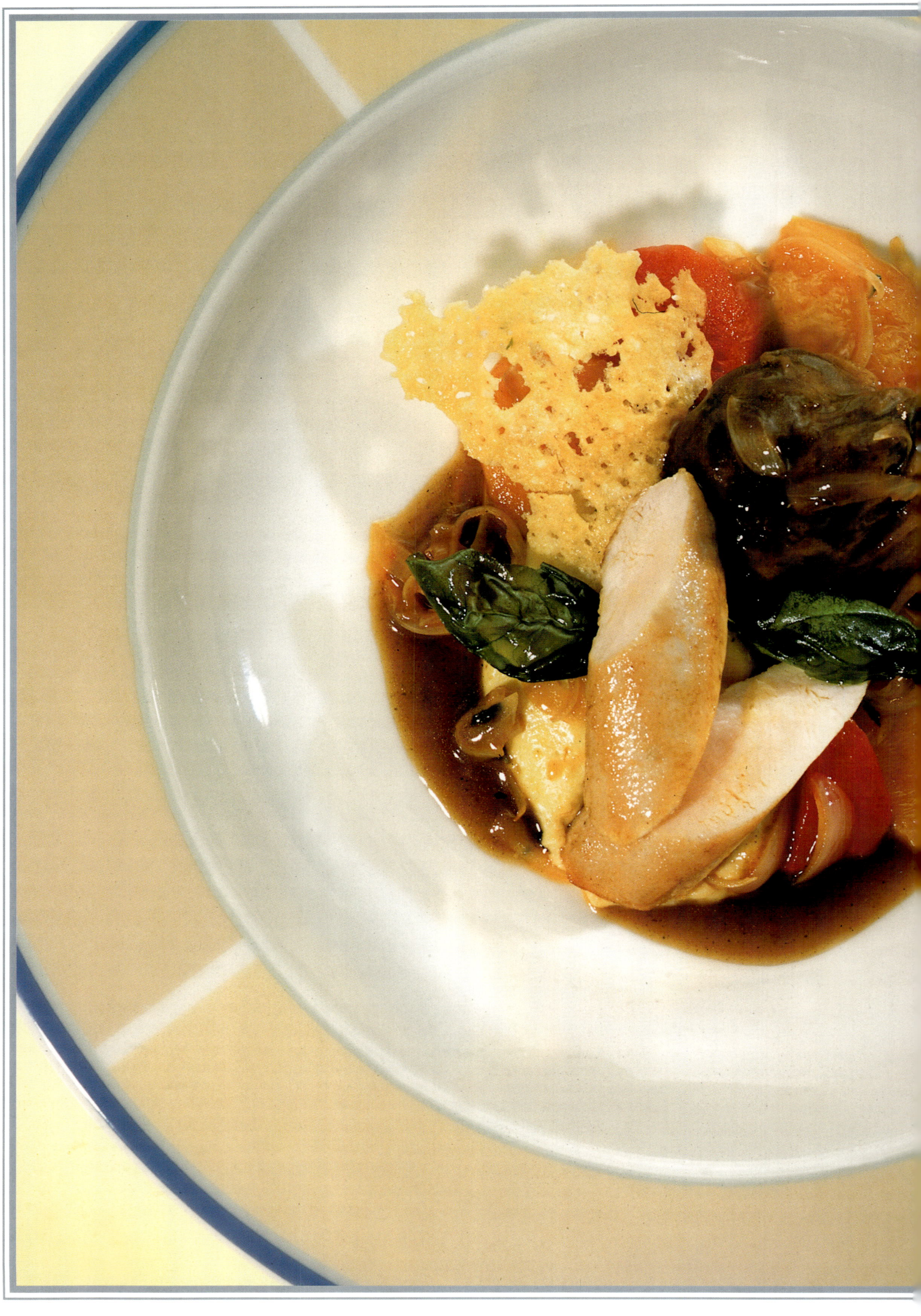

Das Kaninchen

Ein Kaninchen bietet helles, zartes, weiches und fettarmes Fleisch, das mit frischen Kräutern zubereitet eine Delikatesse darstellt.

Das dunklere Fleisch des Wildkaninchens ist übrigens wesentlich kräftiger im Gechmack.

RÜCKEN UND KEULE VOM
Kaninchen
AUF POLENTA

MIT PEPERONATA

Rezept für 4 Personen

Die Zutaten

2	Kaninchenkeulen à 220 g
2	Kaninchenrücken à 350 g
4 EL	Olivenöl
100 g	Schalottenwürfel
150 g	Karottenwürfel
150 g	Staudenselleriewürfel
150 g	Lauch
2	Knoblauchzehen
25 g	ligurische Oliven
2	Eiertomaten
1 EL	Tomatenmark
0,25 l	Rotwein
1 l	Geflügelbrühe
1	Lorbeerblatt
1	Thymianzweig
1	Rosmarinzweig

etwas Basilikum
geriebener Parmesan
Salz, Pfeffer aus der Mühle

für die Peperonata:

2	gelbe Paprika
2	rote Paprika
100 g	Schalotten
1	gehackte Knoblauchzehe
2 EL	Olivenöl
0,25 l	Geflügelbrühe
3 EL	Tomatensaft
1	Thymianzweig

Salz, Pfeffer aus der Mühle
etwas weißer Balsamico

für die Polenta:

2 EL	gehackte Schalotten
1/2	Knoblauchzehe
4 EL	Olivenöl
0,6 l	Geflügelbrühe
1	Thymianzweig
1	Lorbeerblatt

etwas Muskat

80 g	Maisgrieß (Polenta)
30 g	Parmesan

Salz, Pfeffer aus der Mühle

RÜCKEN UND KEULE VOM KANINCHEN AUF POLENTA MIT PEPERONATA

Die Kaninchenrücken auslösen und von Sehnen und Bauchlappen befreien. Kaninchenkeulen mit Salz und Pfeffer würzen und in einem Bräter in Olivenöl goldgelb anbraten. Herausnehmen, die Knochen und Abschnitte im Bräter anrösten. Gemüse, Knoblauch, Oliven und Tomaten zugeben und alles solange anbraten, bis es Farbe genommen hat. Das Tomatenmark zugeben und zweimal mit Rotwein ablöschen. Mit der Geflügelbrühe aufgießen, Lorbeer und Kräuter zugeben, abschmecken.
Die Kaninchenkeulen in den Fond legen und abgedeckt ca. 1 Stunde im Ofen bei 180 Grad schmoren. Danach die Keulen warm stellen.
Die Sauce durch ein Haarsieb passieren, abschmecken und eventuell mit etwas angerührter Stärke abbinden.
Die Kaninchenrücken kurz vor dem Anrichten würzen und in Olivenöl ca. 3 Minuten rosa braten.

Für die Parmesanhippen den frisch geriebenen Parmesan mit ein wenig Mehl bestäuben und in eine leicht gebutterte Pfanne streuen. Im Ofen bei ca. 200 Grad goldgelb backen. Mit einer Palette herausnehmen und sofort über den Körper einer Flasche legen, damit sich die Hippen biegen.

Für die Peperonata die Paprika waschen, entkernen, schälen und in ca. 3 cm große Stücke schneiden.
Die Schalotten schälen und in Streifen schneiden. Knoblauch und Schalotten in Olivenöl anbraten, die Paprikastücke zugeben, mit dem Tomatensaft ablöschen und mit der Geflügelbrühe auffüllen. Mit Salz und Pfeffer würzen, Thymian und weißen Balsamico zugeben und ca. 10 Minuten bei leichter Hitze sieden lassen.

Für die Polenta Schalotten und Knoblauch in 1 Esslöffel Olivenöl glasig dünsten und mit der Geflügelbrühe ablöschen. Thymian, Lorbeer hinzufügen, mit Salz, Pfeffer und Muskat abschmecken. Den Maisgrieß in die siedende Brühe einstreuen und verrühren. Aufkochen und dann ca. 1 Stunde abgedeckt bei 180 Grad in den Ofen stellen. Danach den Parmesan und das restliche Olivenöl unterrühren. Polenta in die Mitte der Teller verteilen.

Den Kaninchenrücken in Scheiben schneiden und zusammen mit den Keulen auf die Polenta setzen. Peperonata darüber geben und mit dem frittierten Basilikum und der Parmesanhippe garnieren.

Frittierte Kräuter

Kräuter eignen sich hervorragend zum Frittieren. Dazu zupft man die Blätter vorsichtig von den Stängeln, wäscht sie und tupft sie gut trocken. Anschließend werden sie ganz kurz in heißes Frittierfett gegeben. Man kann die Kräuter auch vor dem Frittieren bemehlen oder sie in Tempurateig tauchen.

GESCHMORTE
Zicklein-
SCHULTER
AUF GARTENGEMÜSE

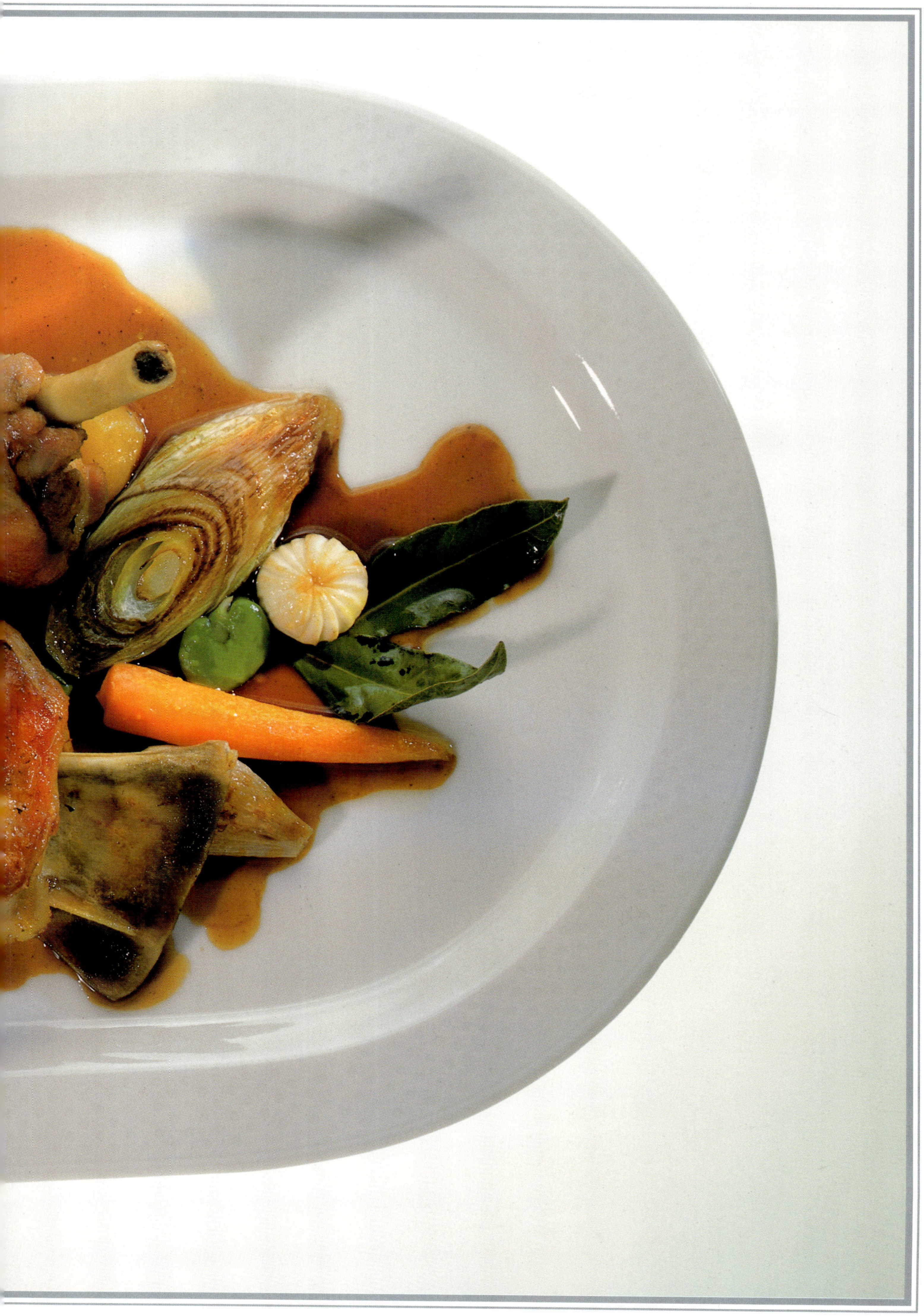

Rezept für 4 Personen

Die Zutaten

2	Zickleinschultern mit Haxen à 450 g
0,1 l	Weißwein
0,3 l	dunkler Kalbsfond (siehe Seite 253)
1	Stange Lauch
1 Bd.	Fingermöhren
1 St.	Staudensellerie
8 – 12	Champignons
150 g	dicke Bohnenkerne
8	Schalotten
2	Knoblauchzehen
1	Rosmarinzweig
1	Thymianzweig
2	Lorbeerblätter

Salz, Pfeffer aus der Mühle
Olivenöl

Zickleinschultern und Haxen mit Salz und Pfeffer würzen und in einem Bräter oder flachen Topf in Olivenöl von allen Seiten anbraten. Abgedeckt bei ca. 180 Grad im Backofen garen. Von Zeit zu Zeit wenden und mit dem Weißwein und dem Kalbsfond ablöschen. Gemüse und Pilze waschen bzw. schälen, Lauch in 2 cm dicke Scheiben schneiden. Die Bohnenkerne kurz in kochendes Wasser tauchen, kalt abschrecken und aus der harten Haut drücken bzw. lösen. Die Lauchscheiben würzen, von beiden Seiten in Butter anbraten und warm stellen. Schalotten, Knoblauch, Fingermöhren, Staudensellerie und die Kräuter in Olivenöl hell anbraten; das Gemüse soll noch Biss haben.

Sobald das Fleisch weich ist (nach ca. 45 Minuten) und sich vom Knochen lösen lässt, die vorbereiteten Gemüse mit in den Bräter geben und alles nochmals 8 – 10 Minuten im Ofen schmoren. Herausnehmen und die Gemüse auf Teller verteilen. Die Sauce durch ein Sieb passieren. Champignons und Bohnenkerne in Butter anschwitzen, mit Salz würzen und über das angerichtete Gemüse geben. Das Fleisch portionieren und auf dem Gemüse garnieren. Mit Rosmarinkartoffeln oder Nudeln servieren.

GESCHMORTE ZICKLEINSCHULTER AUF GARTENGEMÜSE

Die Dicke Bohne oder Saubohne

Die Bohne ist eine der ältesten Kulturpflanzen, die im 16. Jahrhundert aus Südamerika nach Europa kam und als Busch-, Kletter-, Stangen- oder Strauchfrucht gedeiht. Von allen Gemüsen hat sie den höchsten Proteingehalt und besonders viele Ballaststoffe. Die Saubohne ist der Keim einer Wickenart und höchst nährstoffreich. Wie alle Bohnenarten sollte sie niemals roh verzehrt werden, da das giftige Phasin erst beim Garen zerstört wird.

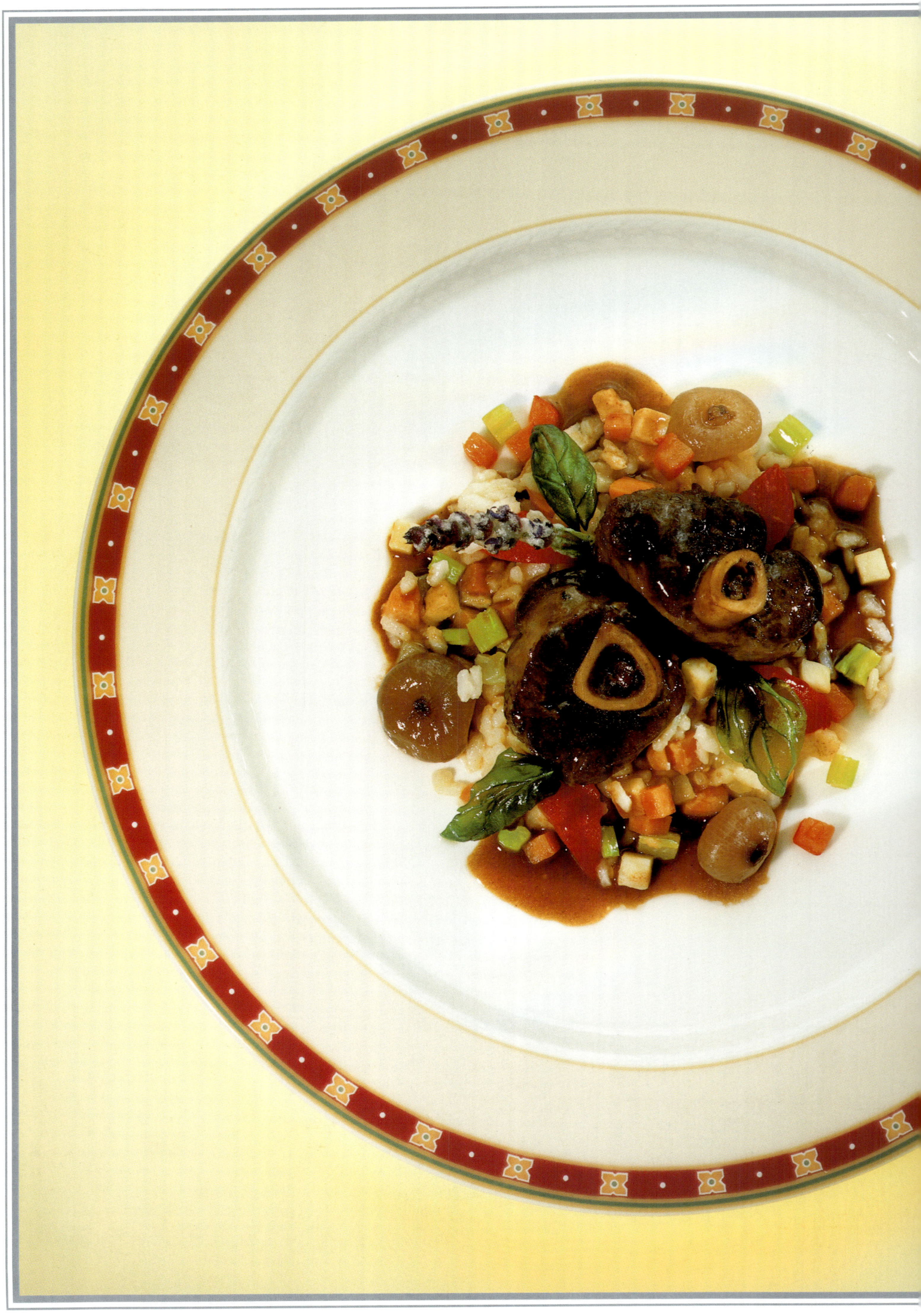

Rezept für 4 Personen

Die Zutaten

4	hintere Lammhaxen (quer zum Knochen sägen)
160 g	Karotten
160 g	Sellerie
160 g	Staudensellerie
2	Zwiebeln
500 g	italienische Eiertomaten in Würfel geschnitten
1 EL	Tomatenmark
0,3 l	Rotwein
1 l	Fleischbrühe
2	Knoblauchzehen
2	Lorbeerblätter
je 1/2 TL	frischer Thymian und Rosmarin
2 EL	Petersilie

Olivenöl
Salz, Pfeffer aus der Mühle
etwas Mehl

für das Gemüserisotto:

150 g	Karotten
100 g	Staudensellerie
1 kl.	Zucchini
100 g	Lauch- oder Zwiebellauch
250 g	Risottoreis (Rundkornreis)
4 EL	Olivenöl
1 EL	gehackte Schalotten
0,1 l	Weißwein
0,6 l	heller Geflügelfond oder Gemüsebrühe (siehe Seite 252)
50 g	kalte Butterwürfel
2 EL	frisch geriebener Parmesan

Petersilie
Salz, Pfeffer aus der Mühle

Die Lammhaxenscheiben salzen, pfeffern und in Mehl wenden. In einer Kasserolle oder einem Bräter in Olivenöl von allen Seiten gut anbraten. Das Fleisch herausnehmen und warm stellen.

Gemüse und Zwiebeln waschen bzw. schälen und in ca. 1 cm große Würfel schneiden. Tomaten kurz in kochendes Wasser tauchen, kalt abschrecken, häuten und auch in Würfel schneiden. Das geschnittene Gemüse in den Bräter geben und mit Tomatenmark solange schmoren, bis es leicht gebräunt ist. Mit Rotwein ablöschen und reduzieren. Die Tomatenwürfel beigeben und mit der Brühe aufgießen. Knoblauch, Lorbeer, Thymian und Rosmarin zugeben und mit Salz und Pfeffer würzen. Das Lammfleisch einsetzen und abgedeckt im Backofen bei ca. 180 Grad weich garen. Von Zeit zu Zeit die Haxenscheiben mit etwas Bratenfond übergießen.

Für das Gemüserisotto das Gemüse waschen, in kleine Würfel schneiden und in Olivenöl kurz anschwitzen. Mit Salz und Pfeffer würzen, beiseite stellen.
In einem flachen Topf gehackte Schalotten in einem Topf glasig anschwitzen, Reis zugeben, mit Weißwein und dem Geflügelfond ablöschen mit Salz und Pfeffer würzen. Ca. 12 – 15 Minuten unter gelegentlichem Umrühren auf schwacher Flamme kochen. Sobald der Reis den größten Teil der Flüssigkeit aufgenommen hat, die Körner jedoch noch etwas Biss haben, die vorbereiteten Gemüsewürfel, den Parmesan und die kalte Butter unterrühren.

Das Risotto auf Tellern anrichten und darauf die Haxenscheiben legen.
Das Lorbeerblatt aus der Sauce entfernen, die Petersilie zur Sauce geben, nochmals abschmecken und über das Fleisch geben.

OSSOBUCO VOM
Lamm
AUF GEMÜSERISOTTO

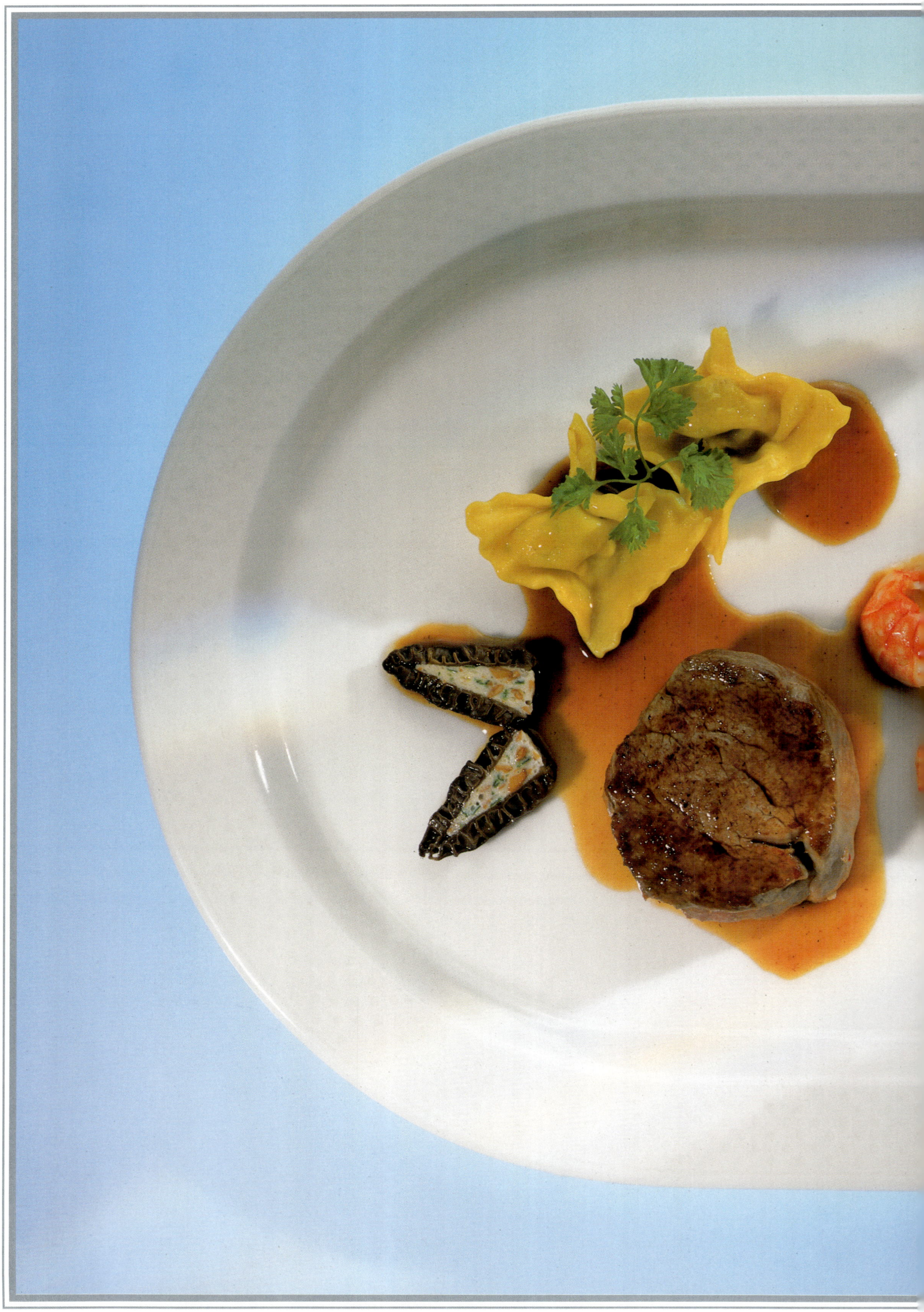

Kalbsfilet

MIT FLUSSKREBSEN

UND LEIPZIGER ALLERLEI

Rezept für 4 Personen

Die Zutaten

4	Medaillons vom Kalbsfilet à 100 – 110 g
1 kg	Flusskrebse
100 g	Kaiserschoten
150 g	junge Möhren
1	Kohlrabi
8	Spargelspitzen
100 g	frische Morcheln
60 g	Butter
1 Prise	Zucker
	frisch gezupfter Kerbel
0,1 l	Kalbsjus (reduzierter dunkler Kalbsfond, siehe Seite 252)
	Salz, Pfeffer

für die Sauce:

	Krebskarkassen
50 g	Krebsbutter
100 g	Schalottenwürfel
120 g	Karottenwürfel
120 g	Fenchelwürfel
120 g	Staudenselleriewürfel
100 g	Lauchwürfel
1	Tomate
1 EL	Tomatenmark
3 EL	Cognac
0,1 l	Weißwein oder Champagner
1	Thymianzweig
1	Rosmarinzweig
0,2 l	Fischfond (siehe Seite 251)
2 EL	Crème double
	kalte Butter
1 EL	geschlagene Sahne
	Olivenöl
	Salz, Pfeffer

KALBSFILET MIT FLUSSKREBSEN UND LEIPZIGER ALLERLEI

Die Krebse in reichlich Salzwasser 2 – 3 Minuten kochen und in Eiswasser kalt abschrecken. Schwänze, Scheren und Gelenke ausbrechen und den Darm ziehen. Das Krebsfleisch in etwas abgekühltem Pochierfond abgedeckt zur Seite stellen.

Für die Sauce die Karkassen zerkleinern und in Olivenöl und Krebsbutter anrösten. Die Gemüsewürfel zugeben und mit anbraten. Die Tomate und das Tomatenmark einrühren und mit Cognac flambieren. Die Kräuter hinzufügen und mit Champagner und Fischfond aufgießen. Den Fond ca. 15 Minuten schwach kochen lassen und durch ein Sieb passieren. Mit der Crème double verkochen und kalter Butter abbinden. Mit Salz, Pfeffer und Cognac nochmals abschmecken. Vor dem Anrichten mit geschlagener Sahne aufschäumen.

Die Gemüse und die Morcheln waschen, putzen und in Form bringen. Jedes für sich blanchieren und abschrecken. Kurz vor dem Anrichten in Butter schwenken und mit Salz, Pfeffer und Zucker abschmecken.

Das Kalbsfilet würzen und in heißem Öl kurz anbraten. Die Pfanne für 4 Minuten bei 180 Grad in den Ofen stellen.

Das Kalbsfilet auf die vorgewärmten Teller geben. Die angeschwenkten Gemüse als Bouquet anrichten und die Krebse in der aufgeschäumten Sauce warm legen; auf die Teller geben.
Mit Kerbel verzieren und mit 1 Schuss Kalbsjus das Gericht vollenden.
Als Beilage empfehlen wir Nudeln oder kleine Salzkartoffeln.

Rehrücken und Filets vom Knochen lösen, häuten und kühl stellen.
Die Knochen und Abschnitte zerkleinern, die Gemüse waschen und in Würfel schneiden. Die gehackten Knochen in Öl anbraten, Gemüse und Speck zugeben, alles gut anrösten und mit Tomatenmark und Preiselbeeren karamellisieren. Mit Rotwein und Portwein ablöschen und mit Brühe auffüllen. Thymian, Wacholder und Pfeffer zum Ansatz geben und ca. 1,5 Stunden kochen. Die Sauce passieren, nochmals abschmecken und je nach Konsistenz mit angerührter Stärke leicht binden.

Für das Apfelgratin die Äpfel schälen, Kernhaus ausstechen und in Scheiben schneiden. Die Apfelringe auf ein gebuttertes Backblech fächerförmig auflegen. Mit etwas flüssiger Butter bestreichen und mit Puderzucker bestreuen. Kurz vor dem Servieren im heißen Backofen (Grillstufe) gratinieren.

Rehrücken und Filets mit Salz und Pfeffer würzen. Den Rehrücken in Olivenöl von allen Seiten gut anbraten und an einem warmen Ort 10 Minuten ruhen lassen.
Die zwei dünnen Filets in 4 gleichgroße Stücke schneiden, mehlieren, durch leicht geschlagenes Eiweiß ziehen und mit den Mandeln panieren. Den warm gestellten Rücken in Butter nachbraten, die panierten Filets zugeben und kurz mit anbraten.

Die Spätzle in Butter erwärmen.
Die Pfifferlinge waschen und in Butter anschwitzen, mit Salz und Pfeffer würzen
Das Apfelgratin auf die Teller geben, den Rehrücken in Scheiben schneiden und zusammen mit den Filets, den Pilzen und den Spätzle servieren.

Rezept für 4 Personen

Die Zutaten

1,2 kg	Rehrücken
100 g	Karotten
100 g	Sellerie
100 g	Lauch
150 g	Schalotten
1 EL	Tomatenmark
1 EL	Preiselbeeren
0,3 l	Rotwein
1 l	Fleischbrühe (siehe Seite 251)
1	Thymianzweig
10	Wacholderbeeren
evtl. etwas angerührte Stärke	
50 g	Speck
0,1 l	roter Portwein
80 g	gehobelte Mandeln
1	Eiweiß
Salz, Pfeffer aus der Mühle	
50 g	Butter
Spätzle (siehe Seite 255)	
200 g kl. Pfifferlinge	
Öl	

für das Apfelgratin:

4 Äpfel (Braeburn)
etwas Puderzucker
etwas flüssige Butter

Rehrücken
MIT PFIFFERLINGEN
UND SPÄTZLE

Fleisch, Geflügel, Wild

Für die Sauce die Gemüse klein schneiden. Aus den gut zerkleinerten Rehknochen und den Abschnitten unter Zugabe der Gemüse, des Tomatenmarks und der restlichen Zutaten eine Rehsauce kochen. Ca. 1,5 Stunden kochen, danach passieren.

Die Brötchen in Scheiben schneiden, mit der heißen Milch übergießen, gut einweichen lassen, danach ausdrücken und kalt stellen.
Schalotten schälen, die Pilze putzen und waschen und alles in kleine Würfel schneiden. In etwas Öl glasig anschwitzen und ebenfalls kalt stellen.
Vom Wirsingkopf die Blätter lösen, waschen und in Salzwasser kurz blanchieren. Kalt abschrecken und auf ein feuchtes Tuch legen, trocken tupfen.
Reh-Hack, Eier, eingeweichte Brötchen, Pilze und sämtliche Gewürze in eine Schüssel geben und alles gut vermischen. Die Masse gleichmäßig auf die vorbereiteten Wirsingblätter verteilen und diese zu Rouladen einrollen.
In etwas Öl von allen Seiten kurz anbraten, mit dem Rehfond übergießen und abgedeckt 20 – 25 Minuten garen. Mit gebratenen Speckscheiben garnieren und den Beilagen Ihrer Wahl servieren.

Rezept für 4 Personen

Die Zutaten

600 g	Reh-Hack aus der Keule oder Schulter
2	Brötchen vom Vortag
ca. 0,2 l	heiße Milch
2	Schalotten
100 g	Champignons oder Waldpilze
1	mittlerer Wirsingkopf
2	Eier
1 EL	gehackte Petersilie
1 Prise	Thymian
8	Speckscheiben

Öl zum Anbraten
Salz, Pfeffer aus der Mühle

für die Sauce:
Rehknochen und Abschnitte

1 St.	Knollensellerie
1 St.	Lauch (nur der weiße Teil)
1	Karotte
2	Schalotten
1/2 EL	Tomatenmark
1	Rosmarinzweig
1	Thymianzweig
0,2 l	Rotwein
1 l	Fleischbrühe (siehe Seite 251) oder Wasser

Salz, Pfeffer aus der Mühle

WIRSING-
Roulade
VOM MAIBOCK

Fleisch, Geflügel, Wild

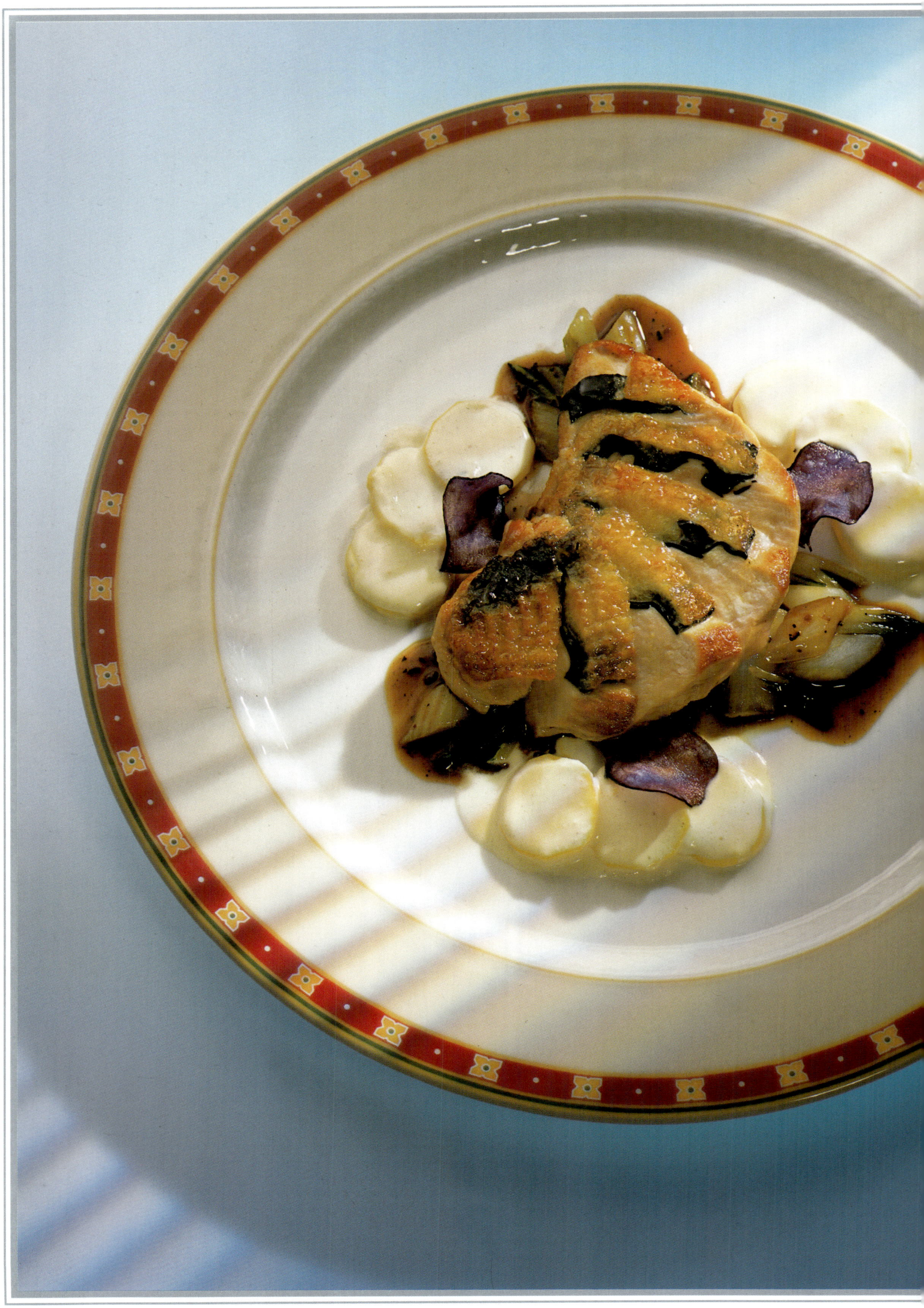

Rezept für 4 Personen

Die Zutaten

4	Perlhuhnbrüste
30 g	Périgord-Trüffel
600 g	Pak-Choi (alternativ Mangold)
2 EL	Olivenöl
50 g	Butter
1	Schuss roter Portwein
1 EL	Trüffeljus
0,1 l	dunkler Geflügelfond (siehe Seite 252)

Salz, Pfeffer

Trüffel in dünne Scheiben schneiden, die Abschnitte in feine Würfel hacken. Die Haut der Perlhuhnbrüste an einer Seite vorsichtig lösen, die Trüffelscheiben dünn auf das Fleisch legen, mit der Haut wieder verschließen und mit Salz und Pfeffer würzen.
Das Gemüse waschen, in kleine Rauten oder Streifen schneiden, in Butter anschwitzen und mit Salz und Pfeffer würzen.
Die Perlhuhnbrüste in Olivenöl anbraten und für ca. 6 – 8 Minuten bei 180 Grad in den Backofen schieben. Die Pfanne herausnehmen, das Fett abgießen und die Brüste in etwas Butter nachbraten. Danach die Brüste warm stellen. Zum Bratensatz etwas Portwein und Trüffeljus geben, umrühren und mit dem Geflügelfond aufgießen. Einige Minuten reduzieren und durch ein Haarsieb geben. Die Sauce abschmecken und die Trüffelwürfel unterrühren.
Die Perlhuhnbrüste 2 – 3 mal schräg teilen, auf dem Gemüse anrichten, mit der Sauce nappieren, mit lila Kartoffelchips (siehe Seite 253) garnieren und mit Beilagen nach Wahl servieren.

GEFÜLLTE
Perlhuhnbrust
AUF PAK-CHOI

Den Trüffel in dünne Scheiben schneiden und 8 gleichmäßig große Scheiben beiseite stellen. Den Rest in Würfel schneiden. Die Trüffelwürfel in ein wenig Butter anziehen und mit rotem Portwein und Trüffelfond ablöschen. Reduzieren und mit Kalbsjus auffüllen. Die Sauce mit kalten Butterwürfeln abbinden und mit Salz und Pfeffer abschmecken. Die Champignonköpfe mit einem Ziselierer einschneiden und kurz anbraten.

Vom Wirsingkopf 4 Blätter abtrennen und blanchieren. Den Rest in Würfel schneiden und in Butter anbraten. Crème fraîche zugeben und mit Salz, Pfeffer und Muskat abschmecken. Das Gemüse mit der Petersilie verfeinern und in die 4 Wirsingblätter füllen. Mit Hilfe eines Tuches kleine Köpfchen formen. Die anderen Gemüse waschen, putzen und in Form bringen. Jedes Gemüse für sich kurz blanchieren und kalt abschrecken.

Die Rindermedaillons mit Salz und Pfeffer würzen, scharf anbraten und warm stellen. Die Gänseleberscheiben salzen, mehlieren und ebenfalls anbraten, bis sie eine goldgelbe Farbe haben. Die Trüffelscheiben und die Champignonköpfe auf die Gänseleber legen, dann zusammen auf die Medaillons setzen und nochmals warm stellen.

In der Zwischenzeit die Gemüse in Butter glacieren und mit Salz, Pfeffer und Zucker abschmecken. Das Rinderfilet auf vorgewärmte Teller geben und mit der Trüffelsauce übergießen. Mit dem Gemüse und Beilagen nach Wahl anrichten, z.B. Kartoffelgratin (siehe Seite 256).

Rezept für 4 Personen

Die Zutaten

8	Medaillons vom Rinderfilet à 60 g
8	Scheiben Gänsestopfleber à 25 g
20 g	Périgord-Trüffel
0,1 l	Portwein
4 cl	Trüffelfond
0,1 l	Kalbsjus (reduzierter dunkler Kalbsfond, siehe Seite 253)
50 g	Butter
8	Champignonköpfe
1 kl.	Kopf Wirsing
2 EL	Crème fraîche
1 EL	gehackte Petersilie
150 g	junge Möhren
1	Kohlrabi
100 g	Zuckerschoten
1 Prise	Zucker
Salz, Pfeffer	
Muskat	
Mehl	

Tournedos

ROSSINI

IN PÉRIGORD-TRÜFFELSAUCE

Fleisch, Geflügel, Wild

217

218

Fasan

**AUF ZWEI ARTEN
MIT CHAMPAGNERKRAUT**

Fleisch, Geflügel, Wild

Für das Champagnerkraut die Zwiebeln in feine Streifen schneiden und mit dem Gänseschmalz anschwitzen. Das abgewaschene Sauerkraut zugeben, mit dem Champagner und der Fleischbrühe angießen. Die Gewürze in einen kleinen Leinenbeutel füllen und zum Sauerkraut geben. Den Apfel schälen und in das Kraut raspeln. Alles ca. 50 – 60 Minuten leise kochen lassen und mit Salz und Pfeffer abschmecken.

Brüste und Keulen des küchenfertigen Fasans vorsichtig von den Karkassen lösen und von Haut und Sehnen befreien (Häute und Sehnen beiseite stellen). Die Brüste würzen und mit dem fetten Speck umwickeln. Die Keulen in ca. 2 cm große Stücke schneiden.

Für die Sauce die Fasanenkarkassen hacken und mit den Sehnen und den Häuten in Öl anbraten. Gut anrösten, das Gemüse hinzufügen und nochmals 10 Minuten angehen lassen. Das Tomatenmark einrühren, mit Rotwein ablöschen, reduzieren und mehrmals mit Rotwein ablöschen. Die Reduktion mit Wildfond auffüllen. Kräuter und Gewürze zugeben und ca. 1,5 Stunden kochen. Durch ein Sieb passieren, auf 0,4 l reduzieren und abschmecken.

Die Trauben halbieren und von Schale und Kernen befreien. Toastbrot und geräucherten Speck in gleichgroße Streifen schneiden und getrennt in Butter anbraten, bis der Toast goldgelb und der Speck kross ist. Die Zutaten vermischen und warm stellen.
Die Fasanenbrüste mit Kräutern kurz in Öl anbraten und im Ofen bei ca. 150 Grad weiter braten. Die Keulenstücke mit Salz und Pfeffer würzen und mehlieren. In einer Pfanne kurz anbraten, eine Butterflocke zugeben und mit der Hälfte der Sauce glacieren.
Die andere Saucenhälfte mit der geschlagenen Sahne montieren.

Das Champagnerkraut auf vorgewärmte Teller geben. Die Fasanenbrüste in dünne Streifen schneiden und fächerförmig auf das Kraut setzen und mit der Rahmsauce beträufeln. Das Ragout der Fasanenkeulchen neben der Brust platzieren und mit der Garnitur bestreuen.
Als Beilage Kartoffelpüree servieren.

Rezept für 4 Personen

Die Zutaten

2	junge Fasane
4	Scheiben fetter Speck
150 g	rote Trauben
1	Scheibe Toastbrot
2	Scheiben geräucherter Speck
Salz, Pfeffer	
Mehl	
Öl	

für die Sauce:
je 150 g Schalotten-, Karotten-, Sellerie- und Lauchwürfel
1 EL Tomatenmark
0,3 l Rotwein
1 l Wildfond (siehe Seite 253) oder dunkler Geflügelfond (siehe Seite 252)
1 Lorbeerblatt
5 Wacholderbeeren
5 weiße Pfefferkörner
Rosmarin
Thymian
Salz
1 Knoblauchzehe
50 g kalte Butter
50 g geschlagene Sahne

für das Champagnerkraut:
1 Zwiebel
30 g Gänseschmalz
400 g Sauerkraut
etwas Fleischbrühe (siehe Seite 251)
0,2 l Champagner
1 Lorbeerblatt
15 Wacholderbeeren
1 TL weiße Pfefferkörner
1 Apfel
Salz, Pfeffer

FASAN AUF ZWEI ARTEN MIT CHAMPAGNERKRAUT

Fleisch, Geflügel, Wild

Zur Vorbereitung die Gemüse waschen und in Würfel schneiden. Wasser, Rotwein und Portwein erhitzen, Gemüsewürfel und Gewürze zugeben und auf ca. 30 Grad abkühlen. Das Hasenfleisch in die Marinade legen und 2 – 3 Tage marinieren.

Fleisch und Gemüse aus dem Fond nehmen und mit einem Küchenkrepp trocken tupfen. Mit Salz und Pfeffer würzen und in heißem Öl kurz anbraten. Das Fleisch herausnehmen, das Gemüse unter Zugabe von Tomatenmark gut anbraten und immer wieder mit der Marinade ablöschen.
Zum Schluss mit der Fleischbrühe aufgießen und das Hasenfleisch in der Sauce weich kochen. Sobald sich das Fleisch vom Knochen löst, die Fleischstücke aus der Sauce nehmen, in kaltem Salzwasser abkühlen und vorsichtig vom Knochen lösen. Haut, Knochen und eventuelle Schrotkugeln entfernen, das Fleisch in Stücke zupfen und warm stellen. Die Sauce passieren, leicht mit etwas angerührter Speisestärke binden und über das warm gestellte Fleisch geben.
Aus den Toastscheiben kleine Würfel schneiden und in Butter kross braten, Speck und Champignons in etwas Olivenöl anbraten. Das Fleisch aus der Sauce nehmen und auf die Teller verteilen. Die Sauce nochmals passieren, mit der Leber aufmixen, kurz erhitzen und über das Fleisch verteilen.
Die Croûtons, Champignons und Speckwürfel darüber geben und mit Beilagen nach Wahl servieren.

Rezept für 4 Personen

Die Zutaten

4	Hasenkeulen oder
12	Hasenschultern
0,2 l	roter Portwein
0,5 l	roter Burgunder
0,3 l	Wasser
250 g	Zwiebeln
200 g	Karotten
200 g	Knollensellerie
150 g	Lauch
2	Lorbeerblätter
1 TL	Koriander
1 TL	Pfefferkörner
5	Nelken
1 EL	Tomatenmark
1 l	Fleischbrühe
2	Toastscheiben
80 g	Speckstreifen
100 g kl.	Champignons
100 g	Gänse- oder Hasenleber

evtl. angerührte Speisestärke
Öl zum Braten
etwas Butter

Royale
VOM WILDHASEN

Fleisch, Geflügel, Wild

Das Fleisch von Haut und Sehnen befreien und in gleichmäßige Würfel schneiden. Mit Salz und Pfeffer würzen und mit dem Olivenöl marinieren. Vom Zwiebellauch grüne Spitzen abschneiden und kurz blanchieren. Zwiebeln häuten, die Möhren waschen und schälen.
Die Kartoffeln waschen und schälen, mit einem Parisienne-Ausstecher kleine Bällchen daraus formen und diese champignonförmig tournieren.
Die Gemüse nacheinander nicht zu weich blanchieren und kalt abschrecken.

Für die Sauce Butter, Schalotten und Mehl anschwitzen, mit Brühe und Crème fraîche ablöschen und ca. 5 Minuten köcheln lassen. Kräuter waschen, dicke Stiele entfernen, trocken tupfen und in die Sauce geben. Kurz aufkochen lassen und danach in einem Mixer mit dem Meerrettich, Weißwein und dem Zitronensaft fein pürieren. Mit Salz, Pfeffer und der Prise Zucker abschmecken. Das marinierte Lammfleisch in einer heißen Pfanne von allen Seiten gut anbraten, mit Balsamico ablöschen und mit der Butter glacieren.

Die Sauce auf Teller geben, das erhitzte Gemüse und die Kartoffeln darauf verteilen.
Danach die Lammfilets auf dem Gemüse anrichten.

Rezept für 4 Personen

Die Zutaten

600 g	Lammfilets oder ausgelöster Lammrücken
4 EL	gutes Olivenöl
1 Bd.	frische Möhren
1 Bd.	Zwiebellauch
150 g	Blumenkohlröschen
150 g	Perlzwiebeln oder Schalotten
500 g	Kartoffeln
1 EL	Balsamico
30 g	Butter

Salz, Pfeffer aus der Mühle

für die Grüne Sauce:

50 g	Butter
1 EL	fein gehackte Schalotten
1/2 EL	Mehl
200 g	Crème fraîche
0,1 l	Fleischbrühe (siehe Seite 251)
je 1 kl. Bd.	Kerbel, Basilikum, Blattpetersilie und Sauerampfer
1 EL	geriebener Meerrettich
4 cl	Weißwein
Saft von 1 Zitrone	
1 Prise	Zucker

Salz, Pfeffer

SAUTÉ VOM

Lammfilet

AUF GRÜNER SAUCE

Fleisch, Geflügel, Wild

Pfifferlinge putzen, waschen, einige schöne kleine Pilze für die Garnitur aussortieren. Die restlichen Pilze in kleine Würfelchen (Pilzduxelles) schneiden.
In einem Topf die gehackten Schalotten in Butter anschwitzen, Pfifferlinge und Thymian zugeben, mit Salz und Pfeffer würzen und etwas Weißwein ablöschen. Die Pilzduxelles so lange anbraten, bis alle Flüssigkeit verdunstet ist. Für die Füllung nun 8 Esslöffel beiseite stellen. Den Rest mit Mehl bestäuben, mit Fleischbrühe und Sahne angießen und am Herdrand sämig kochen.
Die Kaiserschoten und Karotten in streichholzdicke Stifte schneiden, kurz blanchieren und in Butter anschwitzen.

Die Kalbsschnitzel zwischen kräftige Folie legen und dünn ausklopfen, danach würzen, in einer Pfanne mit heißem Öl von beiden Seiten kurz anbraten und auf eine warme Platte legen.
Die aussortierten Pfifferlinge in etwas Butter anschwitzen. Die beiseite gestellte Pilzduxelles erwärmen, etwas gehackte Petersilie untergeben, die Masse auf die Schnitzel verteilen und diese zu Rouladen aufrollen. Die Pfifferlingrahmsauce abschmecken, restliche Petersilie unterrühren und auf heiße Teller geben.
Die Rouladen darauf anrichten, mit Kaiserschoten und Karotten und Beilagen nach Wahl servieren.

Rezept für 4 Personen

Die Zutaten

8	dünne Schnitzel vom Bison-Rind à ca. 60 g (aus dem Rücken oder der Hüfte geschnitten)
200 g	frische Pfifferlinge
1 EL	gehackte Schalotten
1	Thymianzweig
etwas Weißwein	
1 TL	Mehl
0,1 l	Fleischbrühe (siehe Seite 251)
100 g	Sahne
150 g	Kaiserschoten
150 g	Karotten
60 g	Butter
2 EL	Öl
1 EL	gehackte Petersilie
Salz, Pfeffer aus der Mühle	

GEFÜLLTES
Paillard
VOM BISON-RIND
MIT PFIFFERLINGEN

Fleisch, Geflügel, Wild

Das Fleisch des Stubenkükens von den Karkassen schneiden und kühl stellen. Die Poulardenbrust enthäuten und in Würfel schneiden. Mit Salz und Pfeffer würzen, mit Eiweiß vermengen und für ca. 30 Minuten in den Froster stellen.
Das leicht angefrorene Fleisch in die Moulinette geben und unter Zugabe der gut gekühlten Sahne eine Farce herstellen; diese mit Sherry abschmecken. Die Gänseleber in kleine Würfel schneiden, würzen und zusammen mit den Gemüsewürfeln unter die Farce geben. Ausgelöste Kükenkeulchen würzen, mit der Hautseite auf eine Platte legen und die offene Seite mit der vorbereiteten Farce dick bestreichen. Die Brüstchen würzen und mit der offenen Seite auf das bestrichene Keulchen legen und leicht andrücken. Die Steinpilze putzen, eventuelle Erdreste mit einem feuchten Tuch entfernen, in Stücke schneiden und mit den gehackten Schalotten und dem Thymian in Butter anbraten. Mit Weißwein ablöschen und mit der Sahne aufgießen.
Stubenküken von beiden Seiten in Olivenöl anbraten und im Backofen bei 180 Grad ca. 8 Minuten garen.
Nudeln kochen, auf Teller verteilen, die Steinpilze mit Petersilie und geschlagener Sahne vermischen und über die Nudeln geben. Das Stubenküken in Scheiben schneiden und auf den Nudeln anrichten.

Rezept für 4 Personen

Die Zutaten

2	Stubenküken à 450 g
1	Poulardenbrust à 150 g
1	Eiweiß
100 g	Sahne
1	Spritzer Sherry
100 g	Gänseleber
1 EL	Gemüsewürfelchen (Karotte, Lauch, Sellerie)
500 g	Steinpilze
1 EL	gehackte Schalotten
1	Thymianzweig
50 g	Butter
5 cl	Weißwein
1 EL	gehackte Petersilie
100 g	Sahne
2 EL	geschlagene Sahne
240 g	Nudeln

Salz, Pfeffer aus der Mühle
Olivenöl

GEFÜLLTES
Stubenküken
AUF STEINPILZEN

Fleisch, Geflügel, Wild

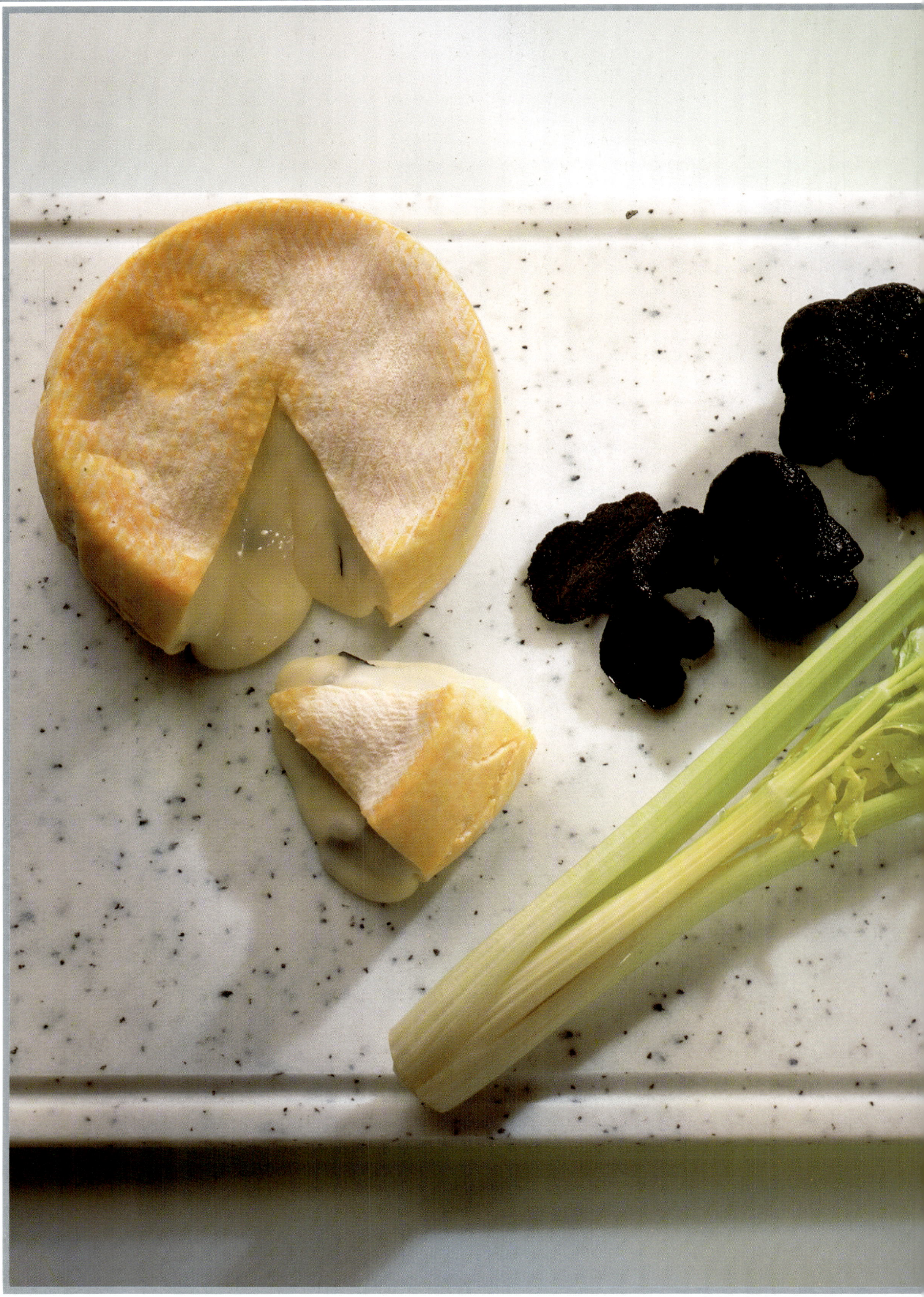

Rezept für 2 – 4 Personen

Die Zutaten

1	kleiner, nicht zu reifer Vacherin-Käse
30 g	Périgord-Trüffel in Scheiben

Den Vacherin gut durchkühlen, mit einem Draht oder Käsemesser mittig quer teilen und mit Trüffelscheiben belegen und wieder zusammensetzen. 1 – 2 Tage an einem nicht zu kühlen Ort reifen lassen (bei ca. 16 Grad). Mit Staudensellerie oder Feldsalat und Nussbrot servieren.

Vacherin
MIT PÉRIGORD-TRÜFFEL

232

Crème brûlée
(siehe Seite 250)

Lauwarme Schokoladentarte
(siehe Seite 254)

Topfenknödel
(siehe Rezept Variation von Topfen
und Rhabarber, Seite 238)

Gebackene Holunderblüten
(siehe Seite 251)

Kaffee-Karamell-Eis
(siehe Seite 252)

Walderdbeeren
(nach Gefühl)

EINE
Dessert-
VARIATION

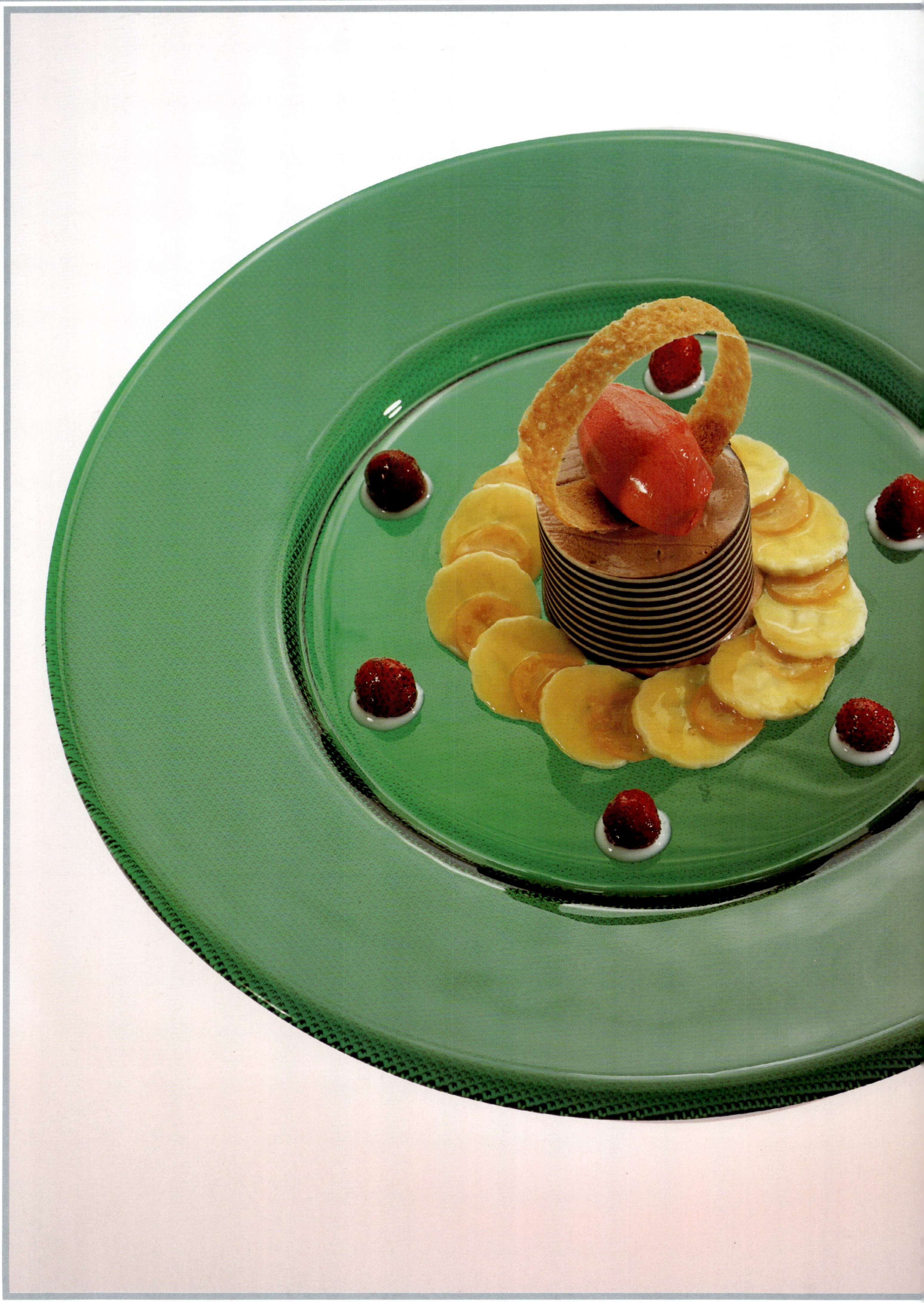

Rezept für 6 – 8 Personen

Die Zutaten

für den Pralinenschaum:

1	Eigelb
1	Vollei
50 g	bittere Kuvertüre
50 g	Vollmilchkuvertüre
100 g	Nougat dunkel
2 cl	Grand Marnier
2 cl	Creme de Cacao
4 cl	Rum 40%
300 g	geschlagene Sahne

Schokoladenraspel nach Belieben

für das Kompott:

ca. 50 g Zucker
0,2 l Orangensaft
1/2 Vanillestange
2 Passionsfrüchte
etwas mit kaltem Wasser angerührte Speisestärke
3 Bananen
1 Schälchen Physalis

Für den Pralinenschaum das Eigelb und die Eier in einem Kessel oder einer Schüssel über dem Wasserbad bei 80 Grad heiß aufschlagen. Danach mit dem Rührgerät kalt-schaumig rühren. Die Kuvertüre und den Nougat schmelzen und unter die Eiermasse rühren, danach Grand Marnier, Creme de Cacao und Rum zugeben. Zum Schluss die Sahne und Schokoraspel mit einem Gummi-Teigschaber unterziehen. Die Masse in kleinere Förmchen füllen und für mehrere Stunden in das Tiefkühlfach stellen.

Für das Kompott den Zucker in einem Topf hellgelb karamellisieren lassen, mit Orangensaft ablöschen. Die Vanillestange und das Fruchtfleisch der Passionsfrüchte zugeben und bei schwacher Hitze leicht köcheln lassen, bis sich der Zucker restlos aufgelöst hat. Mit der Speisestärke etwas abbinden und danach durch ein Haarsieb passieren. Auskühlen lassen. Die Bananen und die Physalis in dünne Scheiben schneiden. Abwechselnd Bananen und Physalis kreisförmig in der Mitte des Tellers anrichten. Die Sauce über die Früchte geben. Den geeisten Pralinenschaum stürzen und in die Mitte des Kompotts platzieren.

GEEISTER
Pralinenschaum
AUF MARINIERTEN BANANEN UND PHYSALIS

Der Rhabarber

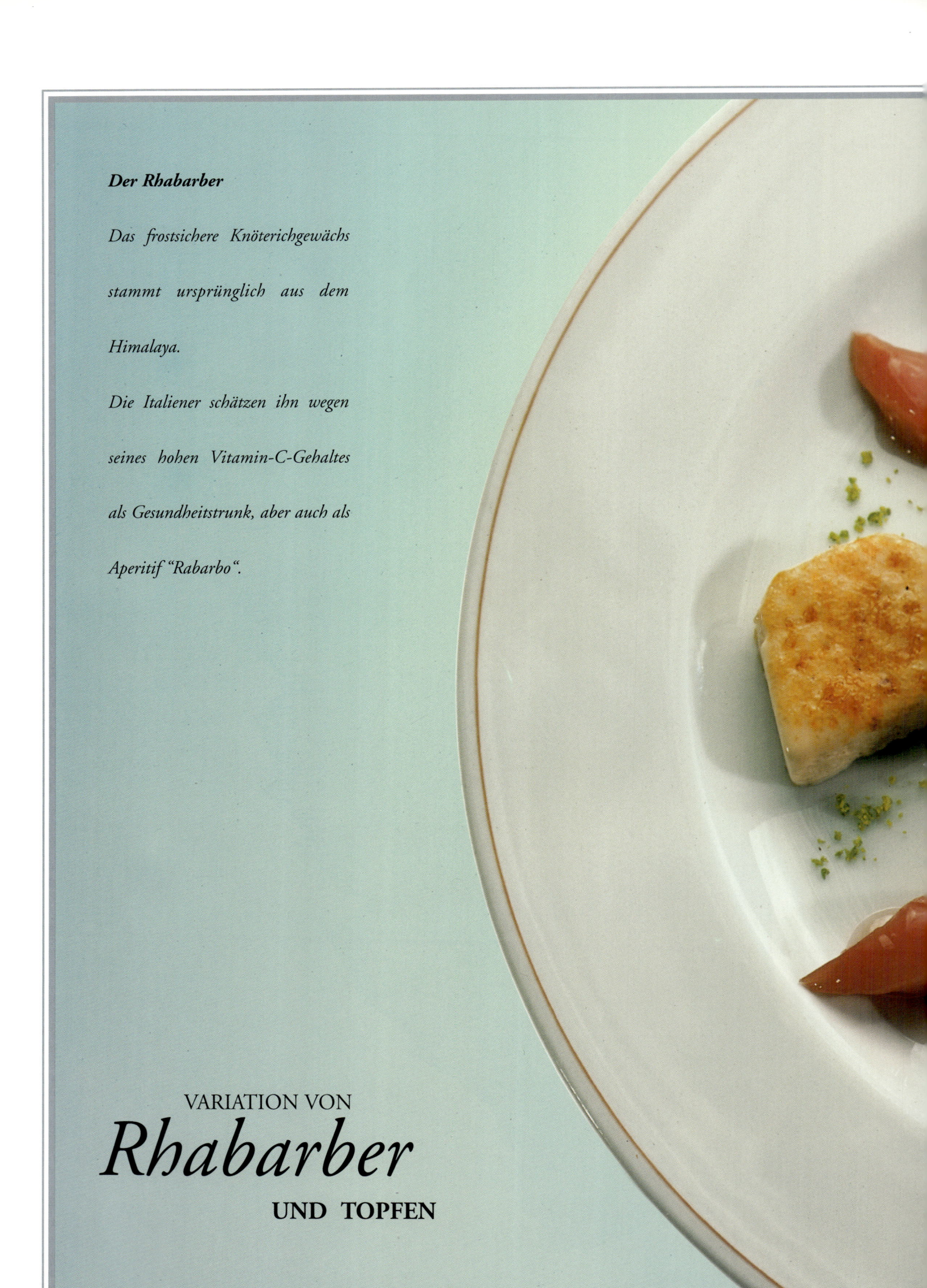

Das frostsichere Knöterichgewächs stammt ursprünglich aus dem Himalaya.

Die Italiener schätzen ihn wegen seines hohen Vitamin-C-Gehaltes als Gesundheitstrunk, aber auch als Aperitif "Rabarbo".

VARIATION VON
Rhabarber
UND TOPFEN

Desserts

237

Für die Topfencreme die Schale von Zitrone und Orange abreiben und beiseite stellen. Beide Früchte auspressen und den Saft mit dem Zucker aufkochen, bis sich der Zucker vollständig aufgelöst hat. Danach etwas abkühlen lassen. Gelatine in kaltem Wasser 3 Minuten einweichen, ausdrücken und darin auflösen. Quark, Abrieb von Zitrone und Orange und Mark der Vanilleschote zugeben und glatt rühren. Die Sahne mit einem Gummi-Teigschaber unterheben, in kleine Förmchen füllen und kalt stellen.

Für die Topfenknödel die Butter mit dem Zucker und dem Vanillemark gut schaumig rühren. Das Ei trennen und das Eigelb unter die Buttermasse rühren. Den gut ausgedrückten Quark zugeben und glatt rühren. Das Eiweiß mit 1 Prise Salz und dem Esslöffel Zucker zu Schnee schlagen und unter die Masse heben. Das Toastbrot von der Rinde befreien, in der Moulinette fein hacken und anschließend unter die Masse kneten. Den Teig für 1 – 2 Stunden kalt stellen. Kleine Knödel formen und in leicht gesalzenem und gezuckertem Wasser garen.
Mit Zimt-Butterbröseln garnieren.

Der deutsche Handel bietet das "Holsteiner Blut" (grünes Stielende) als Himbeerrhabarber sowie Blutrhabarber (rotes Stielende) an.

Besonders gut zur Herstellung von Kompott und Sorbets eignet sich das "Holsteiner Edelblut".

Der bekannte Effekt der "stumpfen Zähne" entsteht erst im Zusammenspiel von Rhabarber mit Milchprodukten (Vanillesauce, Sahne), weil sich dann Kalziumoxadat bildet, das an den Zähnen haftet.

Für das Rhabarberkompott die Rhabarberstangen waschen, Blätter entfernen und die grünen Stiele von der Haut befreien. Die Stangen in gleichgroße Rauten schneiden.
Die Schalen und Abschnitte mit Zucker, Wasser und etwas Weißwein in einen Topf geben und 6 Minuten kochen lassen. Den Fond passieren und in den Topf zurückgeben. Die Rhabarberrauten zugeben, weich garen und herausnehmen. Den Fond mit etwas angerührter Stärke abbinden, abkühlen lassen und vor dem Anrichten über die Rhabarberrauten geben.

Für das Rhabarberparfait den kleingeschnittenen Rhabarber mit 2 Esslöffeln Zucker und etwas Weißwein bei kleiner Hitze zu Püree kochen, durch ein Haarsieb passieren und auskühlen lassen. Das Eigelb mit Zucker bei 80 Grad über einem Wasserbad aufschlagen und danach mit dem Rührgerät weiter kalt schlagen. Das Rhabarberpüree unter die Eigelbmasse rühren und die geschlagene Sahne unterziehen. In eine gewünschte Eisform füllen und für 6 – 8 Stunden in die Tiefkühltruhe stellen.

Den Teller nach Belieben anrichten!

Rezept für 8 Personen

Die Zutaten

für die Topfencreme:
250 g   Quark
Abrieb und Saft von
        1/2 Zitrone
Abrieb und Saft von
        1/2 Orange
70 g   Zucker
3 Blatt   Gelatine
1/2   Vanilleschote
250 g   geschlagene Sahne

für die Topfenknödel:
250 g   Quark (gut abgetropft)
25 g   Butter
25 g   Zucker
1/2   Vanilleschote
1   Ei
1 Prise   Salz
1 EL   Zucker
1/4   Toastbrot
Zimt-Butterbrösel für die Garnitur (siehe Seite 248)

für das Rhabarberkompott:
500 g   Rhabarber
2 EL   Zucker
0,2 l   Wasser
0,1 l   Weißwein
etwas mit Wasser angerührte Speisestärke

für das Rhabarberparfait:
3   Eigelb
50 g   Zucker
250 g   geschlagene Sahne
250 g   Rhabarber
2 EL   Zucker
etwas Weißwein

VARIATION VON RHABARBER UND TOPFEN

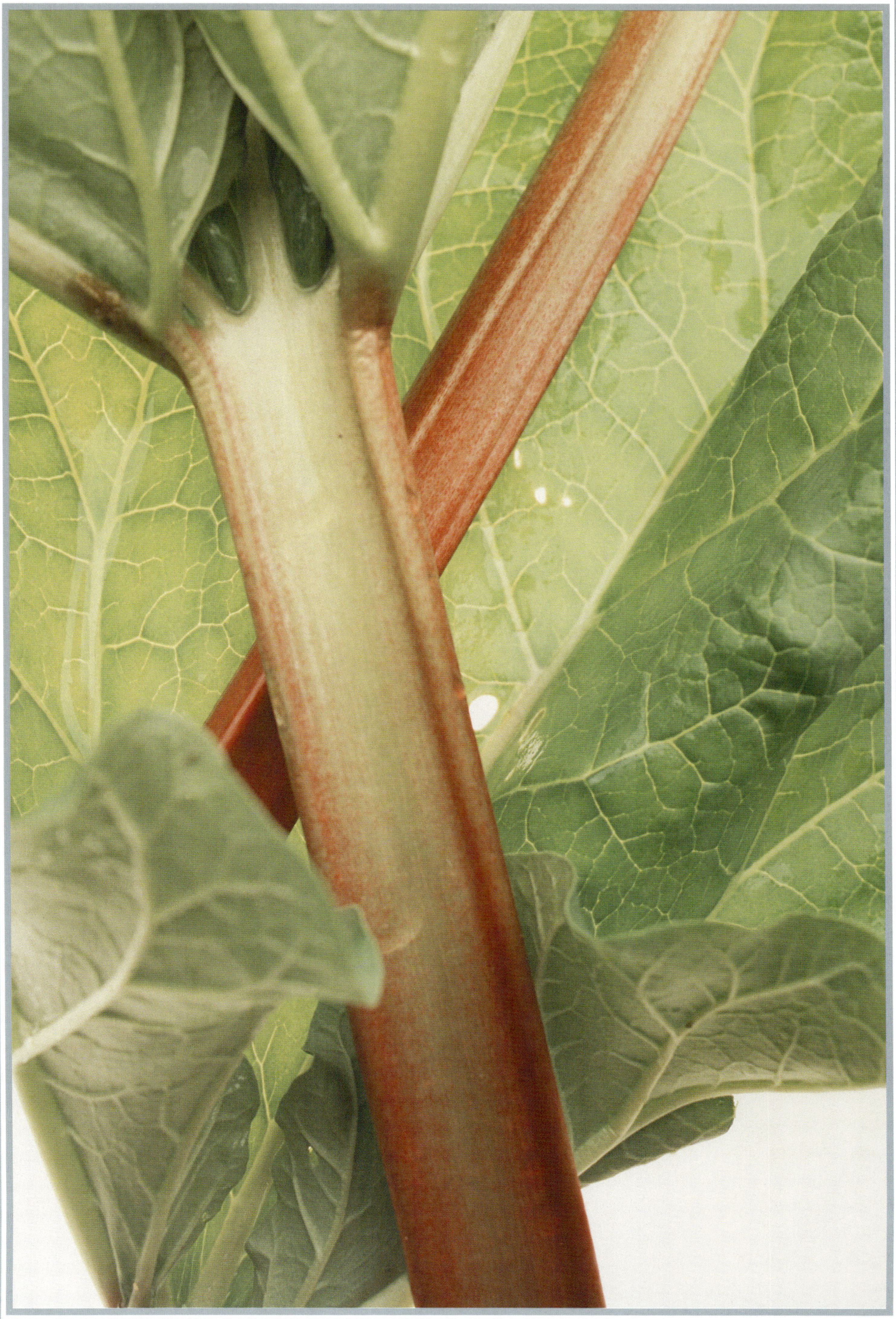

240

Rezept für 6 – 8 Personen

Die Zutaten

für das Parfait:

ca. 400 g	Baumkuchen (am besten beim Konditor kaufen)
5	Eigelb
1	Vollei
100 g	Zucker
1/2	Vanilleschote
500 g	geschlagene Sahne

für den Krokant:

150 g	leicht geröstete Macadamianüsse
150 g	Zucker

für das Mango-Erdbeer-Ragout:

2	reife Mango
3 – 4 EL	Läuterzucker (siehe Seite 253)
100 g	Weißwein
100 g	Erdbeeren
etwas Zimtzucker	

Für den Krokant die Macadamianüsse grob hacken. Den Zucker in einem Topf hellbraun karamellisieren, die Nüsse unterrühren. Auf ein Stück Backpapier schütten und gut auskühlen lassen. Wenn der Krokant fest ist, vorsichtig mit einem Nudelholz in kleine Stücke rollen.

Die gewünschte Form (am besten eignet sich eine Dachrinnenform) des Parfaits mit Baumkuchen dünn auslegen.

Für die Parfaitmasse Eigelb, Vollei, Zucker und das Mark der Vanilleschote in einem Schlagkessel oder einer Schüssel über einem 80 Grad heißen Wasserbad aufschlagen. Anschließend die Masse mit dem Rührgerät kalt schlagen, bis sie eine dickcremige Konsistenz erreicht hat.
Mit einem Gummi-Teigschaber die Sahne und den Krokant unterziehen. Die fertige Masse in die ausgelegte Form füllen und für mehrere Stunden in die Tiefkühltruhe stellen.

Für das Ragout die Mangos schälen und in kleine Würfel schneiden. Die Mangoabschnitte mit dem Läuterzucker und dem Weißwein aufkochen, danach in einem Mixer pürieren, durch ein Haarsieb streichen und auskühlen lassen. Die Erdbeeren in kleine Würfel schneiden und zusammen mit den Mangowürfeln vorsichtig unter das kalte Mangopüree heben. Das Püree auf die Mitte eines Tellers geben, das Parfait auflegen.
Auf Wunsch kann das Parfait mit braunem Zucker bestreut und mit einem Bunsenbrenner karamellisiert werden.

GRATINIERTES
Macadamia-
KROKANTPARFAIT AUF
MANGO-ERDBEER-RAGOUT

Die Kirschen waschen, gut abtropfen lassen und so entkernen, dass der Stiel noch fest an der Frucht sitzt. Das Marzipan mit dem Amaretto verarbeiten, in kirschkerngroße Stücke formen und in die Kirschen füllen. Die Kirschen kurz in Mehl wälzen und leicht abklopfen.

Für den Weinteig die angegebenen Zutaten mischen und mit einem Schneebesen glatt rühren.

Das Butterfett in einem Topf oder einer Friteuse auf ca. 180 Grad erhitzen. Drei Kirschen am Stielende festhalten, in den Weinteig tauchen und vorsichtig in das heiße Fett geben; goldbraun ausbacken. Mit einer Schaumkelle herausnehmen, auf einem Küchenkrepp abtropfen lassen und in etwas Zimtzucker wälzen.

Für den Portweinschaum die Zutaten in eine Schüssel oder einen Schaumkessel geben und über einem Wasserbad bei 80 Grad schaumig heiß aufschlagen, bis eine cremige Konsistenz erreicht ist. Danach mit dem Rührgerät kalt schlagen. Den Portweinschaum auf die Teller verteilen, die Kirschen auf den Portweinschaum setzen und nach Belieben mit Eis oder Kirschkompott servieren.

Rezept für ca. 4 Personen

Die Zutaten

ca. 350 g feste Kirschen
80 g   Marzipan
2 cl   Amaretto
1 kg   Butterfett
etwas Mehl zum Wälzen der Kirschen
etwas Zimtzucker

für den Teig:
0,15 l   Weißwein
1 TL   Zucker
ca. 80 g Mehl

für den Portweinschaum:
8 cl   roter Portwein
2   Eigelb
1 EL   Zucker
1/2   Zitrone

GEBACKENE
Kirschen
AUF PORTWEINSCHAUM

Desserts

243

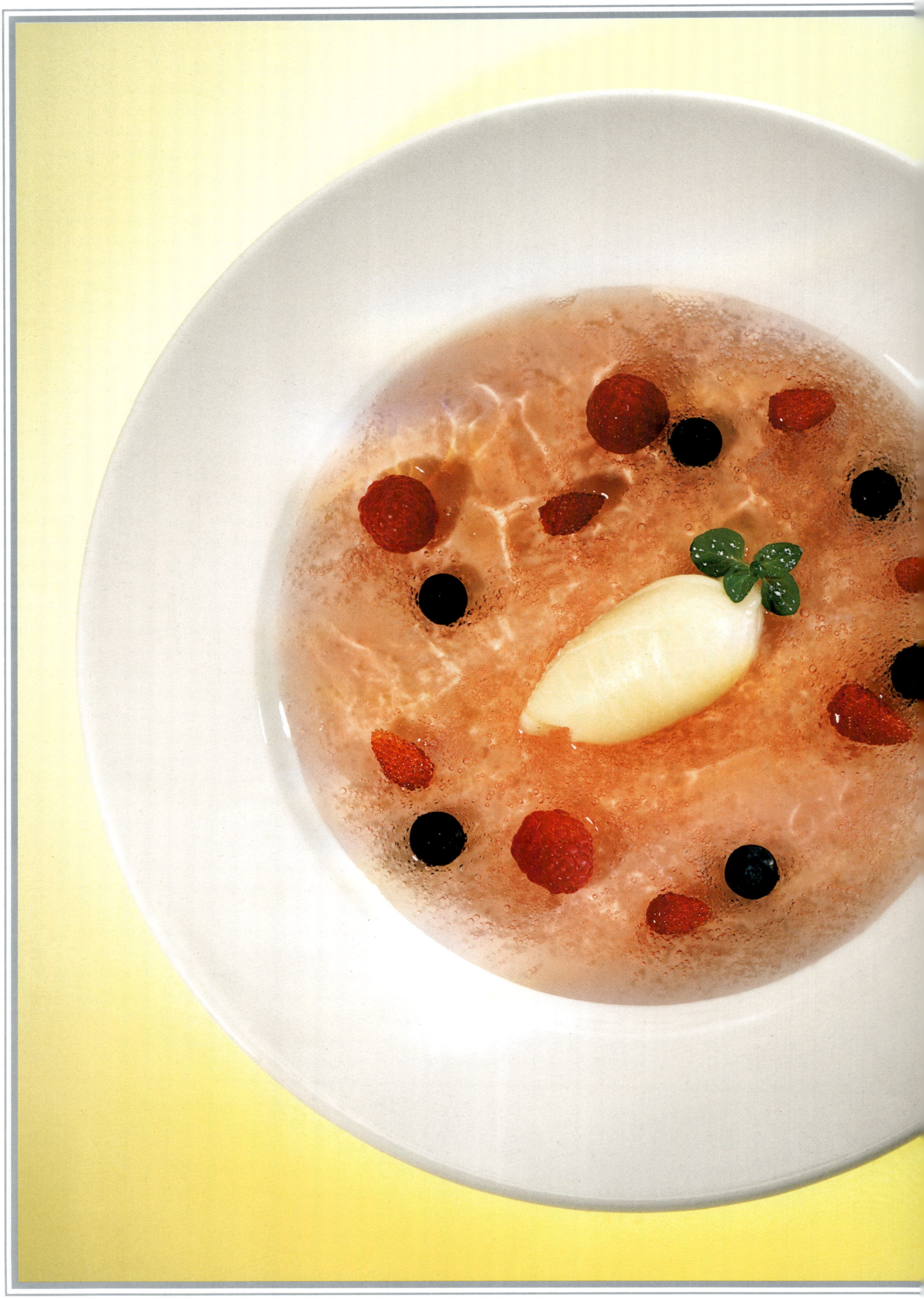

Rezept für 6 Personen

Die Zutaten

0,375 l	Champagner rosé
6 cl	Wasser
40 g	Zucker
2,5 Blatt	Gelatine
0,25 l	trockener Riesling
Beeren nach Belieben	

für das Sorbet:

500 g	weiße Pfirsiche
0,12 l	Weißwein
0,12 l	Wasser
150 g	Zucker
1	Vanillestange

Den Champagner für ca. 1/2 Stunde in das Eisfach geben. Das Wasser mit dem Zucker zusammen kurz aufkochen. Den so entstandenen Läuterzucker etwas abkühlen lassen.
Die Gelatine in sehr kaltem Wasser 5 Minuten quellen lassen, ausdrücken und anschließend in dem noch warmen Läuterzucker auflösen.
Den gut gekühlten Weißwein in eine Schüssel geben und mit einem Gummi-Teigschaber den Läuterzucker unterrühren. Den Champagner aus dem Eisfach nehmen, öffnen und behutsam zur Grundmischung geben, so dass möglichst wenig Kohlensäure verloren geht. Nun noch einmal sehr vorsichtig mit dem Teigschaber verrühren. Für mindestens 12 Stunden abgedeckt kalt stellen.

Für das Sorbet die Pfirsiche waschen und das Fruchtfleisch vom Stein lösen. Danach mit Wein, Wasser, Zucker und der Vanilleschote verkochen.
Die Vanilleschote entfernen, die Masse durch ein Haarsieb streichen und in der Eismaschine frieren.

Das gelierte Süppchen in einen gut gekühlten tiefen Teller geben, mit den Beeren ausgarnieren und mit einer Nocke des Sorbets servieren.

ROSA CHAMPAGNER-
Süppchen
MIT BEEREN
UND SORBET VOM WEISSEN PFIRSICH

246

Rezept für 8 Personen

Die Zutaten

0,5 l	Milch
55 g	Hartweizengrieß
Abrieb von je 1/2 Zitrone und Orange	
1	Vanillestange
100 g	Eiweiß
70 g	Zucker
1 Prise	Salz

für den glacierten Pfirsich:

6	reife Pfirsiche
1/2	Zitrone
0,1 l	Weißwein
100 g	Zucker
1/2	Vanillestange
etwas Pfirsichlikör	(roter Weinbergpfirsich der Selection Jörg Müller – siehe Seite 256)
1/2 TL	Speisestärke, in Wasser angerührt

Milch, Grieß, Abrieb von Orange und Zitrone und Mark der Vanillestange in einem Topf zum Kochen bringen und ca. 5 Minuten garen (ständig rühren, damit keine Klümpchen entstehen). Eiweiß mit Zucker und 1 Prise Salz zu Schnee schlagen und unter die kochend heiße Masse heben (nicht zu lange rühren, damit die Masse nicht wieder zusammenfällt!!!).
Direkt in frisch ausgespülte, noch feuchte Förmchen einfüllen und mehrere Stunden kalt stellen.

Die Pfirsiche halbieren und den Stein entfernen. In einem Topf Wasser zum Kochen bringen. Die Pfirsichhälften mit Hilfe einer Schaumkelle für ca. 5 – 10 Sekunden in das kochende Wasser halten, danach in Eiswasser abschrecken. Jetzt lässt sich die Schale leicht entfernen. Die Früchte in gleichmäßige Spalten schneiden und mit Zitronensaft beträufeln. Weißwein, Zucker, Vanillestange und ca. 0,2 l Wasser zum Kochen bringen. Den Sud mit der angerührten Stärke binden, die Vanillestange entfernen und die Pfirsichspalten zugeben. Nochmals kurz aufkochen lassen und mit dem Pfirsichlikör abschmecken. Kalt stellen. Das gestürzte Flammeri und die Pfirsichspalten auf einem Teller mit Himbeermark oder Beeren garnieren.

GRIESS-
Flammeri
MIT GLACIERTEM PFIRSICH

Kartoffeln waschen und in reichlich Wasser weich kochen. Die Haut entfernen und gut auskühlen lassen. Die Kartoffeln durch eine Presse drücken. Mehl, Eigelb und Salz zugeben und die Masse gut verkneten. Die Aprikosen in Würfel schneiden und mit 2 – 3 Esslöffel braunem Zucker vermengen. Den Kartoffelteig ausrollen und rund ausstechen. Die Aprikosenwürfel in die Mitte setzen. Knödel formen und in leicht gesalzenem Wasser ca. 5 Minuten köcheln lassen.

Für die Zimtbrösel die Butter in einer Pfanne schmelzen. Semmelbrösel, Zimt und Zucker zugeben und anrösten.

Die Brombeeren in einer Schüssel zusammen mit dem Zucker marinieren. Ein Drittel der Brombeeren zusammen mit dem Saft, der Vanillestange und dem Rotwein zum Kochen bringen und danach mit einem Stabmixer pürieren. Durch ein Haarsieb passieren und die restlichen Brombeeren vorsichtig unterrühren.

Brombeergrütze auf Teller geben, die gegarten Knödel auflegen, mit den Zimtbröseln bestreuen und nach Belieben mit Puderzucker überstäuben.

Rezept für 4 – 6 Personen

Die Zutaten

300 g	Kartoffeln (mehlig kochend)
ca. 70 g	doppelgriffiges Mehl (Instant-Mehl)
1	Eigelb
1 Prise	Salz
12	reife Aprikosen
etwas brauner Zucker	

für die Brombeergrütze:

500 g	Brombeeren
100 g	Zucker
1/2	Vanillestange
0,25 l	Rotwein

für die Zimtbrösel:

100 g	Butter
3 – 4 EL	Semmelbrösel
1 Prise	Zimt
1 TL	Zucker

Marillenknödel
MIT BROMBEERGRÜTZE

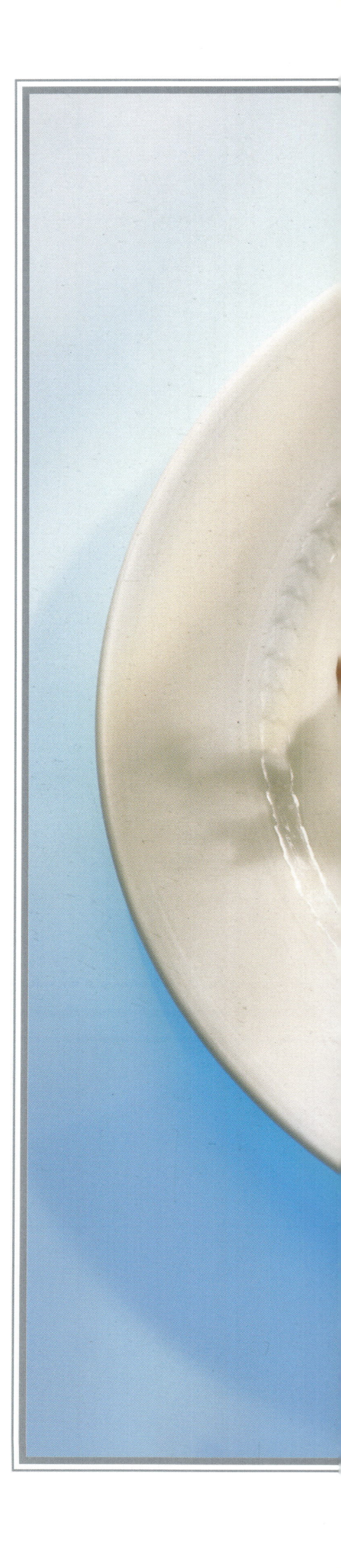

Desserts

249

Beurre Blanc

Zutaten für 300 ml:
- 5 Schalotten
- 0,25 l trockener Weißwein
- 250 g französische Salzbutter
- Pfeffer aus der Mühle

Die fein gehackten Schalotten mit dem Weißwein langsam auf ein Drittel reduzieren, passieren. Die handwarme Butter nach und nach darunter rühren, würzen. Dabei darf die Sauce keinesfalls mehr kochen. Auf kleiner Flamme warm halten.

Biskuitrouladen

Zutaten für 4 Personen:
- 4 Eier
- 75 g Zucker
- 75 g Butter
- 40 g Mehl
- 20 g Speisestärke

Die Eier trennen, die Dotter mit 25 g des Zuckers aufschlagen. Das Eiweiß mit 50 g des Zuckers zu Schnee schlagen. Mit einem Gummi-Teigschaber vorsichtig beide Massen miteinander verrühren. Mehl und Stärke mischen, durchsieben und ebenfalls unterziehen.
Mit einer Winkelpalette auf Backpapier aufstreichen.
Bei 230 Grad ca. 5 – 7 Minuten backen.

Tipp: Nach dem Backen auf die noch warme Roulade hauchdünn etwas Zucker aufstreuen und mit einem sauberen Tuch abdecken. So wird verhindert, dass die Roulade austrocknet, man kann sie füllen, ohne dass sie bricht!

Cocktailsauce

Zutaten:
- 1 TL Mango Chutney
- fertige Mayonnaise (siehe Seite 253)
- geschlagene Sahne
- etwas Ketchup
- 1 Spritzer Cognac

Mango Chutney fein hacken und alle Zutaten verrühren. Zum Schluss mit Cognac abschmecken.

Crème brûlée

Zutaten für 6 Personen:
- 500 g Sahne
- 6 Eigelbe
- 50 g Zucker
- 1 Vanilleschote
- Bunsenbrenner

Sahne, Eigelbe, Zucker und das ausgeschabte Mark einer Vanilleschote im Mixer mischen. Die Masse in tiefe Teller oder kleine Förmchen geben und im vorgeheizten Ofen bei ca. 150 Grad 25 Minuten backen, bis die Masse fest wird. Aus dem Ofen nehmen, abkühlen lassen und mit Zucker bestreuen. Dann die Oberfläche mit dem Bunsenbrenner karamellisieren. Vorsicht, der Zucker darf nicht schwarz werden!

Eierlikörschnitte

Zutaten:
- 50 g Butter
- 120 g Zucker
- 6 Eier
- 2 cl Rum
- 4 cl Eierlikör
- 1 Prise Salz
- 180 g gemahlene Haselnüsse
- 100 g geriebene dunkle Kuvertüre
- 150 g geschlagene Sahne
- 1/2 Päckchen Sahnesteif oder 1 Blatt Gelatine
- 8 cl Eierlikör für die Garnitur

Die Butter mit der Hälfte des Zuckers schaumig rühren, die Eier trennen. Die Dotter, Rum und Eierlikör nach und nach unter die Butter-Zuckermasse rühren.
Das Eiweiß mit 1 Prise Salz und dem Rest des Zuckers steif schlagen.
Mit einem Gummi-Teigschaber unter die vorherige Masse ziehen. Haselnüsse und Kuvertüre mischen und vorsichtig unter heben.
In eine Springform (Durchmesser 25 – 30 cm) füllen und bei 180 Grad ca. 20 Minuten backen. Sahne und Sahnesteif oder Gelatine mischen und damit den ausgekühlten Boden dünn bestreichen. Den Eierlikör vorsichtig auf den Boden auftragen und für 12 Stunden kalt stellen. In gleichmäßige Stücke schneiden.

Eiernudeln

Zutaten für 6 – 8 Personen:
- 3 Eier
- 2 Eigelb
- 350 g Mehl
- 1 EL Olivenöl
- 1 Prise Safran oder Kurkuma
- Salz

Mehl, Eier, Eigelb, Olivenöl, Safran und Salz gut verkneten, eventuell noch etwas Mehl zugeben, bis der Teig nicht mehr an den Händen klebt. (Er sollte sehr fest sein.) Den Teig abgedeckt 1 Stunde ruhen lassen und anschließend dünn ausrollen. In die gewünschte Breite schneiden. In kochendes Salzwasser geben, nicht zu weich kochen und dann kalt abschrecken. Vor dem Servieren in Butter anschwenken.

Fischfarce

Zutaten:
- 300 g haut- und grätenfreies Zanderfilet
- 1 Eiweiß
- 250 g Sahne
- Salz

Zander eignet sich wegen des nicht zu trockenen Fleisches sehr gut, je nach Bedarf können auch andere Fische wie z.B. Hecht oder Lachs verwendet werden.
Das Fleisch zunächst klein schneiden, mit Eiweiß, Salz und evtl. anderen Gewürzen (Cayenne, weißer Pfeffer) mischen und im Gefrierfach leicht anfrieren. Den angefrorenen Fisch nach und nach unter Zugabe der Hälfte der sehr kalten Sahne in der Moulinette fein pürieren. Die Masse darf sich dabei nicht erwärmen. Die Farce passieren und auf Eis langsam mit der restlichen Sahne vermengen. Solange kräftig rühren, bis eine feste, luftige Masse entsteht. Die Farce sollte sofort verbraucht werden.
Diese Grundfarce kann vielseitig variiert werden. Wenn gewünscht, kann sie mit Noilly Prat, Sherry oder Pernod abgeschmeckt oder mit kleinen Gemüsewürfeln, Safran oder Kerbel vermengt werden. Mit Kurkuma oder Petersilie kann sie auch gelb bzw. grün gefärbt werden.

Fischfond

Zutaten für 1 Liter:
- 1 kg Fischgräten und -köpfe, am besten von Steinbutt und Seezunge
- 2 Staudenselleriezweige
- einige Petersilienstängel
- 1/2 Stange Lauch
- 6 Schalotten
- 1/2 Fenchelknolle
- 6 weiße Pfefferkörner
- 1 Lorbeerblatt
- 1 Thymianzweig
- 0,75 l trockener Weißwein
- 1,5 l Wasser
- 0,1 l Noilly Prat
- 4 cl Pernod
- Salz, Pfeffer aus der Mühle

Von den Fischköpfen die Kiemen herausschneiden, mit den Gräten klar wässern und zerkleinern. Das Gemüse (Sellerie, Lauch, Fenchel und Petersilie) putzen, waschen und klein schneiden. Schalotten schälen und vierteln und in einer heißen Kasserolle mit Butter anschwitzen.
Die Fischgräten und -köpfe und das restliche Gemüse dazugeben, mit den zerdrückten Pfefferkörnern, Thymian und dem Lorbeerblatt würzen und dann mitdünsten. Mit Weißwein ablöschen und mit Wasser auffüllen. Am Herdrand 25 Minuten köcheln lassen. Wenn nötig abschäumen und durch ein feines Sieb oder Tuch passieren.

Fischgrundsauce

Zutaten für 1 Liter:
- 1,0 l Fischfond
- 0,1 l trockener Riesling
- 200 g Sahne
- 200 g Crème fraîche
- 1 gehäufter EL Mehl
- 80 g Butter
- je 100 g Fenchel, Staudensellerie und Lauch, gewürfelt
- 50 g Champignons, gewürfelt
- 3 Schalotten, grob gehackt
- 1 Prise Cayenne
- 2 EL Pernod
- 4 EL Noilly Prat
- Salz

Butter aufschäumen lassen, Schalotten und Gemüse glasig anschwitzen, mit Mehl abstäuben. Fischfond und Riesling zugeben, glatt rühren. Danach mit Sahne und Crème fraîche verfeinern und ca. 15 Minuten sieden lassen; abpassieren. Mit Noilly Prat, Pernod, Salz und Cayenne abschmecken. Nochmals einige Minuten kochen lassen und mit dem Stabmixer schaumig rühren.

Fleischbrühe

Zutaten für 1 Liter:
- 1,5 kg Fleischknochen
- 2 l Wasser
- 200 g Schalotten
- 100 g Möhre
- 100 g Staudensellerie
- 100 g Lauch
- 1 Rosmarinzweig
- Thymian
- Petersilienstiele
- Salz, Pfeffer aus der Mühle

Fleischknochen in nussgroße Stücke hacken und in einem Topf von allen Seiten leicht anschwitzen. Mit kaltem Wasser auffüllen und zum Sieden bringen. Dann die gewaschenen und in Stücke geschnittenen Gemüse, den Rosmarinzweig und die Gewürze zugeben und langsam unter ständigem Abschäumen zum Kochen bringen, 1,5 Stunden kochen lassen. Danach den Fond durch ein Tuch passieren, nochmals entfetten und kalt stellen.

Gänseleber, mariniert

Zutaten:
- 1 frische Gänseleber, ca. 700 g
- 2 cl Armagnac
- 2 cl Madeira
- 8 cl weißer Portwein
- 12 g Salz
- 5 g Zucker
- schwarzer Pfeffer aus der Mühle
- 20 g Périgord-Trüffel, in Würfel geschnitten

Die Leber kurz in Eiswasser legen und trocken tupfen; in zwei Hälften brechen, häuten und in Klarsichtfolie eingepackt ca. 1,5 Stunden temperieren lassen. Anschließend mit einem stumpfen Messerrücken von der Bruchstelle her Blutadern und eventuelle Gallenrückstände der Leber sorgfältig entfernen.
Salz und Pfeffer und Zucker mischen. Die Leber mit etwas Gewürzmischung bestreuen und die Hälfte der Leber in eine kleine emaillierte- oder Edelstahl-Terrinenform gleichmäßig einstreichen. Die Trüffelwürfel einstreuen und mit der zweiten Hälfte der Leber die Trüffel bedecken. Andrücken und glatt streichen. Mit Armagnac, Madeira, weißem Port und dem Rest der Salzmischung marinieren. Mit Folie abgedeckt 48 Stunden im Kühlschrank marinieren. Danach kann die Leber weiter verarbeitet werden.

Gebackene Holunderblüten

Zutaten:
Weinteig (siehe Seite 242, gebackene Kirschen)

Anstatt der gebackenen Kirschen die Holunderblüten leicht mehlieren, in den Weinteig tauchen und in ca. 190 Grad heißem Fett ausbacken. Auf einem Küchenkrepp abtropfen lassen, die Stiele abschneiden und mit Zimt bestreuen.
Auf Kompott nach Wahl anrichten.

Gemüsebrühe

Zutaten:
- 200 g Lauch
- 200 g Sellerie
- 200 g Karotten
- 2 kl. Zwiebeln
- 1 kl. Bd. Petersilie
- 1 Liebstöckelzweig
- Salz, Pfeffer aus der Mühle

Gemüse waschen, grob zerkleinern, in einen tiefen Topf geben, mit ca. 2 l kaltem Wasser bedecken und zum Kochen bringen. Die Kräuter zugeben, mit Salz und Pfeffer würzen und ca. 20 Minuten leicht kochen. Danach durch ein Haarsieb passieren.

Geflügelfond, dunkel
Zutaten für 1 Liter:
- 1,5 kg Geflügelknochen
- 250 g Zwiebeln
- 150 g Möhren
- 150 g Staudensellerie
- 50 g Tomatenmark
- 0,75 l Rotwein oder roter Portwein
- 2 l Wasser oder Geflügelbrühe
- 1 Rosmarinzweig
- Thymian, Lorbeer
- Wacholderbeeren
- Salz, Pfeffer aus der Mühle

Geflügelknochen in einer Kasserolle gut anbraten. Geputzte und gewürfelte Zwiebeln, Möhren, Staudensellerie dazugeben, alles nochmals leicht angehen lassen. Tomatenmark zugeben und das Ganze noch etwas anrösten. Mit Rotwein ablöschen, einkochen und mit 2 Litern Wasser oder Geflügelbrühe auffüllen. Die Gewürze zugeben und alles 1,5 Stunden kochen. Danach den Fond durch ein Tuch passieren und noch etwa 1/2 Stunde auf die gewünschte Konsistenz einkochen. Während des Einkochens den Fond mehrmals abschäumen und entfetten.

Geflügelfond, hell
Zutaten für 1 Liter:
- 1,5 kg Geflügelknochen
- 2 l Wasser
- 0,5 l trockener Weißwein
- 200 g Schalotten
- 100 g Möhren
- 100 g Staudensellerie
- 100 g Lauch
- 1 Rosmarinzweig
- Thymian
- Petersilienstiele
- Salz, Pfeffer aus der Mühle

Geflügelknochen in nussgroße Stücke hacken und in einem Topf von allen Seiten leicht anschwitzen. Mit kaltem Wasser und Weißwein auffüllen und zum Sieden bringen. Dann die gewaschenen und in Stücke geschnittenen Gemüse, den Rosmarinzweig und die Gewürze zugeben und langsam unter ständigem Abschäumen zum Kochen bringen, 1,5 Stunden kochen lassen. Danach den Fond durch ein Tuch passieren, nochmals entfetten und kalt stellen.

Geklärte Butter
Gewünschte Menge Butter in einen Topf geben und vorsichtig erhitzen. Von Zeit zu Zeit rühren, damit sie nicht ansetzt. So lange kochen lassen, bis sie klar ist. Durch ein Passiertuch gießen und kalt stellen. Die Butter ist gekühlt ca. 3 Wochen haltbar.

Gewürztraminergelee
Zutaten:
- 0,25 l Gewürztraminer oder Traminer
- 0,1 l Läuterzucker (siehe Seite 253)
- 5 Blatt Gelatine

Gelatine in kaltem Wasser einweichen, ausdrücken und in dem leicht erwärmten Läuterzucker auflösen. Etwas abkühlen lassen und den Gewürztraminer einrühren. 12 Stunden kalt stellen.

Glacierte Apfelwürfel
Zutaten:
- 4 Äpfel
- 1/2 Zitrone
- 2 EL Zucker
- 0,1 l Weißwein
- 2 cl Calvados
- 0,1 l Apfelsaft
- 1/2 Vanillestange
- 1/2 Zimtstange
- 1 Sternanis
- 1 Msp. Kardamon
- Salz, Weizenstärke, Butter

Die Äpfel schälen, entkernen und in Würfel schneiden. Mit Zitronensaft beträufeln, damit sie nicht braun werden. Den Zucker in einen Topf geben und erhitzen, bis er eine goldbraune Farbe hat. Mit Calvados und Weißwein ablöschen und mit Apfelsaft auffüllen. Zimt-, Vanillestange und Sternanis sowie die Gewürze zugeben und gut kochen lassen. Nach ca. 10 – 15 Minuten durch ein Sieb passieren und mit etwas angerührter Speisestärke abbinden. Die Apfelwürfel in Butter anbraten und den Fond darüber gießen. Noch einmal aufkochen lassen und mit 1 Prise Salz abschmecken.
Die Apfelwürfel können zu gebratener Gänseleber oder Reh serviert werden.

Grüne Nudeln
Zutaten für 6 – 8 Personen:
- 100 g Spinat
- 2 Eier
- 260 g Mehl
- 1 TL Olivenöl
- Salz

Den Spinat waschen, blanchieren und in Eiswasser abschrecken. In einem Tuch gut auspressen und in der Moulinette unter Zugabe von Salz, Eiern und Olivenöl sehr fein pürieren. Spinatpüree mit Mehl gut verkneten, eventuell Mehl zugeben, bis der Teig nicht mehr an der Handfläche klebt. Den Teig abgedeckt 1 Stunde ruhen lassen, dann dünn ausrollen. In die gewünschte Breite schneiden und ca. 2 Stunden trocknen lassen. In kochendes Salzwasser geben und nicht zu weich kochen, kalt abschrecken und vor dem Servieren in Butter anschwenken.

Hummerbutter
Zutaten für 500 g:
- 4 – 6 Hummerkarkassen
- 700 g Butter
- 1,0 l Wasser

Karkassen im Mörser fein zerstoßen. Dann mit der handwarmen Butter gut vermengen. Das Buttergemisch in einen flachen Topf mit dem kochenden Wasser geben. Im Ofen bei 170 Grad 30 bis 40 Minuten klären lassen. Die Butter durch ein Tuch gießen und die Karkassen gut auspressen. Nochmals auf dem Herd weiterkochen, bis die restliche Flüssigkeit verdampft ist. Dann kalt stellen.

Kaffee-Karamell-Eis
Zutaten für 4 Personen:
- 100 g Zucker
- 125 g Sahne
- 0,15 l Milch
- 50 g Kaffeepulver oder Malzkaffee
- 4 Eigelbe

Die Hälfte des Zuckers in einem Topf schmelzen, bis er eine dunkelbraune Farbe erreicht hat. (Vorsicht! Er darf nicht verbrennen, denn sonst wird er bitter.) Mit Sahne und Milch ablöschen und bei schwacher Hitze leicht köcheln, bis das Karamell sich komplett aufgelöst hat. Den Kaffee zugeben, 1 – 2 Minuten ziehen lassen und durch ein Haarsieb passieren.
Eigelbe mit dem restlichen Zucker mit einem Rührgerät schaumig schlagen. Mit einem Schneebesen die Kaffeesahne unterrühren und in eine Metallschüssel umfüllen. Mit Hilfe eines Gummi-Teigschabers auf einem 80 Grad warmen Wasserbad (zur Rose) abziehen. Die Masse abkühlen lassen und in einer Eismaschine frieren, bis eine gefrorene, cremige Konsistenz erreicht ist.

Kalbsfond, dunkel

Zutaten für 1 Liter:
- 2 kg Kalbsknochen, auch Kalbsfüße
- 400 g Zwiebeln
- 200 g Möhren
- 150 g Staudensellerie
- 250 g Lauch
- 60 g Tomatenmark
- 1,0 l Rotwein
- 2,0 l Fleischbrühe oder Wasser
- 1 Thymianzweig
- 1 Rosmarinzweig
- 1 TL Pfefferkörner
- 1 TL Salz

Die klein gehackten Kalbsknochen in einer Kasserolle im Backofen anbraten, bis sie eine braune Farbe haben. Dann geputzte und grob gewürfelte Zwiebeln, Möhren, Staudensellerie und Lauch dazugeben und ebenfalls anrösten.
Wenn Knochen und Röstgemüse gut Farbe genommen haben, das Tomatenmark zugeben und nochmals in den Backofen schieben. Sobald alles dunkelbraun geworden ist, Knochen aus dem Backofen nehmen.
Den Topf mit Rotwein und ca. 2 Liter kaltem Wasser oder Fleischbrühe auffüllen, den Thymian, Rosmarin, die Pfefferkörner und das Salz zugeben und auf dem Herd leicht kochen lassen. Nach ca. 2,5 Stunden den Fond durch ein Tuch passieren und bei mäßiger Hitze auf 1 Liter Glace reduzieren.

Kartoffelchips

Zur Dekoration eignen sich besonders gut lila Kartoffeln. Die Kartoffeln glatt bürsten, hauchdünn schneiden und in schwimmendem Fett ausbacken und trocknen lassen.

Kartoffelgratin

Zutaten für 4 Personen:
- 350 g Kartoffeln, geschält
- 1 Knoblauchzehe
- 1 EL Butter
- 1 Eigelb
- 0,2 l Sahne
- Salz, Muskat

Die Kartoffeln in Scheiben schneiden. Eine feuerfeste Form mit einer Knoblauchzehe ausreiben und buttern. Kartoffeln einlegen, leicht salzen. Eigelb, Sahne, 1 Prise Salz und Muskat verrühren und über die Kartoffeln gießen. Im Ofen bei 180 Grad ca. 35 Minuten garen

Lamm- oder Wildfond

Diese Fonds werden wie der dunkle Kalbsfond zubereitet (siehe diese Seite). Statt der Kalbsknochen verwendet man Wild- (Reh, Hase, Kaninchen) oder Lammknochen, damit der Fond die entsprechende Geschmacksrichtung bekommt. Die Menge der Zutaten ergibt auch die vergleichbare Menge Fond.

Läuterzucker

Zutaten:
- 500 ml Wasser
- 500 g Zucker

Wasser und Zucker in einen Topf geben und aufkochen. Mit einem kleinen Haarsieb abschäumen und auskühlen lassen.

Limonenvinaigrette

Zutaten:
- Saft von 1 Limone
- 8 cl Fischfond
- 1 Prise Zucker
- 1 Spritzer weißer Balsamico
- Salz, Pfeffer aus der Mühle

Die Zutaten zu einer Vinaigrette verarbeiten.
Je nach Geschmack feine Gemüsewürfel, Tomatenwürfel oder Basilikum unterrühren.

Mayonnaise

Zutaten:
- 4 Eigelb
- 1/2 EL Senf
- 1/2 EL Weinessig
- 200 ml Oliven- oder Tafelöl
- Salz, Pfeffer

Das Eigelb mit dem Senf, Essig, Salz und Pfeffer in einer Schüssel leicht schaumig rühren. Alle Zutaten sollten dieselbe Temperatur haben. Nach und nach das Öl unterschlagen. Falls die Mayonnaise während des Schlagens zu fest wird, etwas Wasser zugeben. Falls sie gerinnt, mit etwas warmem Wasser vorsichtig wieder aufschlagen.

Tipp: Fond von Essiggurken unterrühren.

Meerrettich-Preiselbeer-Parfait

Zutaten:
- 250 g geschlagene Sahne
- 1 EL geriebener, scharfer Meerrettich
- 2 Blatt Gelatine
- 2 EL eingelegte Preiselbeeren oder kalifornische Cranberries
- 1 TL Zucker
- 1 Prise Salz

Gelatine in kaltem Wasser einweichen, ausdrücken und mit etwas Preiselbeersaft erwärmen, abkühlen lassen. Meerrettich unter die Sahne rühren, mit Salz und Wasser würzen. Mit der Gelatine verrühren, die Preiselbeeren unterheben. In eine Parfaitform streichen und vor dem Anschneiden ca. 6 Stunden in den Froster stellen.

Nussbutter

Gut gebräunte Butter besitzt einen nussartigen Geschmack. Sie enthält keine Nüsse.

Orangenhippenblätter

Zutaten:
- 5 cl Orangensaft
- 90 g Zucker
- 50 g gemahlene Mandeln
- 25 g Mehl
- 50 g flüssige Butter (nicht heiß!)

Sämtliche Zutaten miteinander verrühren, so dass keine Klümpchen entstehen.
Die Masse abgedeckt etwa 1 Stunde stehen lassen.
Das Backblech einfetten und dünn mit Mehl bestäuben. Mit einer Schablone und mit Hilfe einer Winkelpalette dünne Kreise aufstreichen und bei 170 Grad goldbraun backen. Mit einer sauberen Palette die noch heißen Kekse vom Blech nehmen und über eine Holzstange (Nudelholz) oder Papprolle legen, so dass gebogene Blätter entstehen. Auskühlen lassen und weich abnehmen. Zum Kaffee oder Tee reichen.

Tipp: Die Hippenblätter bleiben länger knusprig, wenn man sie gleich nach dem Auskühlen in eine Keksdose mit Deckel gibt.

Périgord-Trüffelsauce

Fein gehackte Périgord-Trüffel in etwas Butter anschwitzen, mit Portwein und käuflichem Trüffelfond ablöschen. Auf die Hälfte reduzieren, mit Kalbsbratenfond auffüllen und mit Butter montieren.

Pesto

Zutaten:
- 50 g Basilikumblätter
- 1 EL Pinienkerne
- 2 Knoblauchzehen
- 8 EL Olivenöl
- 20 g geriebener Parmesan
- 1 Prise Salz
- Pfeffer

Die Zutaten außer Parmesan und Öl im Mixer pürieren, den frisch geriebenen Käse sowie nach und nach das Öl zugeben. Kann im Kühlschrank, mit einer Schicht Öl abgedeckt, einige Tage aufbewahrt werden.

Pizzateig

Zutaten:
- 250 g Mehl
- ca. 0,175 l lauwarme Milch
- 10 g Hefe
- 5 g Salz
- 2 EL Olivenöl

Hefe in lauwarmer Milch auflösen. Alle Zutaten zu einem glatten Teig kneten. Den Teig etwas gehen lassen, nochmals zusammenkneten und etwas ruhen lassen. Ausrollen und auf ein geöltes Backblech geben. Nach Geschmack belegen und bei mindestens 250 Grad backen.

Tipp:

Ein etwas anderer Belag: Olivenöl auf den Teig geben, mit grobem Meersalz, Kräutern und etwas Knoblauch würzen, backen und noch warm zum Apéritif servieren.

Quicheteig

Zutaten:
- 300 g Mehl
- 150 g weiche Butter
- 50 g Wasser
- 1 Ei
- 5 g Salz
- 500 g Linsen

Alle Zutaten, außer Linsen, gut verkneten, bis ein glatter Teig entstanden ist. Abgedeckt kalt stellen (ca. 1 Stunde). Den Teig mit einem Nudelholz auf die gewünschte Blechgröße ausrollen. Das Blech einfetten oder mit Backpapier auslegen. Den ausgerollten Teig auflegen, mit Backpapier abdecken und mit den Linsen bestreuen. Bei ca. 160 Grad backen, ohne dass der Teig Farbe nimmt.

Rotweingelee

Zutaten:
- 6 Blatt Gelatine
- 4 cl Läuterzucker
- 5 cl Portwein
- 5 cl Cassislikör
- 0,25 l Rotwein

Gelatine in kaltem Wasser einweichen, ausdrücken und in dem leicht erwärmten Läuterzucker auflösen. Etwas abkühlen lassen und die übrigen Zutaten einrühren. 12 Stunden kalt stellen.

Sauce béarnaise

Zubereitung wie Sauce Hollandaise (siehe unten)

Zum Schluss mit einem Esslöffel stark reduziertem braunem Kalbsfond verrühren und mit gehackter Petersilie und gehacktem Estragon abschmecken.

Sauce hollandaise

Zutaten:
Ergibt bis zu 500 ml, je nach dem Volumen des erzeugten Schaums.

- 1 kl. Schalotte
- 4 cl Weißwein
- 2 EL Kräuteressig
- 0,1 l Wasser
- fein gemahlener weißer Pfeffer
- 3 Eigelb
- 150 g zerlassene Butter
- Salz
- 1/4 Lorbeerblatt

Die fein gehackte Schalotte, den Weißwein, Essig, Wasser und fein gemahlenen weißen Pfeffer in eine kleine Kasserolle geben und auf etwa ein Drittel reduzieren. Durch ein Haarsieb geben, abkühlen lassen und mit dem Eigelb verrühren. Im ca. 75 Grad warmen Wasserbad gut schaumig rühren. Die zerlassene, aber noch warme Butter nach und nach unterrühren. Mit 1 Prise Salz abschmecken.

Schokoladentarte

Zutaten:
für den Tortenboden:
- 100 g Butter
- 130 g Zucker
- 4 Eier
- 80 g Kuvertüre
- 60 g gemahlene Haselnüsse
- 160 g Biskuitbrösel
- 20 g Mehl

für Füllung und Überzug (Canache):
- 100 g Sahne
- 100 g bittere Kuvertüre
- 80 g Vollmilchkuvertüre
- 100 g Aprikosenmarmelade
- 2 – 3 cl Orangensaft oder Grand Marnier

Die Butter mit der Hälfte des Zuckers schaumig rühren. Die Eier trennen und die Dotter nach und nach unter die Butter-Zuckermasse rühren, anschließend die flüssige Kuvertüre untermengen. Eiweiß mit dem übrigen Zucker zu Schnee schlagen und mit Hilfe eines Gummiteigschabers unterrühren. Gemahlene Nüsse, Biskuitbrösel und Mehl gut mischen und ebenfalls unterziehen (nicht zu stark rühren, sonst fällt die Masse zusammen). In eine gebutterte, mit Semmelbrösel ausgestreute Springform füllen und bei ca. 180 Grad ca. 40 – 50 Minuten backen. Den Tortenboden gut auskühlen lassen, danach in 4 gleich dicke Scheiben schneiden.
Für die Canache die Sahne zum Kochen bringen, vom Herd nehmen und die grob gehackte Kuvertüre mit einem Holzlöffel unterrühren, bis eine homogene Masse entstanden ist. Marmelade mit Orangensaft oder Grand Marnier glatt rühren. Auf die untere Scheibe des Bodens etwas Marmelade dünn verteilen und anschließend 2 – 3 Esslöffel Canache darüber streichen. Den nächsten Boden auflegen, bestreichen

und so fortfahren, bis die Torte zusammengesetzt ist (es muss noch ca. ein Drittel der Canache übrig bleiben). Die Torte für 1 Stunde kalt stellen, danach auf ein Tortengitter setzen und mit dem Rest der Canache überziehen; nochmals kalt stellen. Mit einem heißen Messer in gleichmäßige Stücke schneiden und in der Mikrowelle leicht erwärmen.

Spätzle vom Brett

Zutaten für 6 Personen:
4	Eier
4 cl	Wasser oder Milch
250 g	Mehl
1 Prise	Salz
Butter	

Eier, Wasser, Mehl und Salz in einer Schüssel kneten, bis der Teig glatt ist. Nun den Teig mit der hohlen Hand so lange schlagen, bis Luftblasen zu sehen sind. Etwas Teig auf ein Spätzlebrett (dünnes Holzbrett mit Griff) geben und mit einer Palette dünne Streifen in kochendes Salzwasser schaben. Herausnehmen, kalt abschrecken und bis zum Servieren auf ein Tuch legen. Vor dem Servieren in Butter anschwenken und würzen.

Strohkartoffeln

1 große Kartoffel schälen, mit einer Aufschnittmaschine in längliche, dünne Scheiben schneiden und mit einem Messer in dünne Streifen schneiden. Oder die Kartoffel mit einem japanischen Gemüseschneider in dünne, nudelartige Streifen schneiden.
Die Kartoffelstreifen kurz in kaltes Wasser legen, auf ein Sieb geben und mit einem Tuch oder Küchenkrepp trocken tupfen. Danach in reichlich schwimmendem Fett kross ausbacken, herausnehmen und leicht salzen.

Strudelteig

Zutaten:
225 g	Mehl
35 g	Öl
0,1 l	lauwarmes Wasser
1	Ei
1 Prise	Salz
flüssige Butter	

Alle Zutaten außer der Butter mischen und so lange kneten bis ein glatter, recht weicher Teig entstanden ist. Aus dem Teig eine Kugel formen, diese mit etwas Öl bepinseln, mit Frischhaltefolie abdecken und 1 – 2 Stunden ruhen lassen.
Ein großes Tuch dünn mit Mehl bestreuen, den Teig darauf ausrollen und anschließend mit den Händen gleichmäßig ziehen, so dass der Teig sehr dünn ist und keine Löcher aufweist. Hauchdünn mit flüssiger Butter bestreichen, die gewünschte Füllung aufstreuen und mit Hilfe des Tuches aufrollen. Nochmals mit flüssiger Butter bestreichen. Bei ca. 220 Grad backen.

Sylter Rote Grütze

Zutaten für 4 Personen:
50 g	Perlsago
0,4 l	Rotwein
200 g	Zucker
300 g	Rhabarber, in Würfel geschnitten
250 g	entsteinte Kirschen
250 g	kleine Erdbeeren
250 g	gezupfte Johannisbeeren

Sago für eine Stunde in dem Rotwein quellen lassen. Danach bei schwacher Hitze so lange kochen, bis das Sago glasig ist. Zucker und Rhabarber zugeben, verrühren und weiter köcheln, bis der Rhabarber gar ist (er muss noch Biss haben). Die übrigen Früchte unterrühren und nochmals kurz aufkochen. Abkühlen lassen und temperiert mit flüssiger Sahne oder Vanillesauce servieren.

Tempurateig

Zutaten:
1	Ei
1/2 TL	Salz
0,4 l	Eiswasser
100 g	Reismehl
100 g	Weizenmehl
1/2 TL	Kurkuma

Ei, Salz und die Hälfte des Eiswassers mit 1 Esslöffel Reismehl verrühren. Nach und nach das restliche Mehl und Kurkuma zugeben und mindestens 1 Stunde quellen lassen. Kurz vor dem Ausbacken das restliche Eiswasser einrühren.

Weiße Trüffelbutter

Zutaten:
250 g	französische Salzbutter
20 g	Schalen und Abschnitte von weißem Alba-Trüffel
1 EL	weißes Trüffelöl

Die gut temperierte Butter mit Trüffel und Trüffelöl in der Moulinette fein pürieren und bis zum Gebrauch in einem gut verschlossenen Glas im Kühlschrank aufbewahren (ca. 10 Tage haltbar).

Weiße Trüffelsauce

Zutaten:
20 g	Schalen und Abschnitte von weißem Alba-Trüffel
100 g	französische Salzbutter
3	Knoblauchzehen
1 EL	weißes Trüffelöl
0,2 l	heller Geflügelfond (siehe Seite 252)
200 g	Sahne oder Crème double
6 cl	Weißwein
1 EL	frisch geriebener Parmesan
1 TL	Mehl

Salz, Pfeffer aus der Mühle

Die Trüffel fein hacken, in Trüffelöl und Butter kurz anschwitzen und mit Mehl bestäuben. Mit Geflügelfond, Sahne und Weißwein auffüllen und zum Kochen bringen. Die Knoblauchzehen halbieren, in die Sauce geben, etwa 5 Minuten mitkochen und herausnehmen. Die Sauce abschmecken, mit dem Stabmixer aufschäumen und zu Nudeln, Ravioli oder Trüffelspinat servieren.

Aal	32	Kaviar	52, 81, 92, 98	Royale	222	Vacherin	231
Aïoli	41	Kohlrabinudeln	110	Salzteig	179	Vitello Tonnato	120
Algen	52	Königsberger Klopse	60	Sauce béarnaise	254	Wachtel	116
Amuse Bouche Menü	72	Krabben	36, 38, 60	Sauce hollandaise	254	Wachtel-Gänseleber-	
Apfelgratin	210	Kräuter-Sahne-		Savarin von Fluss-		Terrine	104
Apfelsalat	107	Vinaigrette	76	krebsen	96	Weiße Trüffelbutter	255
Auberginen	64, 94	Kräutervinaigrette	108	Schafskäse	70	Weiße Trüffelsauce	255
Austern	16 – 21, 170	Krebssauce	112	Schokoladentarte	232, 254	Weißweinsauce	251
Avocadosalat	36	Kresseschaum	150	Schollenfilets	38	(Fischgrundsauce)	
Bacalaomousse	90	Krokant	240	Seesaibling	50	Wildfond	253
Balsamicobutter	156	Kürbis-Feigen-Confit	68	Seeteufel	146, 156	Wildhasen	222
Banyuls-Sauce	100	Lachs	98, 164	Seezungenfilets	142	Wirsing	182
Bärenkrebs	82	Lachscarpaccio	80	Sorbet	244	Wirsingroulade vom	
Bauernhahn	181	Lamm	56, 60, 62, 64,	Spaghetti	114	Maibock	212
Beurre Blanc	250		132, 204, 224	Spargel	142	Wurzelgemüse	62, 78
Biskuitrouladen	250	Lammcurry	130	Spätzle	255	Zander	164
Bison-Rind	226	Lammfond	253	Spinat	129	Zanderfarce	97
Bouillabaisse	40	Langoustinos	84, 114	Steinbeißer	174	Zarlachs	75
Brombeergrütze	248	Läuterzucker	253	Steinbutt	140, 144, 170	Zicklein	200
Burgundersauce	190	Limonenvinaigrette	81	Steinpilze	228	Zickleinleber	194
Calameretti	132, 152	Lister Muscheln	28 – 33	Strohkartoffeln	255	Ziegenkäse	68
Carpaccio	80, 84, 86, 90	Loup de mer	176	Strudelteig	255	Zitronengrassauce	148
Champagnerkraut	220	Macadamia-Krokant-		Stubenküken	228		
Champagnersauce	169	parfait	240	Sylter Rote Grütze	255		
Champagnersüppchen	244	Mango-Erdbeer-Ragout	240	Tagliatelle	124		
Chicoree	186	Marillenknödel	248	Taschenkrebs	22		
Cocktailsauce	250	Mascarponeravioli	118	Taube	192		
Crème Brûlée	232, 250	Matjes	24, 74	Tempurateig	255		
Crepinettes	192	Mayonnaise	253	Tomatenessenz	75		
Deichlamm	56	Meeräsche	46, 86	Tomatencoulis	95, 118		
Eierlikörschnitte	250	Meeresfrüchte	78	Topfencreme	238		
Eiernudeln	250	Meerforelle	52	Topfenknödel	232, 238		
Entenbrust	184	Meerrettich-Cham-		Tournedos Rossini	216		
Fasan	126, 218	pagner-Sauce	144	Trüffel	116, 122,		
Fenchel	84, 140	Meerrettich-Preisel-			124, 128, 231		
Fischfarce	250	beer-Parfait	253	Trüffellauch	192		
Fischfond	251	Melonenkaltschale	134	Trüffelsauce	216, 255		
Fischgelee	32	Morchelrahmsauce	143				
Fischgrundsauce	251	Muscheln	32				
Fleischbrühe	251	Nordseekrabben	36, 38				
Flusskrebs	96, 110, 134, 206	Nudelteig	118				
Gänseleber	74, 100, 102, 104, 182	Nussbutter	253				
		Ochsenschwanz	188				
Garnelen	146	Octopus	90				
Gebackene Holunder-		Olivenpüree	95				
blüten	232, 251	Orangenhippenblätter	253				
Gebackene Kirschen	242	Orangensauce	186	## SELECTION JÖRG MÜLLER			
Geflügelfond	252	Ossobuco	204				
Geklärte Butter	252	Paella	42	Eine feine Auswahl an Edelobstbränden, Weinen, Champagner			
Gemüsebrühe	252	Paillard	226	und anderen Spezialitäten erhalten Sie direkt bei Jörg Müller.			
Gemüsecarpaccio	86	Pappardelle	126				
Gemüserisotto	205	Peperonata	198				
Gemüserösti	194	Perlhuhnbrust	214				
Gemüsesalat	82	Perlhuhnessenz	136				
Gewürztraminergelee	252	Pesto	254				
Glacierte Apfelwürfel	252	Pfirsichsorbet	244				
Grießflammeri	246	Pizzateig	254				
Grüne Nudeln	252	Polenta	198				
Grüne Sauce	224	Portweinschaum	242				
Heilbutt	152	Pralinenschaum	234				
Hummer	76, 166	Quicheteig	254				
Hummerbutter	252	Rauchaalmousse	32				
Hummersauce	169	Ravioli	118, 122				
Jakobsmuscheln	98, 160	Rehrücken	210				
Kaffee-Karamell-Eis	252	Rhabarberkompott	238				
Kalb	120, 182, 206	Rhabarberparfait	238				
Kalbsfond	253	Risotto	116				
Kalbskopfsalat	108	Romanoff-Kartoffeln	75				
Kaninchen	196	Rosmarinjus	140				
Kartoffelchips	253	Rosmarinkartoffeln	181				
Kartoffelgratin	253	Rotbarbe	156				
Kartoffelplätzchen	186	Rote Grütze	255				
		Rotweingelee	254